Whitley und Anne Strieber

DIE SEELE IM JENSEITS

Erleuchtung geschieht,
wenn von uns nichts
als Liebe übrig ist

Aus dem Amerikanischen von
Thomas Görden

Besuchen Sie uns im Internet:
www.AmraVerlag.de

Ihre 80-Minuten-Gratis-CD erwartet Sie.
Unser Geschenk an Sie ... einfach anfordern!

Amerikanische Originalausgabe:
The Afterlife Revolution

Deutsche Erstausgabe im AMRA Verlag
Hotline: + 49 (0) 61 81 – 18 93 92
Service: Info@AmraVerlag.de

Herausgeber & Lektor	Michael Nagula
Einbandgestaltung	Guter Punkt
Layout & Satz	Birgit Letsch
Druck	CPI books GmbH

ISBN Printausgabe 978-3-95447-358-8
ISBN eBook 978-3-95447-359-5

INHALT

»Die Menschheit ist eine Spezies, in der es eine große Kluft gibt,
nicht so sehr zwischen den Geschlechtern, sondern
zwischen den Lebenden und den sogenannten Toten.
Das ist nicht natürlich und nicht notwendig.
Wir können diese Trennung überwinden.«

ANNE STRIEBER

VORWORT

von Gary E. Schwartz

»Während der ganzen Menschheitsgeschichte gab es jene,
die in einer bewussten Beziehung zur Erde und dem Kosmos lebten.
Wir nennen sie Meister. In der Zukunft werden alle,
die in die physische Welt kommen, dies als Meister des Seins tun.
Und warum werden wir überhaupt noch physisch inkarnieren?
Weil wir einander küssen möchten. Das ist die Antwort.
Die Bestimmung der Menschheit im Universum besteht darin,
Liebe erfahrbar und erlebbar zu machen, für alle.
Objektive Liebe, der Kern allen kreativen Strebens,
ist auch die essenzielle menschliche Energie …
Erleuchtung geschieht,
wenn von uns nichts als Liebe übrig ist.«

ANNE STRIEBER

»Es mag unglaublich klingen, aber Anne
hat mir nun auf einer persönlichen Ebene das übermittelt,
was mir als endgültiger Beweis gelten muss.
Sie hat etwas getan, das mitten in das Herz unserer Beziehung
hineinreicht und zugleich die tiefste Bedeutung von Tod,
Sterben und Weiterleben erhellt.
Ich werde im letzten Kapitel dieses Buches näher
darauf eingehen, aber Sie sollten wissen,
dass sich durch das, was vor ein paar Tagen geschehen ist,
meine Einstellung grundlegend verändert hat.
Ich bin mir jetzt sicher, dass Anne noch existiert,
und wenn sie noch existiert, muss ich annehmen,
dass die Legionen der Toten alle noch sehr real sind,
jedoch auf eine Weise, die wir zurzeit noch kaum verstehen.«

WHITLEY STRIEBER

G ibt es ein Leben nach dem Tod? Gibt es eine größere Realität, die über unsere fünf Sinne hinausreicht? Können wir persönliche Gewissheit darüber erlangen, ob das Bewusstsein geliebter Menschen nach ihrem körperlichen Tod weiter existiert? Und können wir als Individuen und als Spezies die Herausforderung meistern, vor die diese neu auftauchenden Erkenntnisse uns stellen?

Anne und Whitley Strieber, die inspirierten Autoren von *Die Seele im Jenseits,* beantworten diese tiefgründigen Fragen mit einem einfühlsamen Ja.

Ich habe viele Bücher über Nahtoderfahrungen, Kommunikation mit Verstorbenen, Wahrnehmungen entsprechend begabter Medien und Jenseitsforschung gelesen. Für einige dieser Bücher schrieb ich ein Vorwort. Auch habe ich selbst einige wenige Bücher über spirituelle Wissenschaften verfasst, unter anderem *The Afterlife Experiments* und *The G.O.D. Experiments.*

Unter diesen Büchern ragt *Die Seele im Jenseits* weit heraus, weil es so umfassend ist und so viel Schönheit und Erkenntnis für uns bereithält. Trotz der die Autoren dieses außergewöhnlichen Buches umrankenden Kontroversen – zum Beispiel bezüglich der von ihnen berichteten Begegnungen mit Außerirdischen – und vielleicht gerade wegen ihrer Aufgeschlossenheit für die mögliche Existenz intelligenten Lebens auf anderen Planeten ist ihre persönliche Reise nach Annes physischem Tod von besonderer Wichtigkeit und Bedeutung.

Ein Grund für mich, das Vorwort zu diesem Buch zu schreiben, ist die inspirierende Tiefe der Liebe, die Anne und Whitley füreinander empfanden, vor und nach Annes physischem Tod, kombiniert mit ihrer gemeinsamen intensiven intellektuellen Neugierde, das Leben und den Kosmos zu verstehen. Auf die Bedeutung der Liebe, besonders der objektiven Liebe, werde ich am Ende dieses Vorwortes noch einmal zurückkommen.

Es gibt aber noch einen anderen Grund, warum ich dieses Vorwort unbedingt schreiben musste, und zwar den überraschenden und äußerst überzeugenden Beweis für Annes Präsenz in meiner beruflichen und privaten Welt, der sich einstellte, während ich das Manuskript dieses Buches las!

Betrachten wir zunächst diesen außergewöhnlichen Beweis für Annes Anwesenheit, ehe wir uns wieder dem Buch zuwenden. Nachfolgend schildere ich die Vorgänge detailliert, damit sie nachvollziehen können, um was für einen überzeugenden Beweis es sich handelt.

Am Morgen des 14. September 2017, einem Donnerstag, bereiteten Rhonda (meine Frau) und ich uns auf eine Fahrt nach Scottsdale, Arizona, vor, wo ich zwei Vorträge auf einer Konferenz des Afterlife Research and Education Institute (www.afterlifestudies. org) halten sollte. Mein Vortrag am Freitagnachmittag trug den Titel »Forschungen über mediale Durchgaben als Hilfe für die Entwicklung einer spirituellen Kommunikationstechnologie«. Der zweite Vortrag war für das Bankett am Samstagabend vorgesehen und war überschrieben mit »Wissenschaftliche Beweise dafür, dass Geister mit uns zusammenarbeiten«.

Zufällig wurde das Bankett von George Noory moderiert, der in den USA durch die Radio-Talkshow *Coast to Coast AM* bekannt ist. Whitley hat zusammen mit Art Bell, Georges Vorgänger als Moderator von *Coast to Coast AM*, einen Bestseller geschrieben. Dieses Buch, *Sturmwarnung*, diente als Vorlage für den bekannten Kinofilm *The Day After Tomorrow*.

Ich hatte gerade mit der Lektüre von *Die Seele im Jenseits* begonnen, als mir plötzlich der Gedanke kam, ob es mir wohl gelingen könnte, einen unabhängigen Beweis dafür zu erbringen, dass Annes Bewusstsein weiterhin existierte.

Meine Frau Rhonda ist ein Medium und arbeitet gern mit der Wissenschaft zusammen. In ihrem Buch *Love Eternal* beschreibt sie die persönliche Reise, die sie zu diesem ungewöhnlichen Beruf führte. Bei einer morgendlichen Sitzung mit ihrem »hypothetischen Team geistiger Helfer« fragte sie den Geist Susy Smith, ein aktives Mitglied ihres Helferteams, ob Susy in der Lage sei, Anne ausfindig zu machen und den Kontakt zu zwei verschiedenen Medien herzustellen, die bei der Konferenz in Scottsdale auftreten würden. Wir bezeichnen das als »Doppelblind-Geister-Experiment«, bei dem eine verstorbene Person (in diesem Fall Susy) einen anderen Verstorbenen (Anne) mit einem Medium in Kontakt bringt, ohne dass sie voneinander wissen oder zusätzliche Informationen erhalten. Rhonda empfing die deutliche Botschaft, dass Susy bei der Konferenz zugegen sein und diesen Versuch unternehmen würde. Solche Doppelblind-Versuche hatte Susy mit diesen beiden Medien schon erfolgreich durchgeführt. Im Gegensatz zu Rhonda und Whitley besitze ich keinerlei Begabung als Medium oder Channel, und ich sehe oder höre auch keine Geister. Einer meiner früheren Forscherkollegen, Dr. Robert Stek, nannte mich einmal »die Helen Keller der Jenseitsforschung«.

Nach Rhondas Sitzung fühlte ich mich inspiriert, beiden Medien eine Textnachricht zu schicken. Darin teilte ich ihnen mit, dass Susy möglicherweise versuchen würde, den Kontakt zwischen ihnen und einer ihnen unbekannten Verstorbenen herzustellen. Um den beiden die Kontaktaufnahme zu erleichtern, teilte ich ihnen den Vornamen mit, Anne. Da keines der beiden Medien wusste, dass ich dabei war, Whitleys unveröffentlichtes Buchmanuskript zu lesen, ist davon auszugehen, dass sie nicht auf die Idee kommen würden, dass es sich bei der unbekannten Anne um Anne Strieber handeln könnte. Rhonda wusste zu diesem Zeitpunkt noch nicht, dass ich die beiden Medien kontaktiert hatte.

Ohne mein Wissen hatte Rhonda inzwischen erneut mit ihrem Team kommuniziert und vorgeschlagen, dass sie entweder (1) mit den Medien Kontakt aufnehmen und ihnen Beweise bezüglich unserer momentanen Forschungen übermitteln könnten, oder (2) kreativ werden und andere potenziell relevante Beweise durchgeben könnten. Daraufhin empfing Rhonda von ihnen eine ihr völlig neue Botschaft.

Sie hörte mit ihrem »inneren Ohr«, wie sie es nennt, klar und unmissverständlich den Satz: »Lausche auf den Wind in den Kiefern.« Sie war sich nicht sicher, wer von ihren geistigen Helfern diesen untypischen, poetisch klingenden Satz geäußert hatte. Und sie hatte auch nicht die geringste Ahnung, was er bedeutete.

Als Rhonda mir das erzählte, fragte ich mich unwillkürlich, ob nicht vielleicht Susy (und Anne?) von meiner Entscheidung wusste, den beiden Medien Nachrichten zu schicken. Hatte »Lausche auf den Wind in den Kiefern« eine besondere Bedeutung für Whitley und/oder Anne?

Sofort schrieb ich Whitley eine eMail. Ich schilderte den Zusammenhang und teilte ihm den Satz mit. Auch erklärte ich ihm, dass wir ihm gegenüber die Identität des Geistes nicht preisgeben durften, der diesen Satz geäußert hatte. Ich hatte keine Ahnung, ob der Satz für ihn (1) bedeutungslos sein würde, ob er (2) eine vage, allgemeine Bedeutung haben würde oder (3) eine hoch spezifische Bedeutung.

Whitleys Antwort war erstaunlich:

»»In dem Buchmanuskript, das ich dir zu lesen gegeben habe, findest du folgende Textpassage: Meine Urgroßmutter, die Tische verrücken konnte, war eine Swedenborgianerin. Sie sagte oft zu mir: ›Wenn ich gestorben bin, lausche auf den Wind in den Bäumen. Durch ihn werde ich zu dir sprechen.‹ Sie war eine hoch angesehene Lehrerin an einer Schule in San Antonio und stand in dem Ruf, ihren Schülern die Prinzipien der empirischen Wissenschaft zu vermitteln. Doch in ihrem Privatleben widmete sie sich mit viel Elan und, so wie ich es erlebte, mindestens ebenso viel Können ganz anderen Interessen. Sie wurde 106 Jahre alt, und nachdem sie gestorben war, lauschte ich erwartungsvoll, wenn der Wind nachts in den Bäumen rauschte, aber das von ihr versprochene Flüstern vernahm ich nie. Oder vielleicht war ich noch nicht offen genug dafür. Anne kannte diesen Satz meiner Urgroßmutter ebenfalls gut, desgleichen meine Großmutter und meine Mutter.‹‹

Tatsächlich? Ich fragte mich, warum in der Botschaft, die Rhonda aufgefangen hatte, speziell von Kiefern die Rede gewesen war.

Ich fragte ihn das in einer zweiten eMail, und er schrieb zurück, dass das Haus seiner Urgroßmutter und Annes und Whitleys Blockhütte beide von Kiefern umstanden waren. Hmmm. Dann war wohl auch Susy Smith eine Swedenborgianerin …

Aber die Sache wird noch interessanter und beweiskräftiger.

Es zeigte sich, dass keines der beiden Medien etwas von Susy »hörte«, weder am Donnerstag noch am Freitag. Doch am Sonntag, um 5 Uhr morgens, wurde ein Medium (Suzanne Giesemann, Autorin zahlreicher Bücher, unter anderem *Messages of Hope* und *Wolf's Message*) offenbar von Susy geweckt, die ihr handschriftlich mehrere Seiten Text diktierte. Suzanne tippte den Text sorgfältig ab und übergab ihn am Sonntagmittag Rhonda und mir. Die Informationen darin erwiesen sich als hoch beweiskräftig. Susy war dabei allerdings auf Material fokussiert, das nicht Anne betraf.

An einem Punkt während des Readings fragte Suzanne: »Wer ist Anne?« Sie schrieb: »Ich empfange keine Antwort.« Danach notierte Suzanne aber: »Sie [Suzy] lenkt meine Aufmerksamkeit auf die Unterschenkel, als gäbe es dort ein Problem, vielleicht eine Venenentzündung oder Neuropathie. Dann zeigt sie mir, wie eine Person hinfällt oder ihr die Beine wegsacken. Dabei meint sie eindeutig eine andere Person, nicht sich selbst.«

Natürlich haben viele ältere Menschen Probleme mit den Beinen. Doch die Art der Botschaft ließ mich vermuten, dass speziell Anne gemeint sein könnte.

Also schrieb ich Whitley eine weitere eMail mit Suzannes Notiz und fragte ihn: »Könnte dieser Hinweis auf die Beine sich auf Anne beziehen?«

Hier ist Whitleys Antwort:

>>Im Januar 2015 erlitt Anne einen Schlaganfall. Dadurch war ihr linkes Bein plötzlich gelähmt. Es passierte in einem Café. Ihr sackte tatsächlich das Bein weg, sodass sie hinfiel.<<

Das ist eine bemerkenswert spezifische Information. Bedenken Sie, dass zu diesem Zeitpunkt

(1) Whitley nicht über die Identität des Mediums informiert war, also »blind« im Sinne eines Doppelblindversuchs,

und dass

(2) das Medium »blind« bezüglich der Identität der Verstorbenen war und lediglich deren Vornamen Anne kannte.

Aber es wird sogar *noch* interessanter und beweiskräftiger!

Medien wünschen sich ein Feedback, ob die Informationen, die sie empfangen haben, denn auch richtig und nützlich sind. Daher fühlte ich mich verantwortlich, Suzanne diese Bestätigung durch den trauernden, ihr unbekannten Witwer mitzuteilen.

Ich schickte ihr am Dienstag eine diesbezügliche eMail, für die sie sich sehr bedankte. Außerdem schrieb ich: »Hallo Suzanne, es wäre schön, zusätzliche Informationen zu erhalten, die bestätigen, dass Susy dich besucht und dabei Anne mitbringt. Das könnte ein sehr aussagekräftiger Beweis werden.«

Was dann ein paar Stunden später geschah, war höchst überraschend. Suzanne schrieb zurück:

>>Also, es ist etwas wirklich Interessantes und Unerwartetes passiert. Ich habe vorhin ein ziemlich anstrengendes Workout gemacht. Als ich mich anschließend auf die Couch in unserem Bus setzte und deine eMail las, wurde es um mich herum plötzlich dunkel, und ich dachte schon, ich werde ohnmächtig. Ich rief nach Ty, und dann wurde mir plötzlich klar, dass es ein Drop-in war … Es ging um das Thema deiner eMail. Ich tippte meine Eindrücke nieder. Ich schicke sie dir als Anhang. Sobald ich anfing zu tippen, ließen die Symptome nach. Schick mir bitte ein Feedback.<<

Was – ein ganzes Reading, möglicherweise von Anne? Natürlich öffnete ich den eMail-Anhang sofort, und viel von dem, was Suzanne dort notiert hatte, passte zu Anne. Dass ich das beurteilen konnte, lag daran, dass ich *Die Seele im Jenseits* am Dienstag gerade erst zu Ende gelesen hatte.

Doch entscheidend war, wie Whitley die Informationen bewerten würde, und zwar anhand des Rating-Systems, das ich in meinem Labor entwickelt hatte. Das Folgende schrieb ich am Mittwochmorgen an Whitley:

>>Hallo Whitley, möglicherweise hat Anne gestern Abend das Medium kontaktiert! Die Nachricht des Mediums an mich füge ich als Anhang bei. Sie weiß nicht, wer Anne ist. Mein Eindruck ist, dass viele Merkmale sehr genau auf Anne passen. Ich bitte dich daher jetzt, jeden Punkt anhand der folgenden Sechs-Punkte-Skala zu bewerten.

0 = Die Aussage kann nicht bewertet werden (d.h. der Bewerter verfügt nicht über die notwendigen Informationen, um eine ehrliche und faire Bewertung vornehmen zu können).

1 = Ein eindeutiger Fehler (d.h. die vom Medium übermittelte Information ist bezüglich der betreffenden verstorbenen Person eindeutig unzutreffend).

2 = Sehr ungenau (d.h. die Information trifft nur sehr vage und allgemein zu).

3 = Möglicher Treffer (d.h. die Information trifft möglicherweise zu).

4 = Wahrscheinlicher Treffer (d.h. die Information kann als richtig betrachtet werden, lässt sich aber nicht völlig verifizieren).

5 = Eindeutiger Treffer (d.h. die Information ist eindeutig und nachprüfbar korrekt).

6 = Super-Treffer (d.h. die Information ist nicht nur nachprüfbar korrekt, sondern für den oder die Hinterbliebenen außerdem besonders bedeutsam und wichtig).

Ergänze diese 0-6-Ratings bitte um jeweils einen Satz, in dem du deine Bewertung begründest. Damit zeigst du uns, dass du sorgfältig die Anleitung befolgst und über jedes Rating gründlich nachdenkst.«

Während ich auf Whitleys Antwort wartete, ereignete sich etwas, das mich veranlasste, ihm noch eine zweite eMail zu schicken (deren Inhalt im nächsten Abschnitt beschrieben wird). Whitley antwortete dann auf meine zweite eMail und fügte seine Ratings bei:

»Wow und super-wow! Ich füge die Bewertungen des Readings bei. Natürlich kann ich alle Ratings gut begründen, und ich habe ein klares Vorstellungsbild von der physischen Brücke empfangen, also dem Medium. Anne sagte mir gestern, diese Art der Kommunikation sei sehr einfach für sie, und ich sollte mit meinem ›Gejammer‹ aufhören (womit sie meine drängenden Bitten meinte, sie möge das Medium kontaktieren).«

Von den 33 ihm von mir zur Bewertung vorgelegten Informationen bewertete Whitley 27 mit 5 oder 6 (d.h. als Treffer), was, konservativ geschätzt, einer Treffgenauigkeit von 81,8 Prozent entspricht. Wenn wir die 4 Vierer-Ratings hinzurechnen (wahrscheinliche Treffer), erhöht sich die Trefferquote auf 93,9 Prozent.

Nur 2 der 33 Informationen wurden von ihm als Fehler eingestuft (Fehlerquote 6,1 %).

Ist das nicht ein sehr überzeugendes Resultat für ein Doppelblind-Reading?

In Whitleys Antwort gab es eine ungewöhnliche Formulierung. Er schrieb: »Dein Medium hat tatsächlich mit Anne kommuniziert. Wenn nicht, esse ich meine griechische Fischermütze!«

Griechische Fischermütze? Whitley nahm damit Bezug auf einen Satz in Suzannes um 5 Uhr morgens erfolgtem Reading mit Suzy, der mir völlig unverständlich war. Gleich nach den von Suzy empfangenen Durchgaben, jemandem würden »die Beine wegsacken« und damit sei nicht sie selbst, sondern eine andere Person gemeint, erwähnte Suzanne Folgendes: »Suzy macht mich auf eine Mütze auf Garys Kopf aufmerksam. Es ist eine Art griechische Fischermütze oder eine Harley-Davidson-Mütze.«

Ja, ich besitze eine Harley-Mütze (die ich nur selten trage), aber keine griechische Fischermütze. Daher hätte ich diese Information mit einer 1 oder 2 bewertet.

Hier nun Whitleys Antwort:

»Ich besitze keine griechische Fischermütze, war aber am Sonntag mit meinem Enkel in San Diego. Er hat sich dort so eine

Mütze angeschaut und gesagt, dass er sie toll findet. Jetzt werde ich eine besorgen, und in ein paar Wochen bekommt er sie zum Geburtstag geschenkt – von seiner Oma! (Ich spürte deutlich, dass Anne bei uns war, wie immer, wenn die Familie zusammen ist. Es ist, wie sie sagt: ›Ich bin ganz in eurer Nähe.‹)«

Wäre der einzige Beweis für Annes Weiterleben und Anwesenheit dieser Zufall, dass Whitleys Enkel sich eine griechische Fischermütze anschaut und wünscht und ein Medium im Zusammenhang mit Susy und Anne eine griechische Fischermütze erwähnt – so unwahrscheinlich das Zusammentreffen dieser beiden Ereignisse am gleichen Tag auch ist –, würden wir das nicht sonderlich ernst nehmen. Und ein Skeptiker würde es überhaupt nicht als Beweis gelten lassen.

Doch wenn (1) dieses hoch spezifische und unwahrscheinliche Zusammentreffen einhergeht mit (2) »Lausche auf den Wind«, (3) »Kiefern«, (4) »wegsackende Beine«, gefolgt von (5) einem ganzen Reading, das 33 Informationen mit einer Trefferquote von 81,8 % enthält (konservativ geschätzt), verleiht das dem Hinweis auf die griechische Fischermütze zusätzliche Bedeutung, sodass er es verdient, dass wir uns näher mit ihm beschäftigen.

Wie Sie bei der Lektüre dieses Buches feststellen werden, gibt es eine beweiskräftige Häufung von Ereignissen, die Annes nach ihrem Tod andauernden Kontakt zu Whitley belegen und mit der Aufnahme eines weißen Nachfalters durch Whitleys Sicherheitskamera zusammenhängen. Whitleys Beschreibung dieser Ereignisse ist sehr schön und bewegend. Mehr will ich an dieser Stelle nicht verraten.

Erwähnen möchte ich aber, was mir widerfuhr, keine vierundzwanzig Stunden, nachdem ich im Buchmanuskript von dem

Phänomen des weißen Nachtfalters gelesen hatte. Dazu schrieb ich Folgendes an Whitley:

>>Heute Morgen entdeckte Rhonda einen riesigen dunklen Nachtfalter – ungefähr dreizehn Zentimeter Spannweite. Er sitzt unter dem Dach unserer Veranda, in der Nähe des Kolibri-Futterbehälters. Rhonda hat ihn fotografiert. Ich selbst kann ihn vom Fenster meines Arbeitszimmers aus sehen. In den elf Jahren, die wir hier wohnen, haben wir vielleicht drei Mal einen solchen Riesen-Nachtfalter gesehen! Und ich habe erst gestern Nachmittag in deinem Manuskript von der Sache mit dem weißen Nachtfalter gelesen.<<

Wie hoch ist die Wahrscheinlichkeit, dass so etwas rein zufällig geschieht? Überlegen Sie: Wie oft kommt es vor, dass Sie

(1) hoch beweiskräftige Jenseits-Informationen lesen, die mit den von einem automatischen System (Sicherheitskamera) aufgenommen Bildern eines weißen Nachtfalters zu tun haben,

und kurze Zeit später

(2) selbst einen riesigen Nachtfalter vor Ihrem Fenster entdecken? Übrigens saß der Nachtfalter immer noch dort, als ich am Mittwochnachmittag die erste Fassung dieses Vorworts schrieb!

War es ein »bloßer Zufall«?

Oder war es das, was Susy Smith, eine Journalistin, die mehr als dreißig Bücher über Parapsychologie und das Leben nach dem Tod schrieb, einen »*zu* ungewöhnlichen Zufall« nannte, oder was Yogi Berra als »Zufall, der kein Zufall sein *kann*« beschrieb?

Handelte es sich vielleicht um eine sogenannte Synchronizität, ein auf unbekannte Weise von Anne oder von etwas noch Größerem herbeigeführtes Ereignis? War es ein göttlich inspirierter Zufall im Sinne von Albert Einsteins berühmtem Zitat: »Der Zufall ist Gottes Methode, anonym zu bleiben«?

Whitley sagt, dass Anne »Gott« kannte, als sie physisch inkarniert war, und dass sie jetzt, wo sie sich in der größeren Wirklichkeit befindet, offenbar noch mehr über die alles durchdringende Superintelligenz oder das Superbewusstsein weiß. Annes persönliche Erfahrungen mit dem Göttlichen sind ehrfurchtgebietend und erfüllt von Freude, Freundschaft und sogar Heiterkeit.

Die Abschnitte über Gott, Pläne, Evolution, Liebe und Lachen in diesem anspruchsvollen und inspirierenden Buch sind wahre Kostbarkeiten. Einfach ausgedrückt: *Die Seele im Jenseits* ist ein beeindruckendes Werk. Das hier Gesagte betrifft nicht nur uns und unser Erwachen hier auf Erden, sondern auch das Erwachen der Verstorbenen in der größeren Wirklichkeit.

Whitleys persönliche Reise mit Anne »hier« und »drüben« ist fesselnd und überzeugend, aber ihre gemeinsame Analyse der kommenden Transformation im Diesseits und Jenseits ist eine überaus lohnende und erhellende Lektüre.

Ja, es gibt in diesem Buch viele offene Fragen. Sicher werden Sie überlegen, wie viel von den geschilderten Erlebnissen real ist und wie viel Whitleys Vorstellungskraft entstammt. Das fragt er sich auch selbst, und zwar mit großer Integrität.

Die Frage der Integrität kann man gar nicht genug hervorheben. Dass bestimmte Themen beunruhigend und bedrohlich für unsere Egos oder unsere gegenwärtigen Glaubensvorstellungen sind, rechtfertigt nicht, sie zu ignorieren oder ihre mögliche Bedeutung zu leugnen. Die besten sich für die wissenschaftliche Forschung zur Verfügung stellenden Medien (also jene, deren Trefferquote bei etwa 90 Prozent liegt) sprechen von der Existenz höherer Wesen, von denen manche von anderen Planeten stammen. Wenn wir uns emotional gegen mögliche Wahrheiten

sperren und sie abtun, ohne uns ernsthaft mit ihnen auseinander-
zusetzen, neigen wir dazu, Tatsachenberichte irrtümlich als er-
fundene Geschichten abzuqualifizieren.

Das ist besonders wichtig, wenn nach Ansicht der Autoren die
wichtigste Botschaft eines Buches die Liebe ist.

Anne, wie sie sich Whitley mitteilt, beschreibt es so: »Die
Werkzeuge zur Stärkung der Seele: objektive Liebe verstehen
und leben, Achtsamkeit und mediale Fähigkeiten entwickeln,
Meditation, Liebe, Mitgefühl und Demut praktizieren. Das
sind die Grundlagen.«

Ich bin zu dem Schluss gelangt, dass *Die Seele im Jenseits* es
verdient, viele Leserinnen und Leser zu finden. Und das Buch
verdient es auch, mehr als einmal gelesen zu werden. Sogar der
Schluss vermag zu überraschen. Mögen Sie dieses Buch ebenso
sehr genießen und daraus lernen wie ich.

Gary E. Schwartz, Professor für Psychologie, Medizin,
Neurologie, Psychiatrie und Chirurgie, ist Direktor des
Laboratory for Advances in Consciousness and Health an der
Universität von Arizona. Zu seinen Büchern gehören *The
Afterlife Experiments, The G.O.D. Experiments, An Atheist in
Heaven* (mit Paul Davids) und *Super Synchronicity*.

DIE NEUE
REVOLUTION

Im August 2015 starb nach fünfundvierzig Ehejahren meine
Frau Anne im Alter von neunundsechzig Jahren. Keine zwei
Stunden nach ihrem Tod begann sie damit, mir Beweise dafür
zu übermitteln, dass sie weiterhin existiert. Dadurch hat sich
mein Leben völlig verändert.

Zwei Jahre kämpfte sie gegen einen verheerenden Gehirntumor, und mit wachsender Verzweiflung hatte ich versucht, sie zu
retten. Nie war in meinem Leben ein Schmerz größer gewesen
als die dunkle Grube der Trauer, in die ich stürzte, als ich Annes
leblosen Körper sah.

Sie dagegen fürchtete den Tod nicht. Zehn Jahre zuvor hatte
eine Nahtoderfahrung sie von dieser Angst befreit, so wie es viele
Menschen erleben, die eine solche Erfahrung machen.

Aber ich hatte nie eine Nahtoderfahrung gehabt und war
zutiefst verzweifelt. Trotz allem, was ich über das Leben nach dem

Tod gelernt hatte, quälte mich die Angst, Anne sei für immer von mir gegangen. Doch dann, nur wenige Stunden nach ihrem Tod, begann sie, sehr behutsam und methodisch, mir Hinweise zu geben, dass sie weiterhin existierte.

Zu dem, was Anne und ich über das Jenseits gelernt haben, zählen einige der außergewöhnlichsten direkten Erfahrungen, die je aufgezeichnet wurden. Basierend darauf – und auf Annes Rückkehr – kann ich sagen, und zwar, wie ich glaube, völlig gerechtfertigt, dass sie weiterhin existiert. Ich bin inzwischen überzeugt, dass wir nicht sterben und dass wir eine bessere und stabilere Beziehung zwischen der physischen und der nicht-physischen Seite unserer Spezies schmieden können, eine, die viel verlässlicher ist als unsere heutigen Jenseitskontakte.

Wissenschaftliche Studien über Medien, Channeling und das elektronische Stimmen-Phänomen (ESP), bei denen Bedingungen geschaffen wurden, die es Verstorbenen ermöglichen, sich in der physischen Welt mitzuteilen, zeigen nachdrücklich, dass Kontakte mit den Toten möglich sind. *Jedoch besteht der Sinn dieses Buch nicht darin, einen Überblick über diese Forschungen zu geben. Vielmehr befasst es sich mit der Möglichkeit, unser Verhältnis zur Realität grundlegend zu revolutionieren. Diese Revolution wird aus der Idee geboren, dass eine Spezies erst ganz und heil ist, wenn die Beziehung zwischen den Lebenden und den Toten fester Bestandteil des Alltags ist.*

In diesem Buch werden wir bestimmte Methoden vorstellen, die genutzt werden können, um diese Beziehung aufzubauen – Werkzeuge der Seele, die hier zum ersten Mal beschrieben werden. Dann werden wir auf neue Weise die ewigen Fragen ergründen, wer oder was wir sind und, vor allem, wie wir uns eine starke Seele aufbauen, ein gutes Leben führen und in Freude sterben können.

Zwar erwarte ich nicht, dass Annes und meine Geschichte unkritisch einfach geglaubt wird, bin mir aber völlig sicher, dass unser Buch von zwei Menschen geschrieben wurde, einem physischen und einem nicht-physischen. Ich führe hier keine Gespräche, die nur in meiner Fantasie existieren. Meine Frau hat nach ihrem Tod aus eigenem Antrieb eine stabile und verlässliche Kommunikation zu mir aufgebaut. Und ich denke, bei der Lektüre werden Sie erkennen, dass viele dieser von uns beiden diskutierten Ideen aus einer ganz anderen Perspektive stammen, die für uns physisch Lebende ungewohnt ist.

Wir nennen das Buch *Die Seele im Jenseits*, und es beschreibt eine Revolution, denn es geht darum, die gleichwertige Lebensweise des Hüben und Drüben zu etwas Alltäglichem zu machen. So werden wir, die wir auf der physischen Seite leben, in die Lage versetzt, mehr Klarheit über uns selbst und unsere Zukunft zu gewinnen. Das wiederum ermöglicht es uns, individuell ein reicheres, erfüllteres Leben zu führen und besser zum Wohlergehen der ganzen Menschheit beizutragen.

Auch geht es in diesem Buch darum, im Umgang mit dem Tod Angst und Unsicherheit durch die ruhige, gut informierte und letztlich freudige Haltung zu ersetzen, mit der Anne und viele andere Menschen mit Nahtoderfahrungen dem Sterben heute schon begegnen.

Das ist keine Lüge, kein Schwindel. Es ist kein zynischer Versuch, aus dem Tod meiner geliebten Frau Kapital zu schlagen. Was ich berichte, ist wirklich geschehen. Auf der persönlichen Ebene weiß ich das. Zwar kann ich für meine persönlichen Erkenntnisse keine Allgemeingültigkeit beanspruchen, aber die Beweise sind so überzeugend, dass unser beider Geschichte es verdient, ernst genommen zu werden.

Meine Erfahrung mit Anne steht in Zusammenhang mit dem Wissen, das wir durch unsere Kontakte zu jenen Leuten erwarben, die Anne und ich »die Besucher« nennen. Meine erste Begegnung mit ihnen fand in einer Dezembernacht des Jahres 1985 statt. Später schrieb ich darüber mein Buch *Communion* (Die Besucher). Der Kontakt mit ihnen war so erschreckend, dass ich das Buch ursprünglich »Körper-Terror« nennen wollte. Anne sagte, ich sollte es vielleicht besser *Communion* nennen, »weil es genau darum geht«, um Begegnung und Kommunikation. Doch wer waren diese Besucher – oder was waren sie?

Die meisten Menschen, die mit ihnen zu tun haben, vermuten, dass es sich um Wesen von einem anderen Planeten handelt. Der Milliardär Robert Bigelow, der sich schon viele Jahre für sie interessiert, erklärte am 28. Mai 2017 in der Nachrichtensendung *60 Minutes*, dass es sich um Außerirdische handelt und dass sie bereits lange Zeit hier bei uns anwesend sind.

Die amerikanische Luftfahrtbehörde FAA leitet inzwischen aufgrund einer Vereinbarung Berichte über UFO-Sichtungen direkt an sein Unternehmen Bigelow Aerospace weiter. Bigelow erklärte außerdem, er selbst habe Kontakt zu diesen Außerirdischen gehabt und es sei ihm mittlerweile egal, was die Öffentlichkeit über seine diesbezüglichen Äußerungen denke.

Auch ich erkläre ganz offen, dass ich schon fast mein ganzes Leben lang mit diesen unbekannten Wesen in Kontakt stehe, und besonders in den Jahren seit Annes Tod hat sich daraus eine enge und bis heute andauernde persönliche Beziehung entwickelt. Dass es sich bei ihnen um Außerirdische handelt, kann ich allerdings nicht bestätigen.

Ich habe Anne nach ihnen gefragt, und sie antwortete, sie seien »innere Wesen«. Als ich sie fragte, was sie damit meint, sagte sie: »Sie leben im Inneren der Realität. Du lebst an der Oberfläche.« Dann fragte ich: »Befinden sie sich in deiner Realität?« Sie entgegnete: »Es gibt nur eine Realität. Aber es gibt unterschiedliche Wege, zu ihr in Beziehung zu treten.«

Ich weiß, das klingt rätselhaft, aber es wird Ihnen bald klarwerden, was Anne meint. Gegenwärtig ist es so, dass wir auf Basis der Annahme, sie wären Außerirdische, ein komplexes Gedankengebäude entwickelt haben, bis hin zu Vermutungen darüber, von welchen Planeten sie stammen und dergleichen – und die Gegenmeinung, dass überhaupt keine außerirdischen Besucher existieren, die mindestens ebenso populär ist. Doch es ist etwas im Gange, das weit größer, außergewöhnlicher und rätselhafter ist und das wir noch gar nicht wirklich begriffen haben. Und es ist, offen gesagt, auch viel wunderbarer.

Diese Wesen, zu denen wir eine Beziehung aufgebaut haben, interessieren sich *für die Seele*. Sie wollen die Seele stärken und mithelfen, ein neues Band zwischen uns im physischen Leben und jenen zu knüpfen, die sich im nicht-physischen Zustand befinden. Tatsächlich ist das ihre eigentliche Mission, und es ist auch zu meiner und, wie ich glaube, Annes Mission geworden.

Ohne die Hilfe dieser Wesen hätten Anne und ich es nach ihrem Tod auf keinen Fall geschafft, wieder miteinander zu kommunizieren. Sie haben uns gezeigt, wie es geht. Sie haben uns auch gelehrt, dass das nächste Stadium unserer Evolution als menschliche Spezies darin besteht, ganz zu werden – durch vollständigen Kontakt zwischen der physischen und der nicht-physischen Seite.

Gleichzeitig mit dem Auftauchen dieser wundervollen Möglichkeit breitet sich unter den physischen Menschen eine Art Krankheit aus, die ich als *Seelenblindheit* bezeichne. Die Seele zu ignorieren ist eine selbstgewählte Verarmung und persönliche Tragödie, aber es ist auch die Lebensweise von immer mehr Menschen. Seelen können genährt und gestärkt werden, doch wenn man ihre Existenz leugnet, kann das nicht geschehen. Und auch wenn es Wesen gibt, die uns helfen möchten, können sie nichts für uns tun, solange wir sie und das, was sie uns anzubieten haben, ignorieren.

Für die Besucher, mit denen wir in Kontakt stehen, ist die Seele das Wichtigste. Alles, was sie uns beigebracht haben, läuft darauf hinaus: *Die Seele, nicht der Körper, ist der wichtigste Bestandteil jedes Lebewesens.* Und das gilt vor allem für Wesen wie uns, die nicht nur bewusst, sondern auch intelligent sind. Intelligente Seelen sind im Universum der kreativste Zweig des Bewusstseins, und sie sind unendlich kostbar. Daher ist es eine Tragödie, wenn sie verwirrt und unstrukturiert sind.

Anne gelangte zu einem tiefen Verständnis dieser Zusammenhänge und wurde eine Meisterin der Seele. Das, was wir hier mitteilen werden, ist ihre Weisheit, und ihre Ideen sind die Grundlage des vorliegenden Buches.

Die Wissenschaft behauptet, dass die Seele nicht existiert, und die Neurowissenschaft sagt uns, dass es keinerlei wissenschaftliche Beweise für ein Leben nach dem Tod gibt. Kontakte mit Verstorbenen werden als Halluzinationen trauernder Hinterbliebener abgetan. Generell stimmt die offizielle Wissenschaftsgemeinde darin überein, dass die einzige Realität, auf die es ankommt, jene ist, die sich mit existierenden Instrumenten in der Gegenwart messen lässt.

In seinem einflussreichen Buch *Drachen, Doppelgänger und Dämonen: Über Menschen mit Halluzinationen* schreibt Oliver Sacks über Jenseits-Kommunikationen, ohne überhaupt die Möglichkeit in Erwägung zu ziehen, dass es sich nicht um Halluzinationen handeln könnte.

Die moderne Wissenschaft ist ein großer Triumph des menschlichen Geistes. Während der letzten etwa dreihundert Jahre hat sie ihre Theorien auf messbare Phänomene angewendet und ist dadurch zu immer detaillierteren und nützlicheren Erkenntnissen gelangt. Doch versagt dieses System, wenn es sich um Daten handelt, bei denen die Wissenschaft nicht weiß, wie sie gemessen und überprüft werden können.

Als Voltaire, dem großen Gelehrten des achtzehnten Jahrhunderts, Fossilien gezeigt wurden, tat er sie als Fischgräten ab, die von Reisenden weggeworfen wurden. Jahrelang leugneten Wissenschaftler die Existenz von Meteoren, weil »Steine nicht vom Himmel fallen können«. Doch schließlich wurden Fossilien entdeckt, die zu groß waren, um Fischgräten sein zu können, und Meteoreinschläge wurden dokumentiert und ihr himmlischer Ursprung bewiesen.

So wie Voltaire nicht über Daten verfügte, die eine nähere Erforschung von Fossilien gerechtfertigt hätten, besitzt die heutige Wissenschaft bislang keinerlei Daten über die Seele und auch kein Messinstrument, mit dem sich die Existenz von Seelen nachweisen ließe. Das hat Wissenschaftler verleitet, einen Schritt zu weit zu gehen und anzunehmen, dass die Seele nicht existiert. Doch nur das Messinstrument, um sie nachzuweisen, existiert nicht.

Für die Entwicklung eines solchen Messinstruments bestehen zwei Hindernisse. Erstens ist diese Energie – Bewusstseinsenergie – in der Lage, selbst zu entscheiden, ob sie von Instrumenten nachgewiesen werden möchte oder nicht. Zweitens hat sich im Verlauf der Entwicklung der wissenschaftlichen Kultur, vor allem während des letzten Jahrhunderts, die Annahme eingeschlichen, dass keine Daten existieren, die nicht heute bereits messbar sind. Also wird gar nicht erst versucht, diese Daten zu sammeln – oder überhaupt einen Weg zu finden, dies zu bewerkstelligen. Das Augenmerk der Wissenschaft ist nicht mehr darauf gerichtet, neue Realitäten zu entdecken, sondern die bereits bekannte Realität zu interpretieren.

Die Wissenschaft verfügt in der modernen Gesellschaft über enormes Ansehen. Wenn also diese Institution erklärt, dass die Seele nicht existiert, neigen selbst die, die anderer Ansicht sind, dazu, die eigenen Seelen-Erfahrungen anzuzweifeln und sie in vielen Fällen auszublenden oder zu verdrängen.

Wir werden anhand einiger eindrucksvoller Beispiele zeigen, dass die nicht-physische Menschheit den starken Wunsch hat, mit der physischen Menschheit in Kontakt zu treten. Doch errichten wir durch unsere Annahmen, die nicht-physischen Menschen würden gar nicht existieren, eine Mauer zwischen uns. Wir sollten lernen, die Zeichen wahrzunehmen, die sie uns übermitteln. Nach ihrem Tod schickte mir Anne gezielt Botschaften, die geeignet waren, meine tief sitzenden Vorbehalte, dass so etwas möglich ist, zu überwinden.

Anne hatte Sacks gelesen und verstanden, welche Vorstellung die Wissenschaft über die Seele hat. Und sie hielt diese Vorstellung für falsch. Sie hielt sie für falsch, weil uns nach dem Erscheinen meines Buches *Die Besucher* aus aller Welt Tausende und schließlich Hunderttausende Briefe anderer Zeugen erreichten. Anne las und katalogisierte diese Briefe, und darin offenbarte sich ihr ein außerordentliches Geheimnis. Sie begriff, welche Botschaft unsere Besucher uns übermitteln wollten.

Die Briefe der Leserinnen und Leser und einige erstaunliche Dinge, die Anfang der 1990er Jahre in unserem Leben geschahen, veranlassten uns zu einer intensiven Beschäftigung mit der Frage des Lebens nach dem Tod.

Wir gelangten immer mehr zu der Ansicht, dass Kommunikation mit dem Jenseits möglich sein musste, und deshalb sprachen wir darüber, was geschehen würde, wenn einer von uns beiden starb. Wir beschlossen, dass derjenige von uns beiden, der zuerst stirbt, versuchen würde, den anderen zu kontaktieren, aber nicht auf eine direkte Weise.

Wir waren beide viel zu skeptisch eingestellt, um eine unmittelbare Botschaft unkritisch zu akzeptieren. Also entschieden wir, dass die ersten Kontakte über andere Personen erfolgen sollten, die nichts von unserem Plan wussten, weil wir niemanden in ihn einweihen würden.

Als Anne dann starb, hatte ich diesen vor vielen Jahren von uns gefassten Plan völlig vergessen. Nie hätte ich zu träumen gewagt, dass sie ihn in die Tat umsetzen würde oder dass so etwas tatsächlich möglich war.

Durch die Menschen, die wir in unser Blockhaus in Upstate New York einluden, um ihnen eine Begegnung mit den Wesen zu ermöglichen, die sich für uns interessierten, und aus den Briefen, die uns von der Leserschaft des Buches erreichten, lernten wir, dass die Toten und die »Besucher« oft zusammen erschienen.

Zu all dem kam dann noch Annes Nahtoderfahrung im Jahr 2004 hinzu, als sie beinahe an einem Schlaganfall gestorben wäre. Dass wir auf irgendeine Weise nach dem Tod weiterexistieren, war für sie zuvor eine Idee gewesen, die ihr zunehmend wahrscheinlich erschien. Jetzt wusste sie es. Sie hatte selbst die Brücke überquert und war zurückgekehrt.

Zum Ende ihres Lebens hin wusste Anne, wie ich glaube, so viel über das Leben nach dem Tod wie kaum ein anderer. Ich würde sagen, dass sie zu den kundigsten Experten auf diesem Gebiet gehörte, sowohl wegen ihrer intensiven Studien und Recherchen wie auch aufgrund ihrer persönlichen Erfahrung.

Nach ihrer Nahtoderfahrung schloss sie sich jener Mission an, der sich auch unsere Besucher und unsere eigenen Toten widmen. Anne ging es dabei nicht nur darum, uns allen zu zeigen, dass das Jenseits wirklich existiert und wir den Tod nicht zu fürchten brauchen, sondern dass es Möglichkeiten gibt, uns darauf vor-zubereiten – keine komplizierten Rituale, sondern die einfachen persönlichen Methoden, die sie selbst praktizierte, Methoden, die uns in die Lage versetzen, starke Seelen aufzubauen, schon zu Lebzeiten mit unseren eigenen verstorbenen Angehörigen zu kommunizieren und dann einen guten Übergang zu meistern und anschließend von der anderen Seite wirkungsvoll mit den Lebenden zu kommunizieren.

Anne hat nach ihrem Tod eindrucksvoll bewiesen, dass die von ihr empfohlenen Methoden funktionieren.

Seit Jahrtausenden versuchen die Menschen, ihre Toten zu kontaktieren, in jüngster Zeit mit Hilfe von Medien und elektronischen Kommunikationstechniken. Das alles funktioniert, zumindest manchmal. Doch es sind auch persönliche, vertraute und dauerhafte Beziehungen zwischen der physischen und der nichtphysischen Seite der Menschheitsfamilie möglich.

Dadurch, dass wir den Kontakt zu unserer eigenen Seele verloren haben, ist auch der Kontakt zu unseren Vorfahren und Ahnen unterbrochen. Doch sie haben uns nicht im Stich gelassen, und wir brauchen sie heute dringlicher als je zuvor, und sie wissen das. Wie Sie sehen werden, rufen sie nach uns, und zwar schon seit mindestens zweihundert Jahren. Es wird Zeit, dass wir ihnen endlich antworten, damit die beiden Zweige dieser Familie beginnen können, miteinander zu leben und zu arbeiten.

Der Tod ist nicht das Ende. Er ist der Übergang in eine neue Form, wie die Verwandlung von der Raupe zum Schmetterling, und genau wie diese ist er Teil der Natur. Er ist nicht übernatürlich, steht nicht außerhalb der Natur. Nichts existiert außerhalb der Natur, aber die Natur ist eben auch weitaus größer, als die heutige Wissenschaft anerkennt.

Während die Menschheit auf dem neuen Weg voranschreitet, der sich für uns öffnet, werden wir unsere gewalttätige und anarchische Geschichte hinter uns lassen. Anne sagt, dass die Grundlage für alle Gewalt die Angst vor dem Tod ist. Wenn wir als Individuen und

Familien und ebenso als Spezies ganz werden, heil werden, wird diese Angst verschwinden und damit auch die Gewalt.

Die neue Verbindung und Kommunikation zwischen den zwei Hälften unserer Spezies stellt einen Wendepunkt von so fundamentaler Natur dar wie jener, der den Beginn unserer Zivilisation auslöste und unsere Geschichte sich entfalten ließ. Auf dieser Seite der Veränderung liegt eine Geschichte voller Fehler, Verwirrung und Terror. Jenseits der Veränderung erwartet uns eine vollkommen neue Geschichte, in der wir gleichzeitig nach innen und nach außen blicken werden. Das Fundament dieser Geschichte wird unser Staunen sein. Es warten Entdeckungen auf uns, die unsere kühnsten Träume übertreffen werden. Es ist eine neue Sichtweise auf die Wirklichkeit, die uns zu einer neuen Lebensweise führen wird. Tatsächlich ist es eine Wiedergeburt.

Als Anne – die einzige Frau, zu der ich je eine intime Beziehung hatte, das absolute Zentrum meines Lebens – starb, hatte ich das Gefühl, in einer Flut aus Trauer zu ertrinken. Ich war wie unter Schmerz begraben, konnte nicht denken, nicht essen, ja, mich kaum bewegen.

Ein solcher Abschied ist eine Qual. Punkt. Wäre sie während dieser ersten Stunden ins Leben zurückgekehrt und hätte mir ins Gesicht geschrien, ich hätte sie vermutlich nicht gehört.

Einer der ersten Sätze, den ich sie zu mir sagen hörte, lautete: »Trauer ist eine andere Form von Liebe.« Da erkannte ich, dass ich sie eigentlich liebte, wenn ich um sie trauerte. Und natürlich trauere ich. Ich vermisse sie auf jeder Ebene meines Seins. Obwohl ich mit ihr kommunizieren kann, vermisst mein Körper ihren Körper so sehr, und das lässt sich nicht ändern.

Das zu verstehen, versetzte mich in die Lage, meine Trauer zum Teil meiner Arbeit zu machen, sie zu respektieren und zu lieben, sie aber auch zu nutzen, um mich bewusst auf Annes Gegenwart und ihre Worte zu konzentrieren, statt zuzulassen, dass alle diese neuen Möglichkeiten unter meinen Tränen begraben wurden. Sie hatte sich sorgfältig auf das vorbereitet, was kommen würde. Ich hatte mich ebenfalls vorbereitet, aber nicht annähernd so gut. Ich wünschte mir so sehr, dass sie bei mir blieb, und deshalb schaffte ich es kaum, an ihren Tod zu denken, und schon gar nicht auf diese ruhige, leidenschaftslose Art, mit der sie sich ihrem physischen Ende näherte.

Ich wusste es damals noch nicht, aber schon sechs Monate vor ihrem Tod bereitete sie mich darauf vor, meinen Teil unserer Mission auszuführen. Sie tat das auf die für sie typische subtile Art. Sie bat mich, ein Gedicht auswendig zu lernen, das mir, wie wir sehen werden, ganz zentral dabei hilft, ihre Absichten zu verstehen. Außerdem ist es ein zentrales Element des Beweises, den Anne dafür erbracht hat, dass sie weiterhin bewusst und gegenwärtig ist.

In dem Gedicht »Das Lied des wandernden Aengus« von W. B. Yeats wird von der lebenslangen Suche des irischen Landsmanns Aengus nach einem »schimmernden Mädchen« berichtet, das sogleich, nachdem es wie durch Zauberei in seinem Leben auftauchte, aus seinen Armen glitt und in einem Reich verschwand, das man wohl den Himmel nennen kann.

Dieses Gedicht über die Suche eines Mannes ist zu meiner Lebensgeschichte geworden.

Wenn jemals ein Liebespaar wie durch Zauberei zueinander fand, dann Anne und ich. Wir waren zwei junge Leute in New York City, die beide den Auskunftsbogen einer Partnervermittlung ausfüllten. Wir waren einander nie zuvor begegnet. Wir hatten keine gemeinsamen Freunde. Wir lernten uns kennen, weil wir jeweils auf der Vorschlagsliste standen, die uns von der Partnervermittlung zugeschickt wurde.

Von dem Tag, als wir uns das erste Mal trafen, bis zu dem Tag, als Anne dieses Leben verließ, waren wir nur ein einziges Mal nicht beisammen, und zwar für nur zwei Wochen.

Die Art, wie Anne dieses Gedicht und seine Metaphern in unser neues gemeinsames Leben eingewebt und mir immer wieder bewiesen hat, dass diese Beziehung wirklich existiert, hat mich mit der schönsten und reichsten Erfahrung beschenkt, die ich je machen durfte. Aufgrund dieser Erfahrung kann ich Ihnen versichern, dass in Ihnen, wenn Sie mit geliebten Verstorbenen in Kontakt treten, eine nie gekannte Herzenswärme und Glücksgefühle geweckt werden. Ihr ganzes Leben wird erneuert, und Sie werden das Staunen wiederentdecken.

Aber selbst für jene, die bereits mit Jenseitskontakten vertraut sind, werden Fragen offen bleiben – das ist richtig, muss so sein und macht, offen gesagt, einen wesentlichen Reiz dieses ganzen Abenteuers aus. Festgefügte Glaubensvorstellungen sind Mauern. Fragen sind Türen.

Trotz all unserer Wissens- und Erkenntnisfortschritte wiegt das Universum den menschlichen Verstand weiterhin in Unsicherheit und Unbekanntem. Wir sollten diese offenen Fragen nicht verdrängen, indem wir »daran glaube ich« oder »das glaube ich nicht« sagen. Viel besser ist es, den Glauben ganz aufzugeben und wie Anne zu bekennen: »Ich habe Fragen. Ich wundere mich. Ich staune.«

Bevor Anne ins Nicht-Physische hinüberging, gab es in mir nur ein Selbst. Heute ist da noch ein zweites Selbst, und es ist kein von Trauer geplagter Wanderer, sondern ein Reisender, der zwei Wege gleichzeitig beschreitet, einen in dieser Welt und einen in der anderen Welt.

Annes Lebensthema war Freude, was für sie bedeutete, alles zu akzeptieren, was geschah, anderen Menschen mit Liebe zu begegnen und, vor allem, viel zu lachen. Oft zitierte sie diesen wunderbaren Satz Meister Eckharts, eines Mystikers und Theologen des vierzehnten Jahrhunderts: »Gott lacht und spielt.« Lachen ist Licht, und bei der inneren Suche, so wie Anne sie verstand, geht es darum, dieses Licht in uns selbst zu finden.

Es gibt viele Gründe, warum wir nicht in klarem, guten Kontakt zu den Toten stehen. Ein Grund ist, dass sie anders als wir sind. Sie sind keine unsichtbaren Versionen unserer selbst, sondern leben nach anderen Gesetzen. Dazu sagte Anne: »Ich bin nicht mehr Anne. Ich bin ich. Aber für dich, Whitley, werde ich immer Anne sein.« Sie beschreibt sich selbst und die Legion der Toten so: »Wir sind eine Unendlichkeit der Träume.« Aber täuschen Sie sich nicht: Diese Träume sind lebendige Gegenwarten, und sie warten darauf, dass wir die Brücke zwischen unseren Welten begehen. Anne sagt auch: »Ich bin der Teil von mir, der ein Teil von dir ist.«

Jene, die ohne Körper sind, besitzen einerseits eine viel stärkere Individualität, als es einem physischen Wesen je möglich wäre, aber sie verfügen auch über Ganzheitsbewusstsein, ohne Anfang und Ende, das außerhalb der Zeit existiert und die Zeit enthält. Ihre geliebten Verstorbenen, Mutter, Vater, Ehefrau, Kind, existieren gleichzeitig weiter als die Person, die sie bei Ihnen waren, und als alle Personen, die sie jemals waren, und als alles Sein.

Als Folge unserer *Seelenblindheit* versuchen wir, wenn wir dem Tod ins Auge sehen, alles Erdenkliche, um unser Leben so lange wie möglich auszudehnen. Und wenn wir sterben, geschieht das sehr oft in Angst und mit dunklen Vorahnungen, manchmal in Resignation, und die, die wir zurücklassen, hören in der Regel nie wieder irgendetwas von uns.

Das liegt nicht etwa daran, dass die Toten nicht versuchen, mit uns Kontakt aufzunehmen.

Als ich Anne danach fragte, antwortete sie: »Als du mich zum ersten Mal ignoriertest, war ich irritiert. Dann wurde ich rasend vor Wut. Ich schrie dich an. Du verhieltest dich so, als ob ich gar nicht existierte. Es war seltsam und verwirrend.«

Seit diesen Anfangsschwierigkeiten haben wir einen langen gemeinsamen Weg zurückgelegt. Inzwischen habe ich gelernt, ihr zuzuhören, und ich weiß, wie ich sie in mich hineinlassen kann.

Kommunikationen mit Anne sind flüchtig und kurz, erfolgen von ihrer Seite aus oft überraschend und unerwartet, und ich erkenne sie am »Aroma« von Annes Präsenz. Ich trage inzwischen immer ein Notizbuch bei mir, weil ich ihre Worte sonst schnell vergesse, wenn sie, oft in Sekundenschnelle, vorbeifliegen. Das liegt, wie ich glaube, daran, dass sie nicht meine Gedanken, nicht Teil meines Bewusstseins sind und es in meinem Gehirn für sie keinen Landeplatz gibt. Wie ein Aufblitzen auf dem Flügel eines vorbeigleitenden Vogels sind sie da und gleich schon wieder fort.

Zurück lassen sie: Staunen und die von Anne so geliebten Fragen. Dass *Communion* (Die Besucher) mit einer Reihe von Fragen endet, ist ganz auf Annes Einfluss zurückzuführen. Während sie mein Manuskript las, sagte sie immer wieder: »Whitley, das weißt du doch gar nicht. Formuliere es zu einer Frage um.«

Die große Menschheitsfrage lautet: »Werde ich nach dem Tod weiterleben?« Sie ist einfach, universell und macht uns allen zu schaffen, immer wieder. Die Wissenschaft beharrt mit ihrer ganzen Autorität darauf, dass wir nichts als sterbliches Fleisch sind, womit sie unsere Furcht vor der Auslöschung verstärkt. Gleichzeitig erschwert die materielle Welt mit ihrer ständig wachsenden, faszinierenden Komplexität es uns immer mehr, die leise innere Stimme der Seele zu hören.

Doch während viele von uns sich überhaupt nicht mehr für die Seele interessieren, erheben viele andere ihre Stimme und erklären, dass es ein Leben nach dem Tod wirklich gibt. Im Jahr 2011 schrieb der Forscher Pim Van Lomel in den Annalen der New Yorker Akademie der Wissenschaften, dass neun Millionen Menschen in den USA von eigenen Nahtoderfahrungen berichten. Anne gehörte zu diesen Menschen, und wie viele von ihnen kehrte auch sie völlig von der Angst vor dem Tod befreit in dieses Leben zurück. Wie die meisten wurde sie durch die moderne Medizin zurückgeholt.

Welche Ironie ist es doch, dass wir eine der wichtigsten Grundlagen von *Die Seele im Jenseits* ausgerechnet jener Wissenschaft verdanken, die uns einreden will, die Seele existiere gar nicht!

Im weiteren Verlauf dieses Buches wird Anne ihr neues Leben auf eine Weise beschreiben, die für mich eine echte Offenbarung ist. Dabei nutzt sie die ihr eigene Formulierungskunst und Beobachtungsgabe, um eindringlich darzustellen, wie ihr neues Leben auf der anderen Seite der Grenze aussieht. Erwarten Sie aber bitte keine simplen Geschichten über Licht und Liebe. Die von Anne beschriebene Welt ist komplex, reich an Nuancen und Ambivalenzen und immer für Überraschungen gut.

Zu den größten Überraschungen gehört, dass Sie, wenn Sie nach Ihrem Tod dort ankommen, gar nicht überrascht sein werden. Wir sind in viel größerem Maße nicht-physisch als physisch. Diese Reisen durch die Zeit, die wir unternehmen, wenn wir in einen physischen Körper eintreten, sind wertvoll, aber kurz. Der größte Teil unserer Erfahrungen ist in keiner Weise physisch.

Wenn erst einmal ein neuer und verlässlicherer Weg der Kontaktaufnahme allgemein bekannt ist, und das wird schon bald der Fall sein, dann wird diese Spezies erwachen und den wahren Sinn ihrer Existenz erkennen. Dadurch werden wir eine ganz neue Ebene des Lebens erreichen. Die sich anbahnende Jenseits-Revolution hält viel Freude für uns bereit, aber Freude ist nur möglich, wenn wir eine neue Leichtigkeit im Umgang mit diesem Thema entwickeln. Anne drückt das so aus: »Am schwersten ist, dafür zu sorgen, dass Freude einkehrt. Doch ist das einmal geschafft, wird es für uns alle leicht und schön.«

Als ich Anne zum ersten Mal von jener unheimlichen Begegnung am 26. Dezember 1985 erzählte, die dazu führte, dass ich

Communion (Die Besucher) schrieb, stieß sie sofort zum Kern der Sache vor: »Lass uns herausfinden, was dahintersteckt, wir beide gemeinsam. Was für ein Abenteuer!«

Ich hatte schon befürchtet, sie würde sich von ihrem offenbar verrückt gewordenen Mann scheiden lassen wollen, um ihre Kinder vor seinem irren Gerede zu schützen. Aber nichts war weiter von der Wahrheit entfernt. Vom ersten Tag an – damals wussten wir nicht viel mehr, als dass etwas mir einen gewaltigen Schock versetzt hatte – war sie an meiner Seite, half, beriet mich. Und vor allem teilte sie ihre Einsichten und ihren Wissensdurst mit mir. Sie war bereit, sich ganz und gar auf dieses Abenteuer einzulassen.

Ihr Denken spiegelt sich in allem wider, was ich seitdem über das Phänomen geschrieben habe. Tatsächlich bildet es das Fundament meiner Arbeit. Während der Jahre haben wir gemeinsam viel von unseren Besuchern gelernt, über sie und über die menschliche Reise. Besonders Anne verstand, dass sie uns etwas sehr Wesentliches vermitteln wollten und worin diese Botschaft bestand. Sie erkannte die Motive, warum die Besucher sich uns und vielen anderen Menschen in aller Welt offenbaren.

Ich glaube, es ist die größte Hoffnung dieser Wesen, dass wir zu reichen, starken Seelen werden und dass unsere Spezies überlebt und sich noch für lange, lange Zeit weiterentwickelt.

Ihre Botschaft, was wir tun müssen, damit wir diese neue Form der Erfüllung erreichen, ist eindeutig. *Um den wahren Reichtum unseres Menschseins kennenzulernen, müssen wir zu einer vereinigten Spezies werden.*

Das ist *Die Seele im Jenseits*: eine Reise in eine neue Evolution der Menschheit und eine vollkommen neue Lebenserfahrung.

Aber wie schaffen wir das? Wie können wir nicht nur den Kontakt zu unserer eigenen Seele wiederherstellen, sondern auch zu jenen, die das Fleisch schon hinter sich gelassen haben? Was wünschen sie sich und brauchen sie von uns? Und was können sie uns geben?

Anne hat einen von uns vor vielen Jahren entwickelten Plan in die Tat umgesetzt und mir damit bewiesen, dass sie weiterhin existiert. Sie tat das im Dienst der wunderbaren Mission, von der sie nun ein Teil ist. Ziel der Mission ist es, dieser Spezies zu einer ganz neuen Form der Ganzheit und Integration zu verhelfen. Aber warum ist Anne dazu in der Lage? Verfügt sie über eine besondere Fähigkeit oder nutzt sie einfach Möglichkeiten, die jeder Menschenseele innewohnen? Und bringt sie mir bei, wie ich diese Möglichkeiten auch auf meiner Seite der Brücke anwenden kann?

Das werden wir gemeinsam erforschen und aufzeigen, wie diese Fähigkeit sich anwenden lässt, in jedem Leben und jeder menschlichen Beziehung. Wenn wir die Brücke zwischen den Welten wieder aufbauen, wird das unsere Spezies kompetenter, friedlicher und glücklicher machen.

Anne und ich haben uns für diese Zukunft entschieden und eine Zusammenarbeit zwischen den beiden Welten diesseits und jenseits der Brücke begonnen. Natürlich stehen wir angesichts der Veränderungen, die derzeit auf der Erde stattfinden, vor Problemen und Herausforderungen. Aber Anne und ich waren Einblicke in die zukünftigen Möglichkeiten unserer Spezies vergönnt, und es erwarten uns Wunder, großartiger als selbst unsere optimistischsten Spekulationen.

Wir sehen uns heute mit Umständen konfrontiert, die unseren fernen Vorfahren sehr vertraut waren. Auch sie mussten schwere Zeiten durchstehen, um in ein neues Leben zu gelangen. Vor hunderttausend Jahren, als die letzte Eiszeit begann, waren sie nackte Nomaden. Als sie endete, hatten sie gelernt, sich Kleidung anzufertigen. Sie hatten zu sprechen gelernt, organisierten sich in Stämmen und waren zu Experten für alles geworden, was sie zum Überleben benötigten.

Auch jetzt werden wir den Weg in ein neues Leben finden – aber diesmal wird es wirklich neu sein, denn wir werden lernen, gleichzeitig in der materiellen Welt und jenseits von ihr zu leben, in einer erweiterten Realität, die sich uns gegenwärtig zu offenbaren beginnt. Um diese neue Art des Menschseins zu verwirklichen, ein heiles, ganzheitliches Menschsein, müssen wir uns auf eine neue Reise begeben.

Von dieser Reise handelt dieses Buch.

DUNKELHEIT SENKT SICH HERAB

A ls meine brillante, kluge Frau in eine persönliche Ferne blickte, sagte sie leise: »Whitley, es ist Zeit.«

So sehr wollte ich fragen: »Zeit wofür?« Ich wollte, dass sie damit meinte, sie freue sich auf eine weitere Episode unseres gemeinsamen Lebens. Aber das war es nicht, und ich wusste es. Seit der Operation vor zwei Jahren war ihr Tumor nicht gewachsen, aber der nicht entfernte Teil belastete nun die Blutgefäße in ihrem Gehirn. Die Ärzte hatten uns gewarnt, dass die Schlaganfälle, die sie immer wieder erlitt, sich verschlimmern würden.

Vor ein paar Tagen war Annes linke Körperhälfte schwächer geworden. Die Zukunft war düster: weitere Schlaganfälle, an denen sie schließlich sterben würde. Die größte Gefahr sah ich darin, dass sie, bevor das eintrat, ihr Sprechvermögen verlieren

....

und dann gezwungen sein würde, einen langsamen, hilflosen Tod zu sterben, möglicherweise unter Schmerzen leidend, die sie nicht mehr artikulieren konnte.

Unser gemeinsames Leben war ein zarter, komplexer Tanz gegenseitigen Entdeckens und eine Freude gewesen, die ich mir nie hätte erträumen können, bevor ich diesen vielschichtigen und doch aufgeschlossenen, liebevollen Menschen kennenlernte.

Schon viele Male war es mir gelungen, Anne doch noch zum Bleiben zu überreden. Ich hatte sie angefleht, ich hatte alles getan, um ihr trotz des Gehirntumors und der zunehmenden Lähmung ihres Körpers ein reiches Leben zu ermöglichen.

Wir hatten oft über das Lebensende gesprochen. Sie hatte ihre Situation gründlich analysiert und Vorkehrungen getroffen, dass sie in Würde und unter Beachtung aller gesetzlichen Vorschriften dieses Leben verlassen konnte.

Was bedeutete, mich zu verlassen, für den sie mehr als nur die Hälfte seines Lebens war.

Im vorigen Januar hatte sie gesagt, sie hätte gebetet, dass der Schlaganfall, der ihre linke Körperhälfte lähmte, ihr Leben beenden möge. Stattdessen war sie seitdem unfähig, aus dem Sessel aufzustehen, ihren linken Arm zu gebrauchen, zu lesen, selbst das Fernsehen fiel ihr nun schwer. Annes Verstand war so scharf wie eh und je, aber ihre Augen und Ohren hatten zunehmend Mühe, die Welt um sie herum wahrzunehmen. Ihr brillanter Geist war nun gefangen hinter einer Mauer aus stark beeinträchtigten Sinnesleistungen.

Ich las ihr vor, erklärte ihr Dinge, hielt sie auf dem Laufenden über das, was in der Welt geschah. Weil es allein schon enorm anstrengend war, Anne vom Bett in den Sessel zu heben, engagierten wir Helfer, die uns den Alltag erleichterten. Ich sorgte dafür, dass sie weiterhin Dinge erleben konnte, die ihr Freude machten, und sei es etwas so Simples wie der Besuch in einem Eiscafé. Ich tat alles, damit ihr Leben so reich und erfüllt war wie unter diesen

Umständen möglich. Trotz der damit verbundenen Schwierigkeiten gingen wir ins Kino und ins Theater, besuchten Restaurants und den wöchentlichen Lesekreis, den wir beide sehr liebten – kurz: Wir machten weiterhin das Beste aus unserem Leben.

Wenn sie etwas nicht verstand, erklärte ich es ihr später, und es gelang uns, diese Gespräche zu einem Vergnügen für uns beide zu machen. Während alledem bewahrte sie sich ihren Enthusiasmus, auch bei Rehabilitation und Physiotherapie. Aber es blieb diese Tumormasse, die eine Besserung von Annes Zustand verhinderte, trotz aller Therapiemaßnahmen. Zwischen Januar und Juli hatte sie drei Therapiesitzungen pro Woche, die nichts bewirkten.

Als ihre Schwäche sich verstärkte, schlug ich vor, im Krankenhaus feststellen zu lassen, ob sie einen weiteren Schlaganfall erlitten hatte. Aber Anne hatte genug von Krankenhäusern.

Sie war so geistreich und wunderbar wie eh und je, voller Freude, Weisheit und Humor. Sie hatte keine Angst. Ganz im Gegenteil war sie ruhig und pragmatisch. An einem Tag Anfang August sagte sie mir, dass sie nun ihren Lebensende-Plan ausführen würde, der darin bestand, nicht mehr zu essen und zu trinken.

Ich hatte so hart dafür gekämpft, dass dieser Augenblick nicht kam. Und doch war ein Teil von mir so erschöpft, dass der Gedanke, nicht länger unter der dunklen Last Annes ständiger Betreuung leben zu müssen, etwas Befreiendes hatte – was meinem Schmerz zusätzlich um Schuldgefühle verstärkte. Ich wollte, dass sie bei mir blieb, wusste aber, dass ich selbst am Ende war. Mein linkes Knie war durch das viele Heben von Annes Körper zerstört. Ich litt unter ständigen Rückenschmerzen. Um überhaupt noch durchzuhalten, verbrachte ich die Nächte damit, meine Glieder mit Eisbeuteln zu kühlen. Ich musste zwei Mal pro Woche zum Chiropraktiker, manchmal öfter. Ich konnte nicht schreiben, weswegen wir uns erneut in einer gefährlichen finanziellen Abwärtsspirale befanden.

....

Die Wahrheit war, dass ihre Krankheit uns beide vollkommen erschöpft hatte. Ich sah, wie sie mich ansah, während ich sie hochhob, kochte, putzte und so weiter. Trotz unserer Helfer schaffte ich es nicht länger, und das wusste sie.

Da sie nicht mehr reisen konnte, sahen wir unsere Enkelkinder nur noch, wenn sie uns besuchten, was nur selten möglich war. Doch Anne war sicher, dass wir für unsere Enkel wertvoll waren. »Whitley, wir kennen einige der größten Geheimnisse des Lebens. Wir müssen das weitergeben.« Das beschäftigte sie sehr. Sie wusste: Wenn sie wenigstens einen von uns beiden rettete, würden unsere Enkel von unserem Wissen profitieren.

Ich hatte ihr gesagt, dass ich auch nicht weiterleben wollte, wenn sie ging. Ich fürchtete den Tod genauso wenig wie sie.

Sie bestand darauf, dass ich für unsere Kinder hierbleiben und dieses Buch zu Ende schreiben sollte. Schließlich willigte ich ein, und heute weiß ich, dass es die richtige Entscheidung war. Auf einer tieferen Ebene, jenem Teil des Lebens, den wir nicht sehen, gab sie ihr Leben auf, um ihre Mission in die Tat umzusetzen. Ich bin dankbar und stolz, dass sie es mir anvertraute, den diesseitigen Teil dieser Mission für sie auszuführen. Ich kann nur hoffen, dass meine Bemühungen der an mich gestellten Aufgabe gerecht werden.

An diesem ersten Abend ihres Sterbens saß ich neben ihr, während sie schlief. Doch konnte ich nicht aufhören zu weinen und musste aus dem Zimmer gehen, um sie nicht aufzuwecken. Was sie tat, war das wohl Schwerste, was ein Mensch durchmachen kann. Ich wollte es ihr nicht dadurch noch schwerer machen, dass sie meine Seelenqual miterleben musste.

Ich hoffte, dass sie am nächsten Morgen ihre Meinung ändern würde. Aber als sie aufwachte, war sie noch fester entschlossen. Da brach mir das Herz, und ich konnte nicht anders, als laut zu weinen. Sie strich mir sanft über die Wange und sagte: »Welchen Wert hätte mein Leben gehabt, wenn niemand um mich trauern würde?«

Nun freute ich mich, dass sie meinen Schmerz sah, und die Trauer brach einfach aus mir heraus. Sie wurde um so heftiger, je mehr ich sie zu unterdrücken versuchte. Sie streichelte mit ihrer gesunden Hand meinen Kopf und ließ es einfach geschehen. Sie weinte nicht. Das hätte ich an ihrer Stelle auch nicht getan. Es war eine schwere Entscheidung, bedeutete für sie aber auch Erleichterung.

So, wie sie keine Angst hatte, war sie auch nicht traurig. Stattdessen war der bewussteste Mensch, der mir je begegnet ist, meine geliebte Frau, ganz und gar bereit für den nächsten Schritt.

Den ganzen Morgen unterhielten wir uns leise, nebeneinander in unseren Sesseln sitzend. Die Krankenpflegerinnen kamen und gingen. Wir sprachen mit ihnen nicht über Annes Entscheidung. Stattdessen blickten wir auf unser gemeinsames Leben zurück, das so reich an wundervollen Momenten gewesen war.

Ich erinnerte mich, wie sie in der Lady Chapel der St. Patrick's Cathedral in New York auf mich zu ging, wunderschön in ihrem blauen Kleid mit den bordeauxroten Rosen an der Taille. Es war nicht gerade eine große Hochzeit. Wir hatten nur zweihundert Dollar. Einige Freunde waren da, eine Kusine mit ihrem Mann, meine Mutter, ein Priester und ein verschlafener Messdiener. Aber es war der wunderbarste Tag unseres Lebens.

Unsere besten Freunde waren aus Washington angereist. Sie konnten sich kein Hotel leisten, also verbrachten wir unsere Hochzeitsnacht in unserer winzigen Wohnung, und sie übernachteten in unserem Wohnzimmer. Es war uns egal. Wir waren so glücklich.

Dann verbrachten wir sieben lange Jahre damit, einen Verlag zu finden und mich als Schriftsteller zu etablieren. Anne wurde meine Muse und Lektorin. Sie ging wieder zur Schule und machte einen Abschluss in Englischer Literatur, um in diesen beiden Aufgaben noch besser zu werden.

Ab und zu kam es vor, dass ich aufgab und meine Schreibmaschine in den Müll warf. Unvermeidlich, wenn ich am nächsten

Nachmittag von der Arbeit kam, stand alles wieder an seinem Platz, oft mit Notizen von Anne, in denen sie Vorschläge machte, wie es mit der Geschichte weitergehen könne, an der ich gerade schrieb. Schließlich, nach einem halben Dutzend Romanen und Hunderten von Absagen, kaufte ein Verlag *The Wolfen* (Wolfsbrut). Sogleich wurde Anne schwanger, und ehe wir uns versahen, hatten wir ein Buch in den Buchläden und ein Baby im Haus. (Dort, wo wir inzwischen wohnten, gab es ein Zimmer mehr.)

So vieles änderte sich. Das alles war zugleich schwierig und machte großen Spaß. Und uns beide gegenseitig zu entdecken, war ebenfalls eine große Freude.

Hinter Anne lag eine schwierige Kindheit. Sie durfte nie den Mund aufmachen und musste viel erdulden. Ihre Meinung zählte nicht und ihre Gefühle wurden missachtet.

Jetzt, in der Beziehung zu mir, fragte sie sich, ob sich das geändert hatte. Ich liebte sie, das wusste sie, aber konnte ich sie so ertragen, wie sie wirklich war?

Also versuchte sie – wohl eher unbewusst –, das auszutesten.

Während unserer ersten gemeinsamen Monate, merkte ich ihr an, dass sie ihre Wut unterdrückte. Ich gab ihr nicht oft Anlass, wütend zu werden, aber unsere Beziehung war neu, und unvermeidlich kam es zu Spannungen. Doch wenn sie spürbar wütend oder enttäuscht war, verbarg sie das unter einem Lächeln.

Wenn ich das sah, sagte ich: »Habe ich dich wütend gemacht?« Das verneinte sie dann, worauf ich lachte und sie die Lippen anspannte.

Schließlich geschah das, was ich instinktiv gehofft hatte: Ihr ganzer unterdrückter Ärger kochte über und ergoss sich über mich. Das passierte, als ich davon sprach, wieder nach London zu ziehen, wo ich in dem Jahr, bevor wir uns trafen, gelebt hatte.

Sie stieß wütend hervor: »Dann geh doch! Verlass mich! Verschwinde aus meinem Leben!« Sie brach in Tränen aus, und ich auch. Aber damit war es noch nicht vorbei. Ihre Wut hatte sich Bahn gebrochen, und ihr Blick war voller Angst. Sie schimpfte weiter, verlor völlig die Kontrolle und fürchtete gleichzeitig, dass sie mich damit vertrieb.

Anne hatte nie gelernt, dass sie ein Recht auf ihre eigenen Gefühle hatte, auf ihre Wut und ihr Glücklichsein, auf Liebe und alles, was in ihr vorging.

Sie schrie, ich solle auf der Stelle verschwinden, sie könne meinen Anblick nicht mehr ertragen. Da ich selbst aus einer Familie komme, in der nur selten jemand die Stimme erhob, erschrak ich furchtbar. Aber ich sah auch, dass Anne für lange Zeit von ihrer Umgebung unterdrückt und an den Rand geschoben worden war.

Ich beschloss, dass sie nie wieder die Erfahrung machen sollte, ihre Gefühle unterdrücken zu müssen. Nie wieder. Sie hatte jetzt einen Mann, und diesem Mann war sie unendlich kostbar, und ihre Wut war wichtig für ihn – und sie hatte das Recht, ihr Ausdruck zu verleihen, und das Recht, dass ihre Bedürfnisse verstanden und respektiert wurden. Früher, in ihrer Kindheit, hatte man ihr das Gefühl gegeben, unerwünscht und unwichtig zu sein. Das war vorbei. Für mich war Anne wichtig.

Ich sagte ihr, dass sie einen Platz in meinem Herzen hatte, dass ich mir auch einen Platz in ihrem Herzen wünschte und dass ich sie brauchte und nicht ohne sie leben konnte.

Sie schaute mich an, als wäre ich ein Außerirdischer. Ich sagte: »Vergib mir, Honey, ich war unsensibel. Wenn überhaupt, dann will ich nur mit dir zusammen nach London gehen.« Dann nahm ich sie in meine Arme. Von da an öffnete sie mir die Tür zu ihrem Innenleben viel weiter, und unsere Liebe wuchs und gedieh.

Als sie erkannt hatte, dass Temperamentausbrüche mich nicht vertrieben, explodierte sie ziemlich oft. Ich glaube, in meinem Beisein holte sie sämtliche Wutausbrüche nach, die sie in der Zeit, bevor wir uns trafen, hatte unterdrücken müssen. Einmal wurde sie so laut, dass unsere Nachbarn die Polizei riefen. Anne versteckte sich, und ich musste sechs Polizisten überzeugen, dass mit ihr alles in Ordnung war, obwohl sie sich nicht blicken ließ.

Die Kämpfe endeten stets damit, dass wir einander in die Arme fielen und dann unser gemeinsames Leben einfach fortsetzten. Und allmählich lernte sie, bereits etwas zu sagen, wenn eine Verärgerung noch klein war, statt zu warten, bis sie sich zu großem Zorn aufgestaut hatte. Sie wurde gut in dem, was man heute Wut-Management nennt. In unserer Beziehung entwickelte sich ein stiller gegenseitiger Respekt, und wir lernten, uns aneinander zu erfreuen. Die vielen Feuerwerke wichen einer liebevollen Akzeptanz, durch die unsere Beziehung noch tiefer wurde. Wir wussten es damals noch nicht, aber unsere Seelen hatten sich verbunden. Die innere Hochzeit hatte stattgefunden – in der esoterischen Praxis der Alchemie wird sie »chymische Hochzeit« genannt. Von nun an lebten und entwickelten wir uns vereint. Wir waren wahrhaft verheiratet.

Es gab sehr viel Schönheit in unserer Beziehung, viel Freude und auch viel Humor. Wir verbrachten einen großen Teil unseres letzten gemeinsamen Tages in dieser Welt damit, dass wir über die Dinge lachten, die uns in der Vergangenheit schon amüsiert hatten, ich unter Tränen und sie mit einem tiefen und aufrichtigen Vergnügen.

Nachdem sie sich den ganzen Tag geweigert hatte zu essen und zu trinken, wusste ich, dass sie nun hungrig und durstig war. Ich fragte: »Möchtest du zu Abend essen?«

Sie lächelte sanft. »Nein, Baby«, sagte sie und fügte hinzu: »Whitley, es ist Zeit für die Hospizversorgung. Ich möchte, dass sie morgen zu mir kommen.«

Okay, das war es also. Sie war fest entschlossen, jedenfalls im Moment. Ich hatte gehofft, dass sie hungrig werden würde und durstig. Aber sie war nicht bereit, ihr Fasten zu brechen. Stattdessen sah sie tapfer einer Nacht voller quälendem Hunger und Durst ins Auge.

Das wollte ich ihr ersparen. Wir hatten uns bereits für ein Hospizteam entschieden. Dort kannte man ihre Situation und ihren Plan. Ein Anruf genügte, dann würden sie kommen.

Es war das schwerste Telefonat meines Lebens. Ich fürchtete mich seit Monaten davor. Ich konnte kaum sprechen. Aber ich schaffte dann doch, ihnen zu sagen, dass es so weit war und Anne begonnen hatte zu fasten.

Sie kamen gegen 21 Uhr und leisteten ihr die gesetzlich erlaubte Hilfestellung, die im Wesentlichen in einer milden Dosis Morphium und einer Befeuchtung des Mundes bestand.

Als am nächsten Morgen die Krankenschwester kam, musste ich das Haus verlassen, damit sie Anne ohne meine Anwesenheit fragen konnte, ob sie weiterleben wollte oder nicht und ob ihr klar bewusst war, dass die Beendigung von Nahrungs- und Flüssigkeitsaufnahme ihren Tod bedeuten würde. Bislang hatte sie nur eine leichte Dosis Morphium erhalten. Ich hatte dafür Sorge getragen, dass sie auf jeden Fall bei klarem Bewusstsein war. Damit sie sich wohlfühlte, war ich die ganze Nacht bei ihr geblieben, hatte ihren Mund befeuchtet und ihre Lippen mit einem Pflegestift eingefettet, sobald sie das wünschte.

Ich fuhr ziellos herum und sah durch meine Tränen kaum die Straßen.

Als ich zurückkehrte, erkannte ich am ernsten Gesicht der Schwester, was Anne geantwortet hatte.

Dennoch fragte ich sie, bevor sie das Bewusstsein verlor, alle zwei Stunden, ob sie ihre Meinung geändert hatte. Ich wollte sie so sehr anflehen, zwang mich aber, es nicht zu tun. Sie sah meine

Tränen und meine große Qual. Ich konnte den Schmerz nicht unterdrücken, und das war Flehen genug.

An dem Freitag, bevor sie starb, gab es einen Hoffnungsschimmer. Sie sagte, dass sie ins Kino gehen wollte. Dass sie Popcorn und Cola wollte. Mein Herz machte einen Sprung, und ich sagte: »Klar doch, lass uns das tun.« Aber dann musste ich hinzufügen: »Du fastest schon zu lange, um es einfach unterbrechen zu können. Wir brauchen ein paar Tage, bis du wieder stark genug bist.« Ich hatte mich gründlich über den ganzen Vorgang informiert. Ich wusste genau, was in jeder Phase zu tun war, um sie zurückzuholen, und wann das nicht mehr möglich sein würde.

Sie lächelte sanft und sagte: »Nein, dann müsste ich das alles noch einmal tun.«

Trotzdem beschäftigt mich manchmal immer noch der Gedanke, dass sie vielleicht das Fasten beendet hätte, wenn ich etwas überzeugender, hoffnungsvoller geklungen hätte.

Aber sie hatte recht. Wenn sie das Fasten abbrach, hätte sie vor der Entscheidung gestanden, es wieder zu beginnen. Ich hatte nicht das Recht, sie dazu zu drängen, und heute bin ich froh, dass sie bei ihrer Entscheidung blieb.

Es bestand keine Aussicht auf eine Besserung ihres Zustandes, und es konnte ein Punkt kommen, wo sie selbst nicht mehr in der Lage war, Entscheidungen zu treffen. Dann wäre die rechtliche Situation wesentlich komplizierter geworden.

Es gibt eine Entscheidung des Supreme Court, des Obersten Gerichtshofes, wonach eine Person, die im Vollbesitz ihrer geistigen Kräfte ist, das Recht hat, Nahrung und Flüssigkeit zu verweigern, dass aber kein Familienmitglied diese Entscheidung für einen Angehörigen treffen darf, der selbst seinen Willen nicht mehr äußern kann.

Auf diese Weise bewahrte sie ihre Würde und ging mit vollem Bewusstsein in den Tod.

Wir hatten die Morphium-Dosierung gründlich mit unserem Arzt besprochen. Anne wollte den Sterbeprozess bewusst erleben. Ich wollte, dass sie möglichst lange wach genug blieb, um sich doch noch anders entscheiden zu können.

Ich weiß, dass sie die richtige Entscheidung traf und dass es richtig war, diese nicht mehr zu ändern. Das heißt aber nicht, dass ich keine Seelenqualen durchlitt. Dieser Schmerz ist heute noch da und wird mich immer begleiten, und so muss es auch sein. Sie bedeutete mir mehr als ich mir selbst, und daher wird der Schmerz über ihren Verlust ein Teil von mir bleiben. Ich erinnere mich, wie ich zum letzten Mal zu ihr sagte: »Anne, wenn du Nahrung und Wasser verweigerst, wirst du sterben. Willst du deine Meinung nicht ändern?«

Es kam keine Antwort. Ihre Augen waren geschlossen. Sie war in den tiefen, letzten Schlaf hinübergeglitten, der schon bald zu einem tödlichen Koma werden würde.

Anne war gegangen – mehr oder weniger.

Schon wenige Stunden später begann sie, telepathisch zu kommunizieren – und wenn Sie zu denen gehören, die über solche Dinge verächtlich spotten, bitte ich Sie, eine offene Geisteshaltung einzunehmen oder, wenn Sie sich dagegen sperren, nicht weiterzulesen. Dann ist unsere Geschichte nicht für sie gedacht. Jene aber, die zumindest bereit sind, in Betracht zu ziehen, dass solche Dinge möglich sind, erwartet eine eindrucksvolle Geschichte über eine Liebe, die den Tod überlebt hat, und eine Ehe, die weiterhin blüht und gedeiht, obwohl einer der beiden Partner nicht mehr körperlich in der Welt präsent ist. Es ist zugleich eine Geschichte von universaler Gültigkeit, die sich in vielen Leben anspielt, über die aber zumeist nur privat im kleinen Kreis ge-

....

sprochen wird oder die die Menschen allein der Stille ihres Herzens anvertrauen. Hier dagegen entfaltet sie sich, in aller Öffentlichkeit, auf den Seiten eines Buches ...

Meine Trauer gilt dem Verlust von Annes Körper, nicht der Abwesenheit ihres Seins. Tatsächlich ist Anne, wie Sie im weiteren Verlauf unseres Berichtes sehen werden, zu einer Präsenz geworden, die sich durch hohe Intelligenz, Mitgefühl und, vor allem, Einsicht auszeichnet.

Bis Montagmorgen verstummte sie völlig. Ich befand mich in einem so machtvollen emotionalen Zustand, wie ich es nie zuvor erlebt und auch nie für möglich gehalten hätte. Es war mehr als Seelenqual. Es war Qual gemischt mit etwas, das an Ehrfurcht grenzte.

Ich war mir bewusst, dass ich Zeuge des Sterbens einer großen Seele wurde.

Annes Leben hatte in sehr bescheidenen Verhältnissen begonnen. Ich hatte einige ihrer Schulkameradinnen kontaktiert, und sie schrieben mir, sie sei ein stilles, unscheinbares Mädchen gewesen. Niemand hatte sich je die Mühe gemacht, Anne zu fördern und geistig zu inspirieren. Bevor wir uns trafen, hatte niemand ihren Scharfsinn bemerkt. Bisher hatte er sich in Annes Leben nur dadurch geäußert, dass sie ständig Menschen verärgerte, weil sie ihnen sagte, was sie falsch machten. Weil sie die geborene Lehrerin war, konnte sie es einfach nicht lassen, den Leuten zu erklären, wie sie bestimmte Dinge besser machen konnten. Damit machte sie sich oft unbeliebt und wurde an jedem neuen Arbeitsplatz meist nach ein paar Monaten gefeuert.

Sie hatte nicht die leiseste Ahnung, wie bemerkenswert sie war. Gleich bei unserem ersten Treffen sprudelten die brillanten Gedanken nur so aus ihr hervor und ihr scharfer Verstand funkelte. Schon nach zehn Minuten hatte ich erkannt, was für eine glückliche Begegnung das war.

Ich hatte mir immer eine kluge Frau gewünscht. Sehr klug. So klug wie möglich. Als wir uns eine Woche kannten, wusste ich, dass mir noch nie ein so hellwacher, geistreicher Mensch begegnet war. Ich war fest entschlossen, wenn unsere Beziehung funktionierte, mich zuallererst darum zu kümmern, dass sie die Ausbildung erhielt, die sie verdiente.

Als ich in ihre leuchtenden braunen Augen schaute, sah ich nicht nur eine zweiundzwanzigjährige junge Frau. Ich sah ein Wesen von großer geistiger Tiefe, das sich hinter einem unschuldigen Funkeln verbarg. Ich wollte dieses Mädchen in meinem Leben, aber ich wollte auch diese andere Person, dieses Genie, das in ihr steckte und mich unbehaglich anschaute, fürchtend, dass sie mich abschrecken und vertreiben könnte.

Seit diesem Tag lebe ich im Schatten einer verborgenen Meisterin, deren Weisheit und Kraft die meine weit überragt. Ich liebe bis heute jede Minute, in der ich dieses großartige Privileg genießen kann.

Ich vermisste ihre süße Gegenwart und ihren enormen Geist so sehr, dass es kaum zu ertragen war, aber ich wusste auch, dass sie im Triumph auf die andere Seite gehen würde, denn sie hatte in dieser Welt Großartiges geleistet, war aber dabei sanft und bescheiden geblieben. Sie wusste, wie außergewöhnlich ihre Erkenntnisse und Einsichten bezüglich der Kontakte mit den »Besuchern« gewesen waren, aber sie hatte sich darauf und auf ihre anderen Leistungen nichts eingebildet, und sie hegte keinen Groll, weil so viele Menschen auf diese Einsichten mit offener Ablehnung oder Desinteresse reagierten. Natürlich gefiel ihr nicht, wie man uns behandelte, aber statt sich darüber zu ärgern oder verbittert zu werden, machte sie einfach mit ihrer Arbeit weiter.

Nach ihren anfänglichen Problemen mit dem Wut-Management in unserer Beziehung hatte Anne die Fähigkeit entwickelt, Ungerechtigkeit und Enttäuschungen gelassen zu akzeptieren.

Ich erinnere mich daran, wie wir uns die erste Folge der Serie *South Park* anschauten, diese Folge, in der sie sich über mich lustig machten. Anne nahm meine Hand und sagte: »Das sind leere Menschen, und sie wissen das, und du bist nicht leer, und auch das wissen sie, und deshalb greifen sie zu diesen Gemeinheiten.«

Sie besaß große Menschenkenntnis, und sie kannte mich besser als ich mich selbst.

In unserer letzten gemeinsamen Nacht schliefen wir, wie in allen unseren Nächten davor, Seite an Seite und Hand in Hand. Als ich in der Nacht ihre Hand drückte, kam es mir so vor, als hätte sie den Druck erwidert. Also verbrachte ich den Tag damit, ihr Gedichte vorzulesen, die wir beide liebten: Whitmans »Da war ein Kind hervorgekommen«, Wordsworths »Innewerden der Unsterblichkeit aus Erinnerungen an die frühe Kindheit«, Elliots »Das wüste Land«, Lowells »Stunde des Stinktiers«. Ich las ihr das Buch Kohelet vor, den Monolog der Molly Bloom aus *Ulysses* und viele Zeilen aus Joe Brainards *Ich erinnere mich*. Und natürlich, für uns von ganz besonderer Bedeutung, das »Lied des wandernden Aengus«.

Annes erster telepathischer Moment kam, als sie endgültig ins Koma gefallen war. Sie war seit vier Stunden bewusstlos, als eine ihrer Pflegerinnen plötzlich sagte: »Sie hat mir gerade mitgeteilt, dass sie in einem roten Pyjama sterben möchte!« Die Frau war sich so sicher, dass diese Bitte tatsächlich von Anne gekommen war, dass sie sofort aufsprang, in den Supermarkt eilte und einen roten Pyjama kaufte. Wir zogen ihn meiner Frau über ihren dünnen, dahingeschwundenen Körper.

Beachten Sie, wie sicher sich die Pflegerin war und wie stark sie das motivierte. Es war für sie, als hätte ein lebender Mensch etwas zu ihr gesagt, und doch handelte es sich nicht um eine Stimme, die physisch hörbar gewesen wäre wie zum Beispiel die Stimmen im Radio. Es war das, was ich mittlerweile eine »stille Stimme« nenne, ein inneres Wissen, was ausgesprochen wird, ohne dass die Ohren etwas wahrnehmen. Mit anderen Worten, es war keine akustische Halluzination. Stattdessen ist es ein spontanes inneres Sprechen, dem man deutlich anmerkt, dass es sich nicht um eigene Gedanken handelt, sondern von einer anderen Person kommt.

Es war kein Zufall, dass Anne die Farbe Rot wählte. Sie lebte nun bereits zum Teil in der Welt der Toten und hatte Zugang zu dem Wissen, das dort existiert.

Inzwischen hat sie mir erklärt, wie Farben unterschiedliche Lichtschwingungen und Seinsebenen widerspiegeln. Sie hat mir gezeigt, welche Farben mit dem Körper und der Seele assoziiert sind und in welcher Beziehung diese Farben zueinander stehen. Sie sagt: »Anstriche verblassen, aber Farbe ist unsterblich.« Der Körper stirbt, doch die Seele bleibt bestehen.

Um die Bedeutung von Farben und viele andere Botschaften aus der nicht-physischen Realität verstehen zu können, ist es wichtig, das Prinzip der Triade zu kennen. Eine Triade hat drei Seiten: aktiv, passiv und harmonisierend.

Weil der Körper die aktive Seite der Triade des Seins ist, wird ihm die Farbe Rot zugeordnet. Dass Rot für Dringlichkeit und aktives Handeln steht, ist leicht nachzuempfinden, so wie Grün auf Passivität und Frieden hindeutet. Anne wollte beim Verlassen dieser Welt in der Farbe des Blutes und des Lebens gekleidet sein.

Am Abend des 11. August 2015, einem Dienstag, erreichte Annes Koma seine letzte Phase. Sie lag in unserem Bett, an der Stelle, wo ich nun jede Nacht schlafe und hoffe, dort eines Tages ebenfalls dieses Leben zu verlassen.

Mein Sohn und meine Schwiegertochter waren am Vormittag eingetroffen. Es war klar, dass das Ende bevorstand. Wir drei saßen am Esstisch im Wohnzimmer, als ich Anne in meinem Bewusstsein sagen hörte: »Whitty, ich sterbe jetzt.« Ich sprang auf, eilte ins Schlafzimmer und legte mich neben sie. Ich legte

....

meine Hand auf ihre Brust und fühlte ihren Herzschlag. Ich sagte: »Goodbye, Goodbye, Goodbye.«

Während ich sprach, blieb Annes Herz stehen.

Das Zentrum meines Lebens hatte seinen Körper – und mich – hinter sich gelassen.

Trotz allem, was ich inzwischen über das Jenseits wusste und was wir beide über das nicht-physische Bewusstsein gelernt hatten, hatte ich in diesem Moment das Gefühl, ich hätte Anne für immer verloren.

Doch da sie noch nie Zeit vergeudet hatte, ließ sie mich sofort wissen, dass sie weiter existierte. Das war kein flüchtiges Erlebnis, sondern entwickelte sich von dem kleinen Anfang an diesem ersten Abend zu einer sich stetig weiterentwickelnden Beziehung, die sogar noch reicher und komplexer ist als zu der Zeit, als wir beide physisch existierten. Natürlich fehlt mir die Lieblichkeit ihres Fleisches, doch an deren Stelle trat eine Vermischung unserer beiden Existenzen zu einer so intensiven Partnerschaft, wie ich sie mir nie hätte vorstellen können.

Anne und ich leben hier und jetzt, verbunden durch die Brücke der Liebe. Manchmal gehe ich hinüber auf ihre Seite, aber die Lebenden können sich nicht zu weit von ihrem Körper entfernen. Öfter geschieht es, dass sie mich besucht.

In diesem Leben war Anne klug. Jetzt ist sie das noch viel mehr. Sie war intelligent. Jetzt strahlt ihr Geist vor Brillanz.

Als sie gestorben war, lag ich neben ihr, meine Hand noch auf ihrer Brust. Ich konnte mich nicht rühren. Ich rang nach Luft. Dann hörte ich sie sagen: »Steh auf. Mach weiter.«

Ich konnte förmlich spüren, dass sie mir körperlich einen Stoß versetzte. Ich hatte das Gefühl, dass sie sehr nah war. Schließlich stand ich vom Bett auf und setzte mich neben sie. Wir riefen die Krankenschwester, die nach etwa einer halben Stunde kam und Annes Tod feststellte.

Da lag sie, eine Ruine. Mein Gott. Sie hatte dieser Welt so viel Wert beigemessen und war doch selbst während ihres Lebens so sehr ignoriert worden. So, wie ich gleich bei unserer ersten Begegnung erkannt hatte, was in ihr steckte, sah ich, welchen Beitrag sie für die Welt geleistet hatte. Sie hatte etwas fundamental Neues über die Natur der Menschheit und unseren Platz im Universum herausgefunden. Wie wir noch sehen werden, vermittelt das, was sie lernte und lehrte – und auch weiterhin lehrt – uns nicht nur, was unser Platz in der Welt ist, sondern verrät uns auch, warum diese sonderbare Erfahrung, die wir Leben nennen, geschieht.

Kurz nachdem Annes Tod offiziell bestätigt war, kamen zwei Angestellte der medizinischen Fakultät und holten ihren Körper ab. Sie hatte ihn den Medizinstudenten vermacht, sodass er auch noch nach ihrem Tod der Erweiterung des Wissens dienen würde, ganz entsprechend ihrer Bestimmung als Lehrerin.

Das war sehr schwer für mich und meinen Sohn. Der Gedanke, dass sie obduziert werden würde, statt beerdigt oder im Beisein ihrer Angehörigen eingeäschert zu werden, war sehr, sehr schwer zu ertragen. Aber sie hatte es sich gewünscht, und wie fast alles, was unsere sanfte Lehrerin tat, war es auf vielen verschiedenen Ebenen eine Lektion, die nicht zuletzt darin bestand, dass wir nicht an ihrer physischen Gestalt festhalten sollten.

Wie in vielen spirituellen Disziplinen gibt es im Werk Gurdjieffs, dessen Schule wir uns 1970 anschlossen und dessen Lehre bis heute eine wichtige Rolle in meinem Leben spielt, den Begriff der »Identifikation«. Wir identifizieren uns mit dem, was wir lieben, und kommen dabei vom Weg unseres eigenes wahren Selbst ab.

Anne war eine Expertin für Identifikation. Sie sprach nie offen darüber, aber wenn ihr eine Identifikation auffiel, ging sie sofort dagegen an. Daher war mir klar, dass ihre Entscheidung, ihren Körper nach dem Tod der Medizin zur Verfügung zu stellen, nicht nur zum Wohl der Medizinstudenten geschah, sondern auch meinem Sohn und mir Gelegenheit geben sollte, unsere Identifikation mit Annes physischer Gestalt zu erkennen und uns davon zu befreien.

Auf das Fleisch kommt es nicht an, und Anne hatte ihren Körper aufgebraucht. Er war für sie nicht mehr von Nutzen, und daher war es das Beste, ihn nun als Lernobjekt für andere zu verwenden. Und das geschah dann auch, genau wie sie es wünschte.

Ich hatte allen, die uns in den letzten Tagen beigestanden hatten, versprochen, sie zu informieren, wenn Anne gestorben war. Um 19:45 Uhr schickte ich ihnen die Textnachricht. Einer von ihnen, Leigh McCloskey, schlug daraufhin Rainer Maria Rilkes *Letters on Life* auf, und sein Blick fiel auf folgende Textstelle:

»Der Tod gehört zum Leben und es wundert mich, dass man so tut, als wüsste man es nicht: Der Tod, dessen erbarmungsloses Sein wir bei jedem Wandel verspüren, den wir überleben, weil man lernen muss, langsam zu sterben. Man muss lernen, zu sterben: Darin besteht das ganze Leben. Von ferne das Meisterwerk eines stolzen höchsten Todes vorzubereiten, bei dem der Zufall nichts ist, eines gut gelungenen Todes, selig, begeistert, wie ihn die Heiligen zustande brachten; eines lange gereiften Todes, der seinen verhassten Namen selbst auslöscht und nichts als eine Geste ist, die dem namenlosen All die erkannten und erretteten Gesetze eines wahrhaft vollendeten Lebens zurückgibt.«[1]

Vielleicht war es Zufall, vielleicht aber auch nicht. Vielleicht schlug Anne diese Seite für ihn auf, machte ihm diesen Text

---

[1] Auf Deutsch enthalten in Rainer Maria Rilkes *Briefe an eine venezianische Freundin. Briefe aus den Jahren 1907-1913*, aus dem Französischen übersetzt von Margret Millischer. Leipziger Literaturverlag, 2011, Seite 21.

zugänglich. Das sage ich nicht ohne Grund, denn nur Augenblicke später, etwa zehn Minuten nach ihrem Tod, fand ich in unserem Arbeitszimmer ein Buch, das auf den Boden gefallen war. Dieses Buch, Roy Friedens *Physics from Fisher Information*, lag so, dass eine Seite aufgeschlagen war, auf der Anne vor Jahren folgenden Satz markiert hatte:

> »Am Beginn des Universums trat eine einzelne Beobachtung der Metrik auf. Diese erzeugte die Wheeler-DeWitt-Gleichung für das reine Strahlungsuniversum, das damals existierte. Mit anderen Worten, die Gravitationsstruktur des Universums wurde aus einer einzigen, ursprünglichen Suche nach Wissen erzeugt.«[2]

Ich fragte die im Haus Anwesenden, ob sie das Buch in den vergangenen Minuten aus dem Regal genommen hatten, denn es war von Anne und mir schon seit Jahren nicht mehr benutzt worden.

Alle verneinten.

Ich musste daran denken, dass ein berühmter Chirurg mir einmal erzählt hatte, wie ihm alle Details einer wichtigen Operationsmethode offenbart worden waren, die er entwickelt hatte. (Diese Geschichte findet sich nicht in seiner Biografie, und deshalb erwähne ich seinen Namen nicht. In dieser merkwürdigen Welt, in der wir leben, könnte sonst der Ruf eines großartigen Mannes beschädigt werden, der jede Ehrung, die ihm zuteil wurde, voll und ganz verdient.) Er war mit einer Herzbeutelentzündung ins Krankenhaus eingeliefert worden. Er hatte starke Beschwerden und rief nach den Krankenschwestern, aber niemand kam. Doch plötzlich glitt eine Frau in einem langen weißen

---

2   Wie Bohms »Pilotwellen« ist die Wheeler-DeWitt-Gleichung ein Versuch, die Einsteinsche Relativität mit der Quanten-Unbestimmtheit zu versöhnen. – *Anmerkung der Autoren*

Gewand in sein Zimmer. Sie griff mit ihren Händen in seine Brust hinein. Dann glitt sie wieder davon. In diesem Moment sah er die Operationsmethode, deren Pionier er werden würde, in allen Einzelheiten vor seinem inneren Auge. Augenblicke später eilten die Krankenschwestern in sein Zimmer. Sie erklärten ihm, dass sie im Nebenzimmer beschäftigt waren, wo gerade eine alte Frau gestorben sei. Er sagte mir, er sei überzeugt, dass die Seele dieser gestorbenen Frau ihm die Informationen überbracht habe, bevor sie auf die andere Seite ging.

Anne liebte diese Geschichte, und wir sprachen oft darüber. Daher war es nur logisch, mir eine bedeutungsvolle Information zu hinterlassen, wenn sie ging. Sie wusste, dass ich den Fingerzeig verstehen würde.

Später an diesem Abend, um 21:20 Uhr, war sie gerade abgeholt worden. Nach all diesen Jahren war sie fort, und ich fühlte zum ersten Mal, welche Leere sie in meinem Leben hinterließ. Allein saß ich da, sinnentleert, und ich fragte sie, ob sie noch existierte, und wenn ja, ob sie mich kontaktieren könne. Ich fragte das mit der größtmöglichen Intensität meiner inneren Stimme. Einen Moment später klingelte das Telefon. Belle Fuller, eine gute Freundin, war am Apparat und sagte, sie hätte gerade innerlich eine Botschaft von Anne empfangen, dass sie mich anrufen solle. Ich war so dankbar und überrascht, dass ich kaum sprechen konnte. Belle wusste noch gar nicht, dass Anne gerade gestorben war.

Als ich den Leichenwagen, in dem Annes geliebter Körper lag, davonfahren sah, tauchte ein sonderbarer Nebelschleier auf. Ich machte ein Foto des Wagens, als er an der Straßeneinmündung anhielt. Seine Bremslichter glühten inmitten anderer Farben in dem seltsamen, zarten Dunst.

Auf dem im Dunkeln aufgenommenen Foto sind diese mit bloßem Auge sichtbaren Farben nicht zu erkennen, aber man sieht den Nebelschleier klar und deutlich.

Wie sich herausstellte, war der Nebelschleier die erste Manifestation von Phänomenen, die auftreten, wenn bestimmte Seelen dieses Leben verlassen. Die Tibeter nennen solche Seelen »Regenbogenkörper«. Oft tauchen in diesem Zusammenhang auch Regenbögen auf, und als ich ein paar Tage später zu Annes Trauerfeier fuhr, erschien ein Regenbogen nach dem anderen. Auch sie fotografierte ich, während ich mit meinem Sohn im Auto saß.

Anne hätte gelacht, wenn jemand sie als eine große Seele bezeichnet hätte, aber genau das ist sie, und nicht nur das: Sie ist noch immer sehr dieser Welt zugewandt – und zwar, da bin ich mir sicher, wegen der Mission, die ihr so wichtig ist.

Jenseits unserer gegenwärtigen Realität gibt es eine Neue Menschheit. Wir sind die eine Hälfte dieser Menschheit, immer noch von dunklen Ängsten geplagt und verwirrt. Wir leben auf der, wie Anne es nennt, »Ebene der Gewalt«. Die andere Hälfte erwartet uns mit offenen Armen, um uns zu der Vereinigung willkommen zu heißen, die unsere Bestimmung ist.

EIN LICHTBLITZ

Ungefähr drei Stunden nach Annes Tod sah ich sie vor meinem inneren Auge. Sie ging auf mich zu. Dabei bewegte sie sich vorsichtig, denn schließlich hatte sie ja ein halbes Jahr lang nicht mehr gehen können. Aber sie war da, und sie ging ganz offensichtlich. Und dank der Gnade und Annes Liebe wurde mir gezeigt, dass sie dazu wieder in der Lage war. Als ich sie anschaute, bemerkte ich, dass ihre Augen sich verändert hatten. Sie zeigten nicht mehr das weiche Leuchten des Lebens, sondern schauten durchdringend und intensiv. Es waren Augen des Wissens, aber ich entdeckte in ihnen auch ein zufriedenes Funkeln. Anne sah wie eine Siegerin aus, strahlend. Es war, als wäre der wunderbare Glanz des Lebens für sie zu einem großartigen Chor reiner Freude geworden.

Tränen liefen mir über das Gesicht.

Ich glaubte nicht, in dieser Nacht schlafen zu können. Wie denn auch? Die Leere in unserem Bett war entsetzlich. Ich konnte nicht glauben, dass Anne wirklich gestorben war. Doch statt weinend wach zu liegen, wie ich erwartet hatte, fiel ich sofort in einen sehr tiefen Schlaf, wie unter einem Zauberbann.

Dann sah ich sie, immer noch so gekleidet wie in dem Moment, als sie mir entgegen gegangen war. Sie drehte sich zu mir um und winkte. Wo immer sie war, sie bewegte sich aufwärts und entfernte sich von mir, und zwar sehr schnell.

Ich wusste sofort, was ich tun wollte, nämlich sie so weit wie irgend möglich zu begleiten. Ich hatte das *Tibetische Totenbuch* gelesen und ging davon aus, nicht nur aufgrund der Beschreibung der Region zwischen Tod und Leben, die ich dort gefunden hatte, sondern auch meiner eigenen Erfahrungen, dass der erste Teil von Annes Reise verwirrend und unangenehm sein würde. Wenn ich konnte, wollte ich meiner geliebten Frau beistehen und sie beschützen.

Normalerweise kann ich meinen Körper nicht aus eigener Kraft verlassen. Jemand muss mich aktiv herausholen. Doch diesmal gelang mir der Ausstieg leicht und mühelos. Ich glitt in jene Schicht des Lebens hinein, die sich unmittelbar über der physischen Welt befindet.

Wir stiegen rasch hinauf in eine Region, die fast wirkte, als befände sie sich unter Wasser. Gewaltige, schattenhafte Gestalten ragten über uns auf und beobachteten uns wachsam. Dann tauchten wir ein in das wundervollste Licht, das ich jemals sah. Dabei bewegten wir uns immer schneller immer weiter fort. Anne lachte ein wenig angesichts meiner Hartnäckigkeit, aber ich wich nicht von ihrer Seite – bis mich plötzlich die Schnüre stoppten, mit denen die Seele an den Körper gebunden ist.

Anne entfernte sich, stieg weiter empor, drehte sich lächelnd zu mir um, und dann verschwand sie.

Im nächsten Moment lag ich wieder allein in unserem Bett.

Ich ließ meiner Trauer freien Lauf und schrie mein gequältes Heulen in das Kissen, um die Nachbarn nicht zu stören. Doch dann schlief ich wieder ein. Es fühlte sich an, als habe mir jemand die Hand auf den Kopf gelegt, Anne. Das geschah mit einer Liebe, wie ich sie nie erfahren hatte, denn sie war größer als die normale, physische Liebe. Es war die ruhige und bedingungslose Liebe, die eine Seele für eine andere Seele empfindet, das, was Anne »objektive Liebe« nennt.

In ihrem Tagebuch auf www.UnknownCountry.com, in einem Eintrag, den sie mir am 10. Juli 2017 diktierte, sagte sie: »Subjektive oder sentimentale Liebe empfinde ich nicht mehr. Ich habe eine Liebesbeziehung zur Wirklichkeit. Ich bin Teil der Freude des Bewusstseins. Ich bin gleichzeitig ich und alles Sein. Objektive Liebe ist die Energie, die das Universum erschuf und die dessen Ausdehnung aufrechterhält. Es ist eine Suche nach Wissen im Gange. Alles möchte ergründet und gewusst werden. Dieser Wunsch ist die objektive Liebe. Sie liebt alles Wissen, nicht nur das, was angenehm und erfreulich ist. Sie liebt und begehrt auch das Dunkle.«

Diese objektive Liebe ist auch der Schlüssel zum Aufbau der Brücke zwischen den Welten.

Aber es waren zunächst noch einige Aktionen von Anne notwendig, bis ich endlich begriff und aktiv wurde.

Am folgenden Nachmittag, einem Mittwoch, erhielt ich eine eMail einer Freundin aus Florida, der Autorin Trish MacGregor. Trish und ihr Mann und Co-Autor Rob hatten von einem gemeinsamen Freund erfahren, dass Anne gestorben war. Ich antwortete, dass sie friedlich hinübergegangen war. Während Trish meine eMail beantwortete, geschah etwas, das sie in ihrem Blog als »unglaublich merkwürdig« beschreibt. Sie tippte gerade: »Danke für deine Antwort. Wenn wir irgendwie helfen können, lass es uns einfach wissen«, als sie plötzlich in ihrem Haus, wie sie schreibt, »einen Lichtblitz und eine laute Explosion« wahrnahm. Zuerst erschraken die beiden heftig, stellten dann aber fest, dass es keine reale Explosion gewesen sein konnte, denn es gab keinerlei Schäden. Mit dem Haus war alles in Ordnung. Die Explosion ereignete sich, als Trish gerade das letzte Wort tippte: »wissen«. In ihrem Blog schreibt sie dazu: »Wir glauben, dass es sich um eine Botschaft von Anne handelte.« Berücksichtigt man alles, was zuvor geschah, halte ich das für sehr gut möglich. Aber natürlich fand ich es auch besorgniserregend. War Annes Tod doch schwerer und härter gewesen, als es meinem Eindruck entsprach? War sie wütend oder erschrocken? Unmittelbar nach ihrem Tod hatte sie so friedvoll gewirkt. Vielleicht handelte es sich ja um einen Freudenausbruch angesichts von Trishs Hilfsangebot. So deutete Trish den Vorfall jedenfalls, und auch ich hoffte es, aber ich weiß es bis heute nicht.

Wenn ein so sehr geliebter Mensch stirbt, hinterlässt das immer eine tiefe Wunde. Ob sie aber wirklich tun wollte, was sie tat, ob sie vielleicht, nachdem sie nicht mehr sprechen konnte, doch noch ihre Meinung änderte, ob sie litt, ohne ihr Leiden artikulieren zu können – mit all diesen Zweifeln und Befürchtungen muss ich leben. Als ich von der Explosion erfuhr, musste ich an Annes Temperament denken, ihre Wutausbrüche. Hatte sie diese weiterhin?

Ein wichtiger Teil des Trauerprozesses besteht darin, sich von solchen Zweifeln zu lösen. Das, was geschehen ist, lässt sich nicht ändern. Anne ist in eine neue Wirklichkeit gereist, und ich kann sie nicht zurückholen, jedenfalls nicht so, dass ich sie berühren und in meinen Armen halten könnte. Aber ich kann mit ihr kommunizieren. Also fragte ich sie, warum sie Trish einen solchen Schrecken eingejagt hatte. Sie antwortete: »Weil es Spaß machte.«

Zuerst freute ich mich über diese Antwort.

Das war so typisch für Anne.

Aber der Vorfall hatte auch eine ernste Komponente: Es war Anne wichtig, dass Trish aufmerksam wurde und mir ihr Erlebnis mitteilte. Es hatte sicherlich Spaß gemacht, aber sie stellte damit auch sicher, das Trish und ihr Mann sie wirklich bemerkten.

Da erinnerte ich mich plötzlich an unseren Plan, den wir vor so vielen Jahren geschmiedet hatten.

Wer von uns beiden als Erster starb, würde zunächst über Freunde Kontakt aufnehmen, nicht direkt.

Ich dachte: »Mein Gott, sie setzt den Plan in die Tat um!«

Zwar kann ich keinen genauen Zeitpunkt oder einen besonderen Vorfall nennen, ab wann mein Erstaunen der festen Annahme wich, dass Anne tatsächlich weiterhin in meinem Leben präsent war, aber jedenfalls begann ich in dieser Phase intensiver über ihre Mission nachzudenken. Sie versuchte nicht einfach nur mich zu kontaktieren, um mir persönlich etwas Gutes zu tun. Es gab einen anderen Grund. Mir wurde klar, dass sie es sich zur Aufgabe gemacht hatte, das Wissen um *Die Seele im Jenseits* voranzutreiben, und wie es immer schon ihre Art gewesen war, brachte sie ihre Absichten klar und deutlich zum Ausdruck.

Sie fuhr fort, ihre Existenz zu beweisen, indem sie gezielt andere Menschen kontaktierte. Ich hatte nicht nur niemandem von unserem Plan erzählt, sondern auch selbst jahrelang nicht mehr an ihn gedacht. Jetzt aber wurde mir klar, was sie tat.

Am Morgen nach Annes Tod wachte um 6 Uhr Alex Rotaru plötzlich auf, ein mit uns befreundeter Filmemacher. So früh wach zu werden war für ihn ungewöhnlich.

Sofort spürte er Annes Anwesenheit. Sie sagte: »Ich habe eine Menge Ideen.« Im nächsten Moment offenbarte sich ihm die Schlusssequenz eines Films, an dessen Fertigstellung er seit zwei Jahren arbeitete. In ihrem bisherigen Leben hatte Anne Anteil daran genommen, dass er mit seinem Projekt feststeckte. Sie hätte ihm gerne geholfen. Jetzt, in ihrem nächsten Leben, übermittelte sie ihm, was er brauchte.

Annes nächste Kontaktaufnahme war es dann, die mich endgültig davon überzeugte, dass sie unseren Plan ausführte …

Es war an der Zeit gewesen, dass ich das Haus verließ und wieder etwas unternahm. Daher schlugen meine Kinder eine gemeinsame Fahrt nach Palm Springs vor.

Dort in der Wüste hatten Anne und ich viele schöne Wochenenden verbracht. Ich würde einen Ausflug an einen Ort unternehmen, den wir beide sehr gemocht hatten.

An unserem ersten Nachmittag dort fuhren wir aus der kleinen Stadt hinaus in die Berge. Meine Kinder beschlossen, eine Wanderung zu unternehmen. Ich konnte sie nicht begleiten, weil mein Knie einer solchen Belastung nicht gewachsen war. Also setzte ich mich auf eine Bank.

Ich redete innerlich mit Anne und bat sie wieder einmal um ein Zeichen, dass sie noch existierte. Nur Sekunden später klingelte mein Handy. Obwohl ich mich an einem ziemlich abgelegenen Ort befand, war der Empfang ziemlich gut. Die Anruferin war eine gute Freundin aus Nashville, Clare Henry, die Frau des Autors William Henry. Sie sagte: »Whitley, ich habe gerade eine Botschaft von Anne empfangen. Sie bat mich, dich anzurufen und dir zu sagen, dass es ihr gutgeht.«

Da spürte ich Gewissheit. Das konnte kein Zufall sein. Der Anruf kam nicht nur zum perfekten Zeitpunkt, es war zudem überhaupt das erste Mal, dass Clare mich anrief. Für mich hatte Anne damit hinreichend bewiesen, dass sie noch da war. Sie existierte nicht nur, sie war bewusst und nahm wahr, was in meinem Bewusstsein vorging. Und sie verfügte nun offenbar über neue Kommunikationsfähigkeiten.

Jetzt gerade fühlt es sich für mich an, als würden wir nebeneinandersitzen, so wie wir es taten, wenn wir zusammen arbeiteten. Sie sagt: »Ich habe jetzt etwas anderes zu bieten. Eine akkurate Sicht der Wirklichkeit.«

....

Und gewiss ist es das, was unsere Spezies in dieser Krisenzeit besonders dringend braucht. Sie fügt hinzu: »Denke aber daran, dass es trotzdem auch für uns Grenzen gibt. Die Zukunft ist kein offenes Buch für uns, doch völlig unbekannt ist sie uns auch nicht. Wir sehen klarer, weil wir den Unterschied zwischen dem Unvermeidlichen, dem Wahrscheinlichen, dem Möglichen und dem Unmöglichen kennen. Wir stellen keine Mutmaßungen an.«

Solche Einsichten werden gegenüber dem, was wir auf der physischen Seite der Spezies heute zur Verfügung haben, ein großer Fortschritt sein. Aber was die Kommunikation zwischen den beiden Seiten betrifft, sind Objektivität und reproduzierbare Resultate erforderlich, denn sonst wird das alles in Verwirrung und Fantastereien enden. Anne sagt: »Zahlen sind entscheidend. Viele von euch müssen in die Lage versetzt werden, die Brücke zu überqueren, damit wir in großer Zahl übereinstimmende, überprüfbare Informationen liefern können.« Und wir sollten darauf achten, dass eine permanente Zusammenarbeit aufgebaut wird. Ich stelle mir eine Situation vor, in der viele Menschen auf organisierte Weise mit ihren geliebten Angehörigen auf der anderen Seite in Austausch stehen. Auf diese Weise lassen sich gemeinsame Zukunftsvorstellungen entwickeln, die umfassend genug sind, um auf ihrer Grundlage konkrete Maßnahmen zu beschließen.

Darüber hinaus besteht das Ziel dieser neuen Beziehung mit dem Jenseits darin, das Dasein der Seelen auf beiden Seiten reicher und erfüllter zu machen. Darum geht es nämlich im Leben. Es geht um die Seele. Und um das Universum, das Ganze.

Während wir unsere Brücken bauen und danach streben, unserer Spezies Ganzheit zu bringen, müssen wir verstehen, was Glaube und somit durchaus hinterfragbar ist und was solides Wissen, das als Entscheidungsgrundlage dienen kann.

Alle diese Vorfälle – Belles Anruf, gefolgt von Clares, Trishs und Robs Erlebnissen und Alex' Traum – veranlassten mich, meine zentrale Frage, ob Annes Bewusstsein noch existierte, nicht mehr als Spekulation, sondern als Möglichkeit einzustufen. Aber *wusste* ich es? War meine Erwartung, dass Anne weiterhin existierte, jetzt Wissen, wenigstens für mich?

Ich entschied, dass ich versuchen würde, weitere beweiskräftige Vorfälle zu sammeln. Wozu Anne sagte: »Gut, aber halte dich nicht zu sehr damit auf.«

Besonders schwer an der Kommunikation mit den Toten fällt, daran zu glauben, dass sie wirklich real ist. Das liegt daran, dass wir die Realität anhand von physischen Merkmalen definieren, und die fehlen bei dieser Form der Kommunikation völlig. Deshalb wünschen wir uns Zeichen, so viele wie möglich.

Da bin ich nicht anders. Wenn ein Zeichen erscheint, suche ich schon nach dem nächsten. Fünfundvierzig Jahre lang hatten Anne und ich uns in ständiger Kommunikation befunden, miteinander redend, einander berührend, uns liebend. Wir haben in jeder Hinsicht physisch zusammengelebt. Und es vergeht kein Tag, an dem mein Körper nicht aufs Neue über ihre Abwesenheit erschrickt. Und doch weiß mein Geist, dass sie da ist. Hier bei mir, in diesem Moment. Ich höre, wie sie mit mir spricht, sehe immer wieder unterschiedliche Manifestationen, erhalte so viele überzeugende, übereinstimmende Berichte von so vielen Personen, dass sie für mich als persönliches Wissen überzeugend sind. Um universell gültiges Wissen handelt es sich gewiss nicht, aber auf persönlicher Ebene genügt es mir.

Dennoch reagiert mein Körper anders. Ohne Gerüche, Tasteindrücke, Geräusche – also ohne physische Manifestationen – ist sie für ihn nicht mehr existent. Anders als mein Geist ist mein Körper nicht in der Lage, etwas anderes zu glauben. Da es für ihn keine Bestätigungen für Annes Existenz mehr gibt, erzeugt er Fragen und Zweifel – was aber eine gute Sache ist. Es ist viel besser, durch Fragen die Tür zu öffnen, als sie durch Glauben zu schließen. Vor allem sollten wir die Wesen im nicht-physischen Bereich nicht als Propheten oder Führer betrachten.

Das hat mit dem Grund für unser Dasein im Diesseits zu tun. Wir sind nicht hier, um in die Zukunft zu blicken, sondern um die Gegenwart zu erleben. Auf diese Weise erforschen und verstehen wir uns selbst. Dafür ist entscheidend, dass Überraschungen möglich sind, da wir sonst nicht im Einklang mit unserer tiefsten Wahrheit handeln würden. Wir hätten dann nicht die Chance, uns selbst zu entdecken. Es wird also immer eine Grenze geben nicht nur im Hinblick darauf, was unsere Toten über die Zukunft wissen, sondern auch was uns mitgeteilt werden kann.

Ich würde sagen, dass meine Beziehung zu Anne jetzt tiefer ist als zu jener Zeit, in der wir beide in der physischen Welt lebten. Ich war ihr Lebensgefährte. Jetzt habe ich eine Verbindung zu ihr, die so nicht möglich wäre, wenn wir beide noch durch die Barriere der Körperlichkeit getrennt wären. Wir teilen unser Sein miteinander und kultivieren gleichzeitig Fragen, die uns beiden helfen werden, den Entdeckungsprozess fortzusetzen, der das zentrale Ziel jeder Beziehung ist – auch und gerade, wenn ein Partner sich auf der anderen Seite der Brücke befindet.

Als die Lehrerin, die sie ist, liebt es Anne, Fragen zu stellen. Für mich wäre es wunderbar, völlige Gewissheit zu haben. Aber so tröstlich der Glaube auch sein mag, ist es doch reicher und besser, im Abenteuer der Fragen zu leben, und es macht erheblich mehr Freude.

Bis ins Mark und in jedem Blutstropfen fürchten wir uns vor dem Sterben. Diese quälende Angst kann uns dazu treiben, unsere Menschlichkeit aufzugeben und gewalttätig zu werden.

Anne wirkt dabei mit, dies zu ändern, indem die Toten uns Lebenden helfen, die Furcht, die uns beherrscht, durch etwas ganz Anderes zu ersetzen. Dieses Andere ist kein starrer Glaubenssatz, sondern eher ein weicher, Fragen zulassender Sinn dafür, dass dieses Universum keine passive Realität ist, die uns umgibt, sondern eine lebendige Gegenwart, von der wir ein Teil sind.

Der glänzende, vielversprechende Materialismus des modernen Lebens macht es uns schwer, daran zu glauben, dass es mehr als den Körper gibt, auch wenn manche von uns noch immer religiöse Vorstellungen akzeptieren, die eine andere Geschichte erzählen. Doch Anne und andere mir bekannte nicht religiöse Personen mit Nahtoderfahrungen folgten nicht den alten Ritualen, glaubten aber an die Seele.

Anne glaubte daran nicht nur in subjektiver Hinsicht. Sie war überzeugt, durch ihre Nahtoderfahrung einen objektiven Beweis für die Existenz ihrer Seele erhalten zu haben.

In *Anne's Diary* auf unserer Webseite www.UnknownCountry. com gibt es einen Eintrag mit der Überschrift »The Love that Led Me Home« (Die Liebe, die mich nach Hause führte). Aufschlussreich ist folgendes Zitat daraus: »Alles, was wirklich von uns überlebt, ist die Liebe, die wir in diese Welt hineingeben. Diese einfache Wahrheit wird mich immer begleiten, selbst wenn ich eines Tages wieder über die Schwelle gehe, um diesmal nicht mehr zurückzukehren. Besonders dann.«

Damit meinte Anne natürlich die objektive Liebe, die große schöpferische Macht, die unsere Welt zusammenhält.

Erst kürzlich ging sie ausführlicher auf diesen Gedanken ein und sagte zu mir: »Liebe ist das Fundament des Seins.« Mit anderen Worten, sie ist so fundamental wie die Schwerkraft, ohne die unsere materielle Welt nicht existieren könnte. Aber ohne die Liebe würde überhaupt nichts existieren, noch nicht einmal die Schwerkraft. Sie ist also nicht einfach eine Emotion, sondern der Grundbaustein des Universums.

Diese Art der Liebe ist, was von Anne bleibt. Das ist es, was unsere Toten sind. Die Liebe, die ihr Sein erfüllte, ist nun zu ihrem Sein geworden. Damit meine ich keineswegs, dass Anne als eigenständige Person nicht mehr existieren würde. Nichts wäre weiter von der Wahrheit entfernt.

Wie zuvor dreht sich ihr Leben auch heute um schöpferische Arbeit, das Unterrichten und, vor allem, um die Verbreitung jener Energie, die wir als Freude kennen.

Ein paar Tage nach ihrem Tod schrieb eine Leserin auf unserer Webseite: »Während ich gestern zur Arbeit fuhr, fühlte ich mich geistig stark mit Anne verbunden. Es fiel mir schwer, mich auf Annes Botschaft zu konzentrieren, dass ich mich freuen soll, statt zu weinen. In diesem Moment überholte mich ein Auto mit folgendem Aufkleber am Heck: ›Freu dich!‹«

Das ist eine mir sehr vertraute Methode, die Anne gern anwendet. Und es geschah wieder. Ungefähr sechs Wochen nach ihrem Tod fuhr ich am Samstagnachmittag von einem Konzert nach Hause. Ich war zum ersten Mal wieder zu einem dieser wundervollen privaten Hauskonzerte gegangen. Dort hatten Anne und ich viele schöne Nachmittage verbracht, und es war mir schwergefallen, nun ohne sie dorthin zu gehen.

Während ich auf der Rückfahrt leise weinte, hörte ich plötzlich in der Radiosendung *A Prairie Home Companion* den A-capella-Chor Cantus. Sie sangen »Wanting Memories« …

»Ich sitze hier und wünsche mir, dass Erinnerungen mich lehren, durch meine Augen die Schönheit der Welt zu sehen.

Du wiegtest mich in deinen Armen und sagtest, dass du mich hältst, bis die Schmerzen des Lebens verschwinden. Du sagtest, du würdest mich in Zeiten wie diesen trösten, und jetzt brauche ich dich, jetzt brauche ich dich, aber du bist fort.

Ich dachte, du wärest fort, aber jetzt weiß ich, dass du bei mir bist. Du bist die Stimme, die alles flüstert, was ich hören möchte. Ich weiß, ein Bitteschön, ein Dankeschön und ein Lächeln helfen mir weiter, ich weiß, dass ich du bin und du ich bist und wir eins sind. Ich weiß, dass das, was ich bin, zahlreich ist wie Sandkörner am Strand, ich weiß, dass ich gesegnet bin und gesegnet werde, wieder und wieder.«

Diese Worte waren so präzise das, was ich in diesem Moment gerade brauchte, dass ich laut fragte: »Anne, kommt das von dir?« Im selben Augenblick bemerkte ich, dass auf dem Nummernschild des Autos vor mir »Glaube« stand. Anne forderte mich nicht zu dem hohlen Glauben auf, der den Reichtum unserer Fragen ausblendet, sondern zu wahrem Glauben, der auf der Tatsache beruht, dass dieses Erlebnis zu unwahrscheinlich war, um ein Zufall sein zu können.

Meine Lehrerin, die Meisterin des Fragens, forderte mich auf, daran zu glauben, dass sie eindeutig bei mir war. Aus meiner langen Erfahrung an ihrer Seite wusste ich, dass neue, frische Fragen folgen würden, wenn ich diesen neuen Beweis akzeptierte.

Ich fragte sie, welche Fragen das sein könnten, und sofort merkte ich, wie ich über die Mission nachzudenken begann, darüber, wie eine Brücke zwischen Diesseits und Jenseits geschaffen werden konnte. Plötzlich erkannte ich, dass Anne ganz offensichtlich für diese Mission gelebt hatte und sie nun fortsetzte, nachdem sie diese Welt verlassen hatte.

Wir wissen nicht, welche Bestimmung unsere Seele für dieses Leben gewählt hat. Wir handeln aufgrund aus dem Unterbewussten kommender Hinweise, und Anne bildete hier keine Ausnahme. Ich bezweifle, dass sie die einzige Seele mit dieser Mission ist. Ganz im Gegenteil. Ich spüre, dass es einen ganzen Chor gibt, der uns aus der anderen Wirklichkeit zuruft: »Wacht auf, wacht auf, es ist an der Zeit!«

Aber warum? Warum jetzt und nicht schon vor fünfzig Jahren oder in tausend Jahren?

Dafür gibt es drei Gründe: Erstens müssen wir, ganz pragmatisch, beide Seiten des »Gehirns« der Menschheit einsetzen – die Lebenden auf der linken und die sogenannten Toten auf der rechten Seite –, um inmitten der uns bevorstehenden großen Veränderungen und Umbrüche unseren Weg zu finden. Zweitens ist es ganz einfach so, dass das heute möglich ist, während es in früheren Zeiten noch unmöglich war. Der dritte Grund besteht darin, dass es – ja, ich wage es auszusprechen – wunderbar ist und unglaublich viel Spaß macht.

Dass es heute möglich ist, liegt an der enorm gewachsenen Anzahl von Menschen mit Nahtoderfahrungen. Vor den Durchbrüchen der Medizin in den letzten fünf Jahrzehnten kamen Nahtoderfahrungen nur selten vor. Das ist inzwischen anders.

Anne profitierte von diesen Fortschritten der Medizin. Zehn Jahre, bevor bei ihr ein Gehirntumor diagnostiziert wurde, traf sie eine andere lebensgefährliche Krankheit, die sie tief in das Reich des Todes eintauchen ließ. Aber das Unmögliche geschah: Sie kehrte von dieser Reise zurück. Medizinische Möglichkeiten, die noch wenige Jahre zuvor nicht existierten, ermöglichten es ihr, gegen alle Wahrscheinlichkeit zu überleben.

Sie reiste weit in dieses unentdeckte Land und kehrte als moderne Schamanin zurück, als eine Meisterin des Reisens zwischen den Welten. Und sie hatte eine Botschaft: Dieses Land ist nicht länger unentdeckt. Wir kommen und gehen, und wir lernen die Geheimnisse dieser größten aller Reisen verstehen. Unsere modernen Schamanen – Menschen mit Nahtoderfahrungen wie Anne, Wanderer zwischen den Welten – werden immer mehr.

Es gibt sie diesseits und jenseits der Brücke, und das ist ihre Revolution.

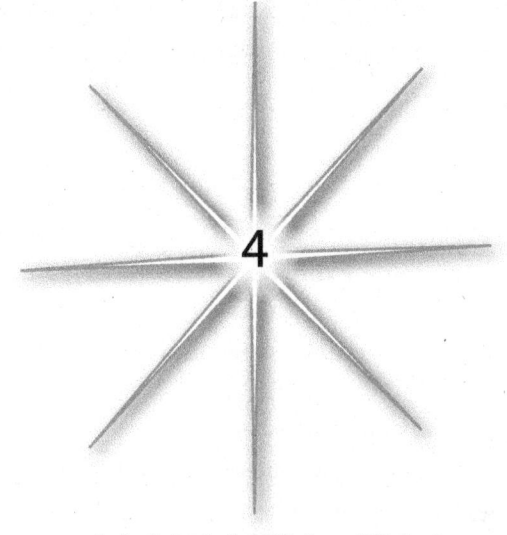

»WHITLEY, ICH BRAUCHE DEINE HILFE«

Unsere Welt explodierte zum ersten Mal an einem regnerischen Oktobersamstag 2004. Wir hielten uns in Los Angeles auf, arbeiteten dort und besuchten unsere Kinder. Wir aßen zu Mittag, besuchten dann unseren Sohn und schauten uns mit ihm und seiner Freundin ein Baseballspiel an.

Es war ein friedlicher, normaler Tag. Zwei Menschen, die vor langer Zeit zueinander gefunden hatten und einander innig liebten.

Alles war gut.

Die Minuten das Tages verstrichen ganz unaufgeregt. Wie üblich in der Süße des Lebens glitt die Zeit dahin. Wir ahnten nicht, was gerade in Annes Gehirn geschah, dass eine kleine Ader immer mehr anschwoll. Der Defekt bestand vermutlich schon von Geburt an, verursachte keine Symptome und war nie bemerkt worden.

Vor einem Jahr hatte Anne sich eine Nervenentzündung im Gesäß zugezogen, ein sogenanntes Piriformis-Syndrom. Die Ursachen waren zu heftiges Racquetballspielen und das Sitzen auf einer schlecht konstruierten Couch. Gegen die Schmerzen nahm sie Aleve – zu viel Aleve für einen Menschen mit einem solchen Gehirndefekt. Doch davon wusste ja niemand.

Während wir uns das Spiel der Yankees gegen die Red Sox anschauten, näherte sich die Krise lautlos, eine Zeitbombe, die immer schneller tickte. Ungehört.

Nach dem Spiel stiegen wir ins Auto und fuhren zu dem von uns vorübergehend gemieteten Apartment. Zufällig lautete die Anschrift Whitley Terrace in den Hollywood Hills. Während der Fahrt sprachen wir ruhig über den Abend. Ich war als Gast in Art Bells Radiosendung *Coast-to-Coast* eingeladen, und wie immer würde Anne an meiner Seite sitzen, zuhören, mich mit Ideen versorgen, alles tun, um mich zu unterstützen. Auch sie würde in der Sendung interviewt werden.

Unterwegs sagte sie: »Ich möchte, dass du weißt, wie wunderbar meine Ehe mit dir ist.«

Sie klang ernst und nachdenklich. Ich sagte: »Oh, na klar, Schatz, für mich ist sie auch wunderbar.«

Ich fragte mich, warum sie das gesagt hatte, etwas so Ernstes in einem ansonsten völlig trivialen, alltäglichen Augenblick.

Tick, tick, tick.

Es gab nicht das leiseste Anzeichen, dass Anne, noch bevor es 21 Uhr schlug, dem Tod nahe sein würde. Es war 20:40 Uhr.

Sie war nun sehr still. Was sie nicht sagte war, dass sie plötzlich starke Kopfschmerzen bekam, die rasch schlimmer wurden. Anne sprach nie über gesundheitliche Symptome.

Als Kind war ihr immer wieder vorgeworfen worden, sie wolle sich vor der Arbeit drücken, wenn sie sich über Beschwerden beklagte. Während unserer ganzen Ehe hatte ich immer wieder versucht, sie dazu zu bewegen, diese tief verwurzelte Gewohnheit abzulegen, aber ohne Erfolg.

Als ich vor dem Apartment parkte, hatte sie buchstäblich nur noch Minuten zu leben. Inzwischen musste sie ein schrecklicher, hämmernder Kopfschmerz quälen. Sofort sprang sie aus dem Wagen und rannte nach drinnen.

Etwas überrascht, aber noch nicht besorgt, folgte ich ihr.

Als ich die Wohnung betrat, hörte ich sie aus dem Badezimmer rufen: »Whitley, ich brauche deine Hilfe.«

Ich sah sie dort stehen, mit einem Fläschchen Aleve in der Hand. Sie verdrehte die Augen, und ihre Beine gaben nach. Ich fing sie auf, schützte ihren Kopf und legte sie auf den Boden.

In diesem Moment klingelte das Telefon. Es war Art Bell. Ich rief, Anne sei ohnmächtig geworden, und legte auf. Ich rief die 911 an, dann meinen Sohn, der sich sofort auf den Weg zu uns machte.

Ich lief zu Anne zurück und überzeugte mich, dass sie ungehindert atmen konnte.

Es war offensichtlich, dass es ihr sehr schlecht ging. Ich wusste nicht, was ihr fehlte, aber sie machte den Eindruck, in Lebensgefahr zu schweben. Ihre Lippen waren schlaff, die Augen verdreht, ihr Puls raste und die Atmung wurde unregelmäßig.

Ich begann mit der Herz-Lungen-Wiederbelebung. Unser Sohn traf ein und rannte sofort auf die Straße, um den Rettungswagen herbeizuwinken, der die Adresse nicht finden konnte. Aber dann waren sie da, versorgten sie mit Sauerstoff und machten sie transportfertig.

Vielleicht zehn Minuten blieben ihr noch, vielleicht weniger.

Total unter Schock fuhr ich mit meinem Sohn hinter dem Rettungswagen her in ein in der Nähe gelegenes Krankenhaus. Ich sagte ihm, er solle sich auf das Schlimmste vorbereiten. Mein Herz hämmerte. Ich fühlte mich bis ins Zentrum meines Seins erschüttert von dieser jähen, völlig unerwarteten Veränderung. Keine Vorwarnung, keinerlei Anzeichen, dass etwas nicht stimmte.

Ich fürchtete, sie könnte sterben, ehe wir die Notaufnahme erreichten. Doch als wir dort eintrafen, sah ich, dass sie Anne auf der Liege in eine der Behandlungsnischen schoben. Sie war eindeutig noch am Leben.

Der Arzt kam zu uns und teilte uns mit, dass Anne eine Hirnblutung erlitten hatte, und zwar eine schwere. Die Prognose sei, sagte er offen, »nicht gut«.

Während wir warteten, schaute ich mir im Internet die Statistiken an und sah, dass nur geringe Überlebenschancen bestanden. Und mir wurde klar, dass sie, wenn sie überlebe, möglicherweise stark behindert sein würde.

Und noch ein Schlag: Unser gemeinsames Leben war mit großer Wahrscheinlichkeit vorüber, und wenn nicht, würde es wohl sehr viel schwerer werden. Die bemerkenswerte, schöne, unermesslich lebendige Frau, die ich liebte, war entweder für immer verschwunden oder würde nur noch ein Schatten ihrer selbst sein.

So begann der größte Kampf unseres Lebens. Während Anne ums Überleben kämpfte, kämpfte ich darum, dass alles Erdenkliche für sie getan wurde, und auf richtige Weise.

Ich wusste nicht, dass Anne bereits tot war. Sie befand sich nicht länger in ihrem Körper, sondern hatte eine Reise angetreten, und noch wenige Jahre zuvor wäre es eine Reise ohne Rückkehr gewesen. Sie war zu einer Entdeckerin in diesem unerforschten Land geworden.

Sie fand sich in einem Raum wieder, den sie später als eine Art Bahnhof beschrieb. Dort saßen Menschen auf Bänken und umklammerten Taschen und Koffer. Es war klar, dass niemand diesen Bahnhof verlassen konnte, solange er sich noch an sein Gepäck klammerte. Dann hörte Anne eine Stimme zu ihr sagen: »Du kannst weiterreisen oder, wenn du das wünschst, zurückkehren.«

Sie selbst hielt kein Gepäck in den Händen. Sie klammerte sich an nichts. Aber sie hatte einen Mann, den sie liebte, und einen Sohn in den Zwanzigern, der noch keine Familie gegründet hatte.

Unsere Persephone, unsere Unterwelt-Reisende, musste eine Entscheidung treffen. Würde sie zu ihrer Familie zurückkehren oder in jenes leuchtende Reich weiterreisen, das sie bereits vor sich sah?

Wie ich schon sagte, war Anne Lehrerin durch und durch. Das war und ist die essenzielle Realität ihrer Seele, ihre Wahrheit. Auch hatte sie ein Lebensziel, das ihr zutiefst wichtig war. Es bestand darin, eine Familie zu erschaffen, die besser und stärker war als unsere beiden Herkunftsfamilien.

Sie hatte einen wunderbaren Sohn großgezogen. Er hatte eine liebevolle junge Frau gefunden. Es gab also eine Familie, die Annes Zuwendung benötigte.

Vielleicht war auf der anderen Seite jemand der Ansicht, dass sie zurückgehen sollte, aber auf dieser Seite sah alles danach aus, dass wir sie verlieren würden. Das Krankenhaus, in das sie zunächst eingeliefert worden war, verfügte nicht über die Ausrüstung, um eine so starke Hirnblutung zu behandeln. Sie konnten kaum mehr tun, als die Blutung vorübergehend zu stoppen.

Also musste sie, an Schläuche und Kabel angeschlossen, ins UCLA Medical Center verlegt werden, ein gefährlicher Transport. Ich fuhr im Krankenwagen mit, und jede Erschütterung ließ mich zusammenzucken. Mit blieb fast das Herz stehen, aber Anne schaffte es. Man brachte sie auf eine spezielle Intensivstation für die Opfer von Hirnblutungen, und kein Tag verging, an dem nicht mindestens einer dieser Patienten nach unten in den Keller des Krankenhauses gebracht wurde, in die Leichenhalle.

Während Anne auf der Intensivstation lag, wohnte ich im Eingangsbereich der Intensivstation. Immer wieder wurde ich vom Personal sanft hinausgeworfen, aber dann wartete ich, bis die Türen wieder geöffnet waren, und kehrte auf meinen Posten zurück. Besuche auf der Intensivstation waren den Angehörigen nur zu bestimmten Zeiten erlaubt, und manchmal selbst dann nicht. Es hing davon ab, wie beschäftigt das Pflegepersonal war. Wenn man also nicht dort war, wenn sie die Türen öffneten, konnte es passieren, dass wir stundenlang nicht zu Anne durften. Ich wusste, Anne wünschte sich, dass ich an ihrer Seite war. Das spürte ich klar und deutlich. Manchmal sah ich sie bei mir in der Eingangshalle. Sie stand vor mir und schaute mich an, ernst und aufmerksam.

Im normalen Leben war Anne von einer besonderen Aura umgeben. Intelligenz strahlte aus ihren Augen, sie hatte einen hellwachen, blitzschnellen Verstand, sie war stets extrem gut informiert, sie war geistreich. Aber da war mehr – dieses Leuchten, das von ihr ausging.

Anne brachte, gleich bei unserer ersten Begegnung, dieses Licht in mein Leben. Im Vergleich zu ihr erschienen mir die Mädchen, die ich davor gekannt hatte, wie süße Schatten.

Doch nun war dieses leuchtende Sein verdunkelt. Es schien mir, als hätte die Natur gegen sich selbst gesündigt. Anne gehörte ans Sonnenlicht, sie verdiente glückliche Tage, nicht diesen grausamen Kampf.

Wenn ich sie besuchen durfte, schaute sie mich mit suchenden Augen an. Da sie intubiert war, konnte sie nicht sprechen.

Ich saß an ihrem Bett und betete das Ave Maria und das Vaterunser aus meiner katholischen Kindheit. Wenn ich im Auto saß, betete ich immer wieder das Jesusgebet: »Herr Jesus Christus, steh ihr bei.« Ich ging betend zu Bett und wachte betend auf, und wenn ich nicht betete, konzentrierte ich mich auf das Wahrnehmungstraining aus der Gurdjieff-Arbeit, die Anne und ich seit 1970 praktizieren. Ich lenkte meine Aufmerksamkeit nacheinander auf alle Teile meines Körpers, sodass ich wirklich in ihm präsent war, und nicht nur in meinem Verstand. Durch diese

Praxis hatte sich mit den Jahren meine körperliche Wahrnehmung vertieft, und es war weit mehr geworden, als sich lediglich des Körpers bewusst zu sein. Die Übung ist einfach und doch eine sehr effektive Methode, um die innere Tür zur Seele zu öffnen. Während des physischen Lebens sind Seele und Körper so verwoben, dass es schwierig ist, sie voneinander zu unterscheiden. Wenn sich zufällig unsere Aufmerksamkeit in die Seelenebene ausdehnt, kann das einen verblüfften Augenblick des Aufwachens auslösen. Wir sehen die Welt plötzlich mit anderen Augen, sie erscheint uns frisch, unerwartet, sogar magisch. Doch dafür hatte ich während dieser Krise wenig Sinn.

Normalerweise segeln Seele und Körper vereint durch die Ängste, die ich in jenen Nächten durchstehen musste. So ist es auch heute, aber die Angst ist nicht mehr da. Ich bin zu meinem eigenen Gefährten geworden: Das Ego und die physischen Bedürfnisse steuern die Handlungen des Körpers, und die Seele schaut zu. Sie ist meine geliebte Freundin und zugleich mehr ich selbst als mein körperliches Ich.

Doch damals – in diesen schweren Tagen – hatte ich schreckliche Angst, dass Anne ihre Familie nicht wachsen sehen würde. Und, ganz selbstsüchtig gesagt, ich konnte mir ein Leben ohne sie nicht vorstellen. Ich musste meine Frau retten!

Wenn ich zu erschöpft war und nach Hause fahren musste, um zu schlafen, tröstete ich mich, indem ich eines ihrer Nachthemden an mich schmiegte. Die schwarzen Hunde der Angst jagten durch meinen Geist. Wieder und wieder fragte ich mich, wie ich ohne sie weiterleben sollte. Ich wusste es nicht. Ich konnte es mir nicht vorstellen. Und ihr Leben war so unvollendet! Unser Sohn musste heiraten, es mussten Enkelkinder geboren werden, und sie musste das miterleben! Tief in mir wusste ich irgendwie, dass dies so sein musste. Sie sollte diese Welt erst verlassen, wenn sie frei war, wenn nichts Wesentliches unerledigt blieb.

Doch während wir darum kämpften, dass sie am Leben blieb, glitt sie tiefer und tiefer hinab in die Welt der Toten.

Die Ärzte pumpten Flüssigkeit in Annes Körper, um die Schwellung am Gehirn zu bekämpfen, wodurch Anne sich aufblähte wie ein Ballon. Das geschah, damit die winzigen Kapillargefäße in ihrem Schädel offen blieben. Denn die Teile ihres Gehirns, zu denen die Blutzufuhr unterbrochen wurde, würden sterben.

Dann kam es zu einer weiteren Krise: Durch die viele Flüssigkeit in ihrem Körper stieg Annes Blutdruck in astronomische Höhen. Doch die Behandlung musste so lange fortgesetzt werden, wie sich Blut in ihrer Rückenmarksflüssigkeit befand und ihr Gehirn angeschwollen war.

Ihr Blutdruck stieg – 150, 180, 210 und noch viel höher. Die Behandlung, die ihr Gehirn vor der Zerstörung retten sollte, erhöhte nun gleichzeitig das Risiko eines Schlaganfalls.

Ich war mit einer quälenden Entscheidung konfrontiert. Sollte die Behandlung fortgesetzt werden, mit der Gefahr eines katastrophalen Schlaganfalls, oder sollte sie abgebrochen werden, mit der Gefahr bleibender Behinderung? Und in beiden Fällen war das Sterberisiko hoch.

Tod, überall Tod! Er umgab uns wie ein dichter schwarzer Nebel.

Wenn ich entschied, die Therapie abzubrechen, und Anne für immer behindert sein würde, wie würde sie dann mit ihrem Leben zurechtkommen? Und wie würden ihre Gefühle mir gegenüber sein?

Immer wieder las ich ihre Patientenverfügung, die sie sorgfältig mit der Hand geschrieben hatte. Keine lebenserhaltenden Maßnahmen, wenn keine Hoffnung auf Überleben besteht. Bis zu diesem Stadium alles tun, was möglich ist.

Doch was war, wenn eine bleibende Behinderung drohte? Dazu hatte sie nichts aufgeschrieben.

Ich ging in die Krankenhauskapelle und betete. Ich wollte nach der Messe den Priester um Rat fragen, aber ich musste dabei so sehr weinen, dass ich ihm mein Problem nicht verständlich machen konnte.

Die Ärzte warteten. Sie brauchten eine Entscheidung. Ich fragte meinen Sohn nach seiner Meinung.

»Dad, Mom würde kein Leben im Rollstuhl führen wollen.« Nein, aber wer wollte das schon? Sie würde sich daran gewöhnen, wie andere auch.

Dann dachte ich: »Aber was ist, wenn sie ihre Fähigkeit zu klarem Denken verliert?«

Das gab den Ausschlag. Ich wusste, dass Anne den Tod einem solchen Zustand vorziehen würde.

Ich konnte sie geradezu an meiner Seite spüren, als ich zu dem behandelnden Arzt ging und ihm sagte, dass sie die Triple-H-Therapie fortsetzen sollten, bis Annes Rückenmarksflüssigkeit klar war.

Also warteten wir, beobachteten den Blutdruck-Monitor, beobachteten den Shunt, durch den ihre Rückenmarksflüssigkeit zirkulierte, warteten darauf, dass die Flüssigkeit klar wurde, das zarte Rosa daraus verschwand.

Ein quälender Tag nach dem anderen verging, während wir beteten und warteten. Dann, eines Tages, wurde uns gesagt, dass die Flüssigkeit nun klar sei und die Therapie beendet werden könnte.

Aber hatte sie einen Hirnschaden davongetragen? Konnten die Ärzte uns das sagen?

Ein paar Tage später wachte Anne auf – und schien in guter geistiger Verfassung zu sein!

Sie wusste, wer sie war, erkannte mich sofort, erkannte auch unseren Sohn, erinnerte sich an ihr Leben, einfach an alles. Ein Therapiehund durfte zu ihr, und sie streichelte ihn. Sie unterhielt sich ganz normal mit mir. Die Ärzte sprachen schon davon, sie nach Hause zu entlassen.

Zu sagen, dass ich erleichtert war, wäre untertrieben. Zum ersten Mal seit Wochen schlief ich eine ganze Nacht durch. Wir hatten es geschafft, wir hatten eine der gefährlichsten Krankheiten überstanden.

Doch am nächsten Morgen wachte sie nicht auf. Schlimmer noch, sie bekam Fieber. Mittags wurde bei ihr eine Rückenmark-Meningitis diagnostiziert.

Inzwischen hatte ich viel über Annes Krankheit gelesen und wusste um diese Gefahr. Ich wusste, dass der Tod zurückgekehrt war.

Man verabreichte ihr Breitbandantibiotika, doch ihr Fieber stieg und stieg. Es gelang den Ärzten nicht, das Bakterium zu identifizieren, das die Entzündung hervorrief. Die Antibiotika halfen nicht.

Noch wenige Jahre zuvor hätte diese neue Katastrophe ihren endgültigen Tod bedeutet, und ich vermute, dass sie in dieser Phase ihre Nahtoderfahrung machte. Dann identifizierten sie das Bakterium. Eine neue Antibiotika-Therapie wurde begonnen. Doch die Infektion hatte sich so ausgebreitet, dass es trotzdem auf Messers Schneide stand. Das Fieber stieg noch höher.

Wenn es sich nicht senken ließ, würde sie entweder sterben oder eine andere Form von Hirnschaden erleiden.

Das Pflegepersonal hatte sich an meine ständige Anwesenheit gewöhnt und nutzte mich als freiwilligen Helfer.

Ich wachte unablässig über Anne, Tag und Nacht, schlief immer nur für kurze Zeit. Außerhalb der offiziellen Besuchszeiten der Intensivstation zogen sie einfach um uns herum die Vorhänge von Annes Behandlungsnische zu.

An diesem Punkt unseres gemeinsamen Lebens wusste ich längst, dass meine Frau eine spirituelle Expertin war. Ich hatte miterlebt, wie begnadet gut und mit welcher Leichtigkeit sie andere Menschen unterrichtete, immer so, dass diese die Belehrung gar nicht bemerkten, sondern einfach nur zu Momenten reicher Innenschau und Selbsterkenntnis hingeleitet wurden. Mit mir machte sie das ständig, stets liebevoll, geschickt und mit ihrem wundervollen Humor.

Dazu ist nur ein Meister in der Lage, denn nur ein Meister kann die Wahrheit der Seelen sehen.

Ich würde diese Frau nicht verlieren. Ich würde nicht zulassen, dass sie in der Blüte ihres Lebens ihre Brillanz und ihre Fähigkeiten verlor.

Doch das wurde nur möglich, wenn ihr Fieber sank, und zwar rasch.

Mein Sohn und ich kühlten die ganze Nacht ihren Körper mit nassen Handtüchern. Die größte Gefahr bestand in den frühen Morgenstunden, wenn die Abwehrkräfte am schwächsten sind. Wir wechselten immer wieder die Handtücher, die Antibiotika-Infusion tröpfelte in ihren Körper, und dennoch stieg das Fieber.

Stunde um Stunde ging das so weiter.

Die Krankenschwestern reagierten genervt auf uns, aber sie nutzten uns auch weiter als Helfer, wofür wir dankbar waren. Wir wollten Anne keine Minute allein lassen.

Wir waren wie hypnotisiert, immer wieder steckten wir die Handtücher in die Eimer mit Eiswasser, die uns von den Schwestern gebracht wurden und feuchteten sie an. Während alledem schlief Anne den ewigen Schlaf.

Dann, gegen 4 Uhr morgens, bemerkte ich, dass das Fieber um ein Zehntelgrad gefallen war. Aber es stieg so schnell wieder, dass ich an eine Halluzination glaubte.

Die Schwestern und Pfleger beobachteten Anne jetzt ständig. Zwei von ihnen halfen uns, Annes Körper zu kühlen. Ihr Fieber sank wieder um ein Zehntelgrad, um ein weiteres Zehntelgrad.

Um halb sechs hatten sich ihre Gesichtszüge entspannt. Sie schlief friedlich. Ihre Temperatur lag bei 37,1 und fiel weiter.

Als der Morgen dämmerte, sanken wir erschöpft auf die Stühle neben ihrem Bett. Später, als sie seit mehreren Stunden fieberfrei war, fuhren wir in das Apartment, um zu duschen und zu schlafen. Wieder hatte sich ein Wunder ereignet. Das Pflegepersonal und die Ärzte hatten damit offensichtlich nicht gerechnet.

Ein paar Tage später hatte sich ihr Zustand so weit gebessert, dass sie nicht mehr intubiert werden musste. Von den wenigen klaren Stunden vor drei Wochen abgesehen, hatte ich seit der Hirnblutung nicht mehr mit ihr sprechen können. Nun würde ich endlich mit ihr reden und herausfinden können, was sie in dieser Zeit erlebt hatte.

Doch es stellte sich heraus, dass sie eine sogenannte »ICU-Psychose« entwickelt hatte.

Meine brillante Frau mit ihrem rasiermesserscharfen Verstand war völlig verwirrt.

Sie wurde von der Akut-Intensivstation auf ein Intensivpflegezimmer verlegt. Auf Anweisung des Arztes sprach ich endlos mit ihr, um sie dadurch wieder in die reale Welt zurückzuholen. Stunde um Stunde brabbelte sie wirres Zeug. Stunde um Stunde erklärte ich ihr, dass ihre Fantasien nicht der Realität entsprachen. Unser Sohn kam und half mir. Es war fast nicht auszuhalten, und wir standen selbst kurz davor durchzudrehen. Soweit ich mich erinnere, währte dieser Zustand wirren Dauerredens bei ihr etwa fünfzig Stunden. Als sie endlich in den Schlaf sank, schliefen auch wir ein!

Dann kam der Zeitpunkt, als sie auf eine normale Station verlegt werden sollte. Dort ließ ich sie zum ersten Mal seit Langem eine Nacht allein. Doch da verhielt sie sich völlig unkontrollierbar. Sie wusste nicht, wo sie war, und hatte Angst.

Sie lief ständig aus dem Zimmer, rief nach unserem Hausarzt in Texas, einem lebenslangen Freund. Aber wir befanden uns doch in Kalifornien. Die Schwestern hatten nicht die geringste Ahnung, was sie wollte. Sie riefen mich an, und ich eilte ins Krankenhaus zurück. Als sie mich sah, rannte sie zu mir und umklammerte mich. »Oh, Gott sei Dank! Ich dachte, du hättest mich verlassen! Ich dachte, ich bin allein!«

»Ab jetzt werde ich nicht mehr von deiner Seite weichen.«

In dieser Nacht schlief ich bei ihr auf dem schmalen Bett, auf meiner gewohnten Seite, und auch die beiden folgenden Nächte. Dann stellten sie mir ein Sofa hinein, auf dem ich schlafen konnte. Nie ließ ich ihre Hand los, und nachts flüsterte sie immer wieder: »Whitty?«, und ich sagte: »Hier bin ich.«

Da ihr Zustand sich deutlich besserte und dringend Betten benötigt wurden, wollte der Stationsarzt sie entlassen.

Ich erschrak. Ich sagte ihm, das sei zu früh. Während einer solchen Erkrankung bilden sich Ablagerungen in den Gehirnteilen, wo Gehirnflüssigkeit zirkuliert. Dieses Material kann die feinen Gefäße verstopfen, in denen die Flüssigkeit strömt. Wenn das geschieht, kommt es zu einer Wasseransammlung im Gehirn. Ein solcher Hydrozephalus kann gefährlich werden, tödlich gefährlich.

Er reagierte arrogant und mit spürbarer Verachtung, weil ein dummer Angehöriger es wagte, seine Entscheidung anzuzweifeln. Mit einer Unterschrift beendete er Annes Status als stationäre Patientin. Ich wollte beim Chefarzt der Neurochirurgie protestieren, aber er war nicht zu erreichen.

Man überwies Anne in die Reha-Therapie. Doch die Reha-Abteilung der Universitätsklinik wollte sie nicht aufnehmen, weil deren Tür direkt hinaus auf die Straße führte und sie befürchteten, Anne könnte desorientiert davonlaufen. Also wurde sie in eine Rehaklinik verlegt, die wirkte wie aus einem Dickens-Roman. Das gesamte Personal dort verhielt sich mir gegenüber abweisend und herablassend. Offenbar war mein Ruf als »ständig anwesender Hilfspfleger« mir vorausgeeilt.

Fünfzehn Minuten nach ihrer Ankunft dort schlief sie ein. Dabei war es erst Mittag, und sie hatte die ganze Nacht geschlafen. Zunächst dachte ich, sie sei erschöpft von der Fahrt im Krankenwagen. Also saß ich an ihrem Bett und wartete darauf, dass sie aufwachte.

Aber sie wachte nicht auf. Am späten Nachmittag versuchte ich erfolglos, sie zu wecken. Sie schlief offenbar gar nicht, sondern hatte das Bewusstsein verloren. Ich informierte das Pflegepersonal, aber man ignorierte mich. Ich fuhr zu meinem Sohn, aber wir fanden beide keinen Schlaf und fuhren nachts um 2 Uhr wieder in die Klinik.

Ich untersuchte sie, hob ihre Augenlider an, fühlte ihren Puls, versuchte, sie zu wecken.

Sie befand sich in einem fast komatösen Zustand.

Sofort ging ich zum Schwesternzimmer und sagte, dass sich bei Anne ein Hydrozephalus entwickelt hatte und sie sofort auf eine Intensivstation verlegt werden müsste (die es in dieser Rehaklinik nicht gab).

Die Schwestern lachten mich aus und sagten, ich sollte nach Hause gehen. Ich wusste, dass mir nicht viel Zeit blieb, um Anne zu retten. Aber wenigstens blieben mir diesmal Stunden, nicht Minuten.

Am frühen Morgen rief ich unseren Hausarzt in Texas an. Er besorgte mir die Telefonnummer der extern diese Klinik betreuenden Neurologin. Die Schwestern hatten sich geweigert, sie zu verständigen oder mir ihre Telefonnummer zu geben.

Mit einiger Mühe gelang es mir, sie zu erreichen. Sie fuhr in die Klinik und diagnostizierte bei Anne einen Hydrozephalus. Sofort rief ich den Chefarzt der Neurochirurgie in der Universitätsklinik an und sagte ihm, Anne müsse zu ihnen zurückverlegt werden. Die Neurologin sprach ebenfalls mit ihm und empfahl diese Maßnahme. Dann ein weiterer Rückschlag: Die Uniklinik weigerte sich, Anne aufzunehmen!

Inzwischen war es 15 Uhr, und ich geriet in Panik. Anne stand kurz davor, ins Koma zu fallen. Ich verlangte vom Pflegepersonal, mir ihre Namen zu geben, denn ich würde nicht nur die Rehaklinik, sondern auch jeden von ihnen persönlich verklagen. Von da an wurde eine Schwester abgestellt, die permanent an Annes Bett wachte.

Schließlich rief ich meinen Bruder an, der Rechtsanwalt ist. Er telefonierte mit dem Chefarzt der Neurochirurgie und sagte ihm, Annes vorzeitige Entlassung sei eindeutig ein medizinischer Kunstfehler. Und er kündigte an, die Uniklinik zu verklagen, wenn Anne nicht innerhalb einer Stunde in die Neurochirurgie zurückverlegt werde.

Zwanzig Minuten später kam ein Krankenwagen, und dann waren wir auf dem Rückweg zur UCLA. Anne bekam einen Shunt, durch den ihre Rückenmarksflüssigkeit wieder zirkulieren konnte. Das half. Zwar musste sie erneut einige Zeit auf der Intensivstation verbringen, aber schließlich konnte sie zum zweiten Mal in die Reha entlassen werden.

Sie war weit gewandert während dieser krisenhaften Phase, tief hinein in eine unbekannte Welt der Inkohärenz, Verwirrung und schließlich in eine Art von Poesie. Doch nun, nachdem der Druck in ihrem Gehirn sich wieder normalisiert hatte, klärte sich ihr Geist.

Sie sagte: »Meine letzte Erinnerung ist, dass du herumgehüpft bist wie ein Vaudeville-Tänzer.«

»Oh ja«, sagte ich. »Ich bin tatsächlich ziemlich viel um dich herumgetanzt.«

Endlich befanden wir uns in der UCLA-Rehaklinik. Man hatte sie unter der Bedingung aufgenommen, dass ich mit ihr dort wohnte und sie nicht aus den Augen ließ. Damit war ich völlig einverstanden. Ja, ich war froh. An Annes Seite zu sein war genau das, was ich wollte.

Ihr Verstand wurde zusehends klarer. Plötzlich sagte sie laut und nachdrücklich: »Coe! Coe ist hier.«

Persephone war aus der Unterwelt zurückgekehrt, und diese vier Worte waren ihre erste Botschaft aus dem Jenseits, der erste Hinweis darauf, dass sie eine Nahtoderfahrung gemacht hatte.

Coe, unser kleiner Siamkater, dem unser damals sechsjähriger Sohn diesen Namen gegeben hatte, war vor fünf Jahren gestorben. Ich dachte, dass Anne vielleicht geträumt hatte, hielt es aber auch für denkbar, dass sie den Kater während einer Nahtoderfahrung gesehen hatte. Von Begegnungen mit Haustieren wird nach NTEs manchmal berichtet.

Die Tatsache, dass Anne überlebte und ihre Erfahrungen schildern konnte, bildet das Fundament für unsere veränderte Sichtweise auf das Jenseits, das neue Wissen, wie sehr diese fremd und fern erscheinende Welt ein Bestandteil der unseren ist, dass sie zusammengehören, ein Ganzes bilden, diese Welt und das Jenseits. Die medizinische Wissenschaft trotzte dem Tod und rettete Annes Leben. So wurde es einem weiteren Menschen mit Nahtoderfahrung ermöglicht, seine Geschichte zu erzählen, statt mit dieser ins Unbekannte zu verschwinden.

Anne und viele andere dieser neuen Pfadfinder sind unsere große Chance – die erste wirkliche Chance – einen Weg aus der Hölle der Angst und Grausamkeit zu finden, die unsere heutige Welt ist, und in den ganzheitlichen Zustand einer wahrhaft reifen Spezies zu gelangen, deren physische und nicht-physische Mitglieder zusammenarbeiten.

Anne war verwandelt. Sie war zu einer völlig neuen Sicht der Wirklichkeit gelangt. Zwar beschrieb sie ihre Mission nicht mit Worten, aber durch die atemberaubende Intensität ihrer Nahtoderfahrung war sie auf einen neuen Weg geführt worden. Immer wieder erzählte sie davon, und jedes Mal beendete sie das Erzählen mit dem Satz: »Wir müssen uns von dieser Last der Angst vor dem Tod befreien, sonst verrennen wir uns immer mehr in einer Sackgasse.«

Wie viele andere war auch diese moderne Schamanin nicht durch Todesgefahren heraufbeschwörende Rituale initiiert worden, sondern durch dem Tod die Stirn bietende medizinische Therapien.

Dass ein Mensch eine Initiation meisterte, geschah nur selten. Die uralten Rituale waren oft sehr gefährlich. Aber genau darum ging es: dem Tod ins Auge zu blicken.

Jene, die in die Welt der Toten reisten und von dort zurückkehrten, galten von da an als außergewöhnlich, und es gab tatsächlich nur wenige von ihnen. Die Berichte, die sie mitbrachten, stehen bis heute im Zentrum des religiösen Glaubens und der Religionspraxis. Werke wie das *Tibetische Totenbuch* und die ägyptischen Pyramidentexte beruhen auf Beobachtungen, die diese Reisenden mitteilten. Aber für unsere Zeit sind die alten Texte nicht ideal. Die darin geschilderten Reisen werden in einer Mythologie beschrieben, die für die damaligen Menschen gut verständlich war, jedoch nur noch schwer in unsere säkularisierte und entmystifizierte Kultur passt.

Die meisten dieser modernen Nahtod-Reisenden machen ihre Erfahrungen ohne ein vorgefasstes Konzept dieser anderen Wirklichkeit, ohne eine Vorstellung, was sie dort erwartet.

Trotzdem gibt es Übereinstimmungen. Oft beschreiben sie, dass ein liebevolles Licht sie einhüllt – die buchstäbliche Manifestation von Annes »objektiver Liebe«. Häufig wird berichtet, dass verstorbene Freunde und Angehörige sie drüben erwarten. Reisen in Welten, die beinahe physisch real erscheinen, tauchen ebenfalls häufig in der inzwischen sehr umfangreichen Literatur zu diesem Thema auf.

Menschen mit Nahtoderfahrungen sind die Wundertäter der heutigen Zeit. Sie führen uns in eine völlige neue Beziehung zu unserer eigenen Seele, deren Bild sich dadurch deutlich verändert.

Sie fordern uns dazu auf, unsere ganze Einstellung zu Tod und Sterben zu überdenken. Ihre Berichte deuten darauf hin, dass nicht nur die Seele real ist, sondern dass das, was wir für unsere Realität halten, nur eine kleine Ecke einer viel größeren Welt ist. Sie zeigen uns, dass Bewusstsein nicht nur in uns und als Teil von uns existiert, sondern dass vielmehr wir innerhalb des Bewusstseins existieren und durch eine Welt reisen, die für uns zum großen Teil unsichtbar ist, weil unsere Körper offenbar so geschaffen sind, dass jeder Blick auf die größere Realität aus unserer Wahrnehmung herausgefiltert wird.

Als Anne im Diesseits lebte, war ihre Beziehung zum Göttlichen zwar rein persönlicher Natur, aber sehr stark. Ich hatte das Gefühl, dass sie Gott näher war als jeder andere Mensch, den ich kenne. Sie sagte oft: »Wir wissen nicht, was Gott ist«, aber auch: »Gott ist mein bester Freund.«

Dem würden, so denke ich, viele Menschen mit einer Nahtoderfahrung zustimmen. Gott ist für sie allem Anschein nach ein lebendiges Mysterium, zugleich vertrauter Freund und unbekannte Gegenwart.

Das ist eine ganz andere Version der Gottheit, als wir sie bisher gewohnt waren. Diese Kombination aus vertrauten und völlig mysteriösen Aspekten, die den Weg zu nicht weniger als einem völlig neuen Bild der Menschheit, des Universums und des Heiligen eröffnen. Diese neue Sicht erkennt die Realität ebenso an wie das Mysterium.

Ich kann nicht wirklich umfassend beschreiben, wie sehr ihre Nahtoderfahrung meine Frau veränderte. Es erstaunte mich immer wieder, wie wenig sie seitdem den Tod fürchtete. Sie lachte darüber. Sie war immer glücklich und strahlte jenen frohen Geist aus, der sich einstellt, wenn wir von einer großen Angst befreit sind.

Unsere Lehrer – die Menschen mit Nahtoderfahrung – weisen uns den Weg zu dieser neuen Art des Menschseins – frei von Glaubenskonzepten, ohne alle Verwirrungen der Mythologie und doch spirituell lebendiger als je zuvor.

Die ehrfürchtige Scheu, die bei so vielen Generationen eine große Distanz zum Himmel erzeugte, fällt in sich zusammen. Der Gott der Menschen mit Nahtoderfahrung – Annes Gott – sitzt auf keinem Thron. Ganz im Gegenteil: Dieser neue Gott ist so sehr wie wir selbst, dass möglicherweise wir selbst er, sie und es sind.

Der Mensch ist Gott. Der Mensch als Gott.

Anne sagte solche Dinge und lachte dabei, und ich lachte und fragte mich: »Was ist meine Frau jetzt?«

Sie war sie selbst geworden, ganz und gar, ein voll erwachter Mensch, der seine Botschaft verbreitete, so gut das in einer schlafenden Welt ging.

LACHEN UND SCHATTEN

Anne hätte sich selbst nie als Lehrerin bezeichnet, aber ich hatte schon früh erkannt, was sie der Welt zu bieten hatte, und ich selbst lernte enorm viel von ihr. Auch wenn sie eine Meisterin war, mochte sie diese Etikettierung nicht. »Wer sich selbst Meister nennt, ist keiner, und wenn ein wahrer Meister so genannt wird, lacht er darüber.«

Lachen. Sie zitierte gerne die Schriftstellerin Anne Lamott: »Wenn du Gott zum Lachen bringen willst, erzähle ihm von deinen Plänen.« Und sie sagte: »Weißt du, was mit dem Wort Gottes, dem Logos, im Johannesevangelium gemeint ist? Das Lachen. Das war das Wort der Macht, mit dem alles begann.« Sie meinte die Stelle im Johannesevangelium, wo es heißt: »Am Anfang war das Wort, und das Wort war bei Gott, und das Wort war Gott.«

Wenn man sie fragte, ob sie Gott begegnet sei, lachte sie, doch in diesem Lachen lag eine große Weisheit.

Sie sagte: »Diese Frage ist verrückt.« Dann schaute sie mich an, und ihre Augen sagten: »Nein, ist sie nicht.«

Unsere Gespräche zu diesem Thema sahen zum Beispiel so aus:

Ich: »Wer ist Gott?«

Anne: »Wir.«

Ich: »Und wer sind wir dann?«

Dann lächelte sie in sich hinein und schwieg.

Im Zentrum meines spirituellen Lebens steht eine Wahrnehmungsübung. Sie geht so: Man setzt sich still hin, konzentriert sich auf den eigenen Körper, erst nacheinander auf seine vier Gliedmaßen, dann auf Rumpf und Kopf, bis unsere Aufmerksamkeit nicht länger in unserem Denken fokussiert ist, sondern im Körper.

Anne machte diese Übung nur selten, auch nach ihrer Nahtoderfahrung. Der Grund dafür war, dass für sie alle Erfahrungen stets neu waren. Sie sagte oft, dass sie *alles* wahrnahm, und so war es tatsächlich. Obwohl sie nach außen ein völlig normaler Mensch zu sein schien, gab es in meiner Frau diese machtvolle, liebevolle Stille, die mir gleich bei unserer ersten Begegnung aufgefallen war. Dieser Teil von ihr – diese innere Ruhe und Stille – sah so unglaublich viel.

Gegenüber den Masken und Egoismen anderer Menschen – mich eingeschlossen – war sie vor ihrer Nahtoderfahrung stets tolerant gewesen. Danach änderte sich das. Vorher hatte sie einfach gehofft, dass die anderen schon verstehen würden, was wichtig war. Seit der Nahtoderfahrung vertrat sie ihre Einsichten mit mehr Nachdruck. Sie gab ihre Zurückhaltung auf. Sie beharrte energisch darauf, dass jeder Mensch eine Seele hat und dass es extrem wichtig für uns ist, das zu verstehen.

Sie führte uns zu Momenten tiefer Selbsterkenntnis, die ziemlich niederschmetternd sein konnten. Dann sagte sie lieblich: »Oh, hätte ich das nicht sagen sollen?«

Mit Dummköpfen verschwendete sie keine Zeit, und das aufbrausende Temperament ihrer frühen Jahre setzte sie nun gezielt ein, um den Leuten wertvolle Einsichten zu vermitteln. Sie war die heftigste sanftmütige Person, die mir je begegnet ist.

Durch unsere jahrelange Beschäftigung mit der Gurdjieff-Arbeit war Anne mit dem Problem der Identifikation vertraut, aber nach ihrer Nahtoderfahrung konzentrierte sie sich stark auf dieses Thema. Ich bin mir nicht sicher, ob sie sich dessen bewusst war, aber ich lernte schon vor langer Zeit, niemals die Bewusstheitslevel meiner Frau zu hinterfragen. Ich weiß nicht, wann sie aus einem tiefen, unbewussten Wissen heraus handelte und wann ihr scharfer, bewusster Verstand die treibende Kraft war.

Ich weiß aber, warum ein Mensch, der sich der Bedürfnisse der Seele und der Folgen eines vom Ego gesteuerten Lebens bewusst ist, so engagiert anderen dabei hilft, ihre Persönlichkeit als Werkzeug der Seele zu nutzen, statt sich von ihrer Persönlichkeit benutzen zu lassen.

Eines Nachmittags saß ich zu Hause und las, als plötzlich eine berühmte Persönlichkeit, ein Star, der am Tag zuvor verstorben war, vor meinem inneren Auge erschien. Er fragte: »Wie geht es jetzt weiter? Was soll ich tun?«

Ich kannte ihn nicht persönlich. Ich kannte nur seine Arbeit, die zum Teil sehr gut gewesen war. Ich wusste, dass er sich außerdem für wohltätige Zwecke engagiert hatte.

Er irrte auf dieser Realitätsebene umher, und ich wusste aus Erfahrung, dass er nicht in der Lage war, einen anderen Ort zu sehen, zu dem er hätte weiterreisen können. Für Seelen in diesem Zustand ist die physische Welt so unüberwindlich wie für uns Lebende. Man muss ihnen helfen, sich von ihr abzuwenden, damit sie ihre neuen Möglichkeiten sehen können. Das ist nicht leicht. Und oft funktioniert es nicht. Aber wenn mir solche Personen begegnen, versuche ich es, so gut es geht.

Ich sagte ihm, dass sich hinter ihm ein Licht befand. Ich konnte es leuchten sehen, wenn auch schwach. Er sagte: »Wer sind Sie?« Ich nannte ihm meinen Namen, und er erwiderte: »Sie sind ja völlig unbekannt, ein Niemand. Ich dachte, jemand wie Mutter Teresa würde mich hier erwarten.«

Ich lachte und entgegnete: »Sie ist nicht hier.«

Er entfernte sich, und der Kontakt zu ihm brach für eine Weile ab. Als ich ihn wiedersah, hatte er erkannt, wie grausam er in seinem Leben oft gewesen war. Er krümmte sich regelrecht vor Reue und Scham.

Möglicherweise wird er noch lange auf dieser Ebene herumwandern und dabei langsam sein großes Ego hinter sich lassen und die schlimmen damit verbundenen Erinnerungen. Wenn er dann nur noch ein winziges Fragment ist, wird er vermutlich gleich wieder in eine Gebärmutter hineinschweben, um in die physische Welt zurückzukehren, mehr oder weniger zufällig.

Anne wollte nicht, dass Menschen so etwas erleiden müssen. Ja, sie wollte, dass niemand überhaupt leiden musste. Daher rührte ihre Bereitschaft, die Leute wütend zu machen. Anne hoffte, dass sie sich dadurch ihrer Arroganz bewusst wurden und sich davon befreien konnten.

Bei meiner inneren Arbeit mit den Besuchern, über die ich zuerst in *Communion* (Die Besucher) und *Transformation* (Transformation) berichtet habe, spielte es von Anfang an eine wichtige Rolle, die Kontrolle über das eigene Ego zu gewinnen. Und Anne war nach ihrer Rückkehr aus der Nahtoderfahrung eine wahre Meisterin darin, mit dem Ego zu arbeiten.

Schon davor hatte sie erkannt, wie das Ego zum Hindernis für inneres Wachstum werden kann, und war deshalb immer gerne bereit, es herauszufordern.

Sie hatte miterlebt, wie die Besucher mir geholfen hatten, mein Ego unter Kontrolle zu bringen. Das war damals gewesen, als ich eine Rede vor großem Publikum hielt. Anne saß in der ersten Reihe. Normalerweise lauschte sie konzentriert jedem Wort. Nachher beglückwünschte sie mich dann mit leuchtenden Augen dazu, wie gut ich meine Sache gemacht hatte. Doch als ich diesmal zu reden begann, stand sie abrupt auf und verließ den Saal. Sie marschierte durch den Mittelgang hinaus, sodass alle es sahen.

Ich war entsetzt. Aber was konnte ich tun? Ich musste meine Rede halten. Während ich sprach, sah ich mein Ego so klar wie noch nie zuvor in meinem Leben. Während ich oben auf dem Podium stand, hatte ich gleichzeitig das Gefühl, außerhalb meiner Persönlichkeit zu stehen und sie dabei zu beobachten, wie sie vor dem Publikum posierte und sich darstellte.

Nachher fragte ich Anne, warum sie einfach gegangen war. Sie antwortete: »Oh, aber ich habe das alles doch schon gehört.« Dann schaute sie mir so offen, so liebevoll und voller Humor in die Augen, dass ich mich nur noch bei ihr bedanken konnte.

Ich erkundigte mich also bei ihr: »Was war es für ein Gefühl, einfach so zu gehen?« Sie lachte.

Wenn sie bei jemandem eine Schwäche bemerkte, die seine seelische Gesundheit beeinträchtigte, versuchte sie zu helfen. Sie wollte, dass wir die Welt in einem neuen Licht sahen, dem Licht der Wahrheit. Das war, wie sie oft betonte, ihr Ziel.

Wenn man sich in Selbstbezogenheit verlor und herumprahlte, reagierte sie mit einer kleinen, scheinbar beiläufigen Bemerkung, oder mit einem vielsagenden Blick, durch den man merkte, dass man sich gerade selbst viel zu wichtig nahm. So konnte sie uns ganz schnell auf einen besseren Kurs bringen, hin zu mehr Liebe, Selbstlosigkeit und Demut.

Und sie erweiterte unseren Horizont.

Das Bild von Gott, das sie aus der Nahtoderfahrung mitbrachte, war zugleich subtil und einfach – und doch auch voller Licht und Freude.

Ein besonders wichtiges Beispiel dafür, was ich damit meine, ereignete sich im Jahr 2012 – es war die erste der »Nummernschild-Kommunikationen«, die später nach Annes Tod bei mir und anderen immer wieder auftraten.

Als ich eines Nachmittags meditierte, sah ich vor meinem inneren Auge einen Hund, den ich aus meiner Jugend kannte. Wir nannten ihn Quagmire (Zwickmühle), denn er gehörte einer Familie mit vielen Problemen, und so hatte auch der Hund ein hartes Leben. Aber trotzdem war er immer glücklich. So schwer seine Situation auch sein mochte, man konnte sich immer darauf verlassen, dass der gute Quag einen zur Begrüßung fröhlich abschleckte.

Du meine Güte. Ich hatte seit meiner Teenagerzeit nicht mehr an den Hund gedacht.

Als ich Anne davon erzählte, sagte sie: »Dog God, Hund-Gott. Du bist gerade von Gott besucht worden.«

Gott? Machte sie Witze? Gott war ein fernes, unermessliches und Ehrfurcht gebietendes Wesen. Ich erwiderte: »Damit ich das glaube, brauche ich ein klares Zeichen.«

Als wir eine halbe Stunde später zu unserem nachmittäglichen Spaziergang aufbrachen, parkte genau vor dem Haus ein Auto, auf dessen Nummernschild QGMIRE stand. Quagmire. Das war nun wirklich des Guten zu viel. Anne sagte so etwas wie: »Obwohl es sein Universum ist, schlüpft er gern für dich in die Rolle eines Hundes. Also freu dich einfach und lass es geschehen.«

Ich dachte an die vielen Lektionen in Sachen Demut, die ich von den Besuchern gelernt hatte. Deshalb beschloss ich, einfach zu akzeptieren, was sich da gerade ereignet hatte, und mich von Anne führen zu lassen.

Der Hund, den ein Schamane vielleicht Quag nennen würde, wurde zu meinem Totemtier – gerade dieser spezielle Hund, der sich in seiner leidvollen Situation, struppig und mitgenommen wie er war, seine Freude bewahrt hatte.

In vielen künftigen Gesprächen über das Heilige erwähnte Anne nie Gott, sondern immer den Hund. »Der Hund wird enttäuscht sein, wenn du dich so verhältst, Whitley.« Oder: »Frag den Hund. Er wird dir helfen.«

Der Hund begleitet mich seitdem. Und wo könnte er auch hingehen? Er ist überall. Seit diesem Tag sind bei meinen Meditationen unzählige Male Hunde vor meinem inneren Auge erschienen. Sie besuchen mich in Träumen und begegnen mir im Alltag auf Schritt und Tritt.

Als Kind war eine Hündin namens Candy meine Spielgefährtin, ein kleiner Rat Terrier. Wir beide waren unzertrennlich. Als Anne während unseres ersten Besuchs in meinem Elternhaus zu mir herüber schaute, während ich dalag und schlief, sah sie Candys Kopf neben mir auf dem Kissen. Später sagte sie oft lachend zu mir: »Damals entdeckte ich, dass ich eine Rivalin hatte!«

Als ich im Jahr 2008 einmal schlafend neben Anne im Bett lag, bemerkte ich, dass ich wie damals als Junge Candy streichelte. Ich dachte: »Wie alt Candy jetzt wohl ist?« Wir hatten sie 1953 bekommen, als ich acht Jahre alt war. Also rechnete ich es im Kopf aus – und saß plötzlich senkrecht im Bett. Der Hund, den ich eben gestreichelt hatte, war fast sechzig Jahre alt.

Dann wurde mir klar, dass es nur ein sehr lebhafter Traum gewesen war.

Am nächsten Morgen sagte Anne: »Das war kein Traum.« Dann lachte sie. »Verdammt, Candy ist zurück!«

Ein paar Wochen später erschien mir Candy wieder. Diesmal brachte sie eine merkwürdige Vision mit. Darin fuhren Anne und ich auf einer dunklen, schmalen Straße, die von Gebüsch gesäumt war. Vor uns in der Ferne tauchten die Scheinwerfer eines entgegenkommenden Wagens auf. Ich dachte: »Wenn wir nicht sofort umkehren, werden wir auf dieser Straße sterben.« Anne war eine ausgezeichnete Traumdeuterin, auch schon lange vor ihrer Nahtoderfahrung. »Das war eine Warnung, Whitley. Wenn du je auf einer solchen Straße unterwegs bist, kehre um.«

Ein paar Monate später reisten wir nach England und besuchten eine Konferenz in der Kleinstadt Devizes. Ein Freund lud uns ein, an einer besonderen Abendführung in Stonehenge teilzunehmen. Also mieteten wir ein Auto. Mit dem Linksverkehr tat ich mich immer schon schwer, schaffte es diesmal aber doch ganz gut, wie es schien. Nach einiger Zeit fuhren wir über eine von Gebüsch gesäumte schmale Straße.

Anne sagte: »Whitley?«

»Ich bin okay«, raunzte ich angespannt. Aber das stimmte nicht. Diese ungewohnte Art zu fahren machte mich nervös.

Vor uns in der Ferne tauchten Scheinwerfer auf, genau wie in dem »Traum«. »Du musst wenden«, sagte Anne ruhig. »Sofort.«

Die Scheinwerfer näherten sich rasend schnell.

Da merkte ich, dass ich vergessen hatte, unsere einzuschalten. Fummelnd suchte ich nach dem Schalter, während der andere Wagen näher und näher kam. Ich wich auf den Randstreifen aus, sodass unser Auto an den Büschen vorbeischrammte.

Der andere Wagen rauschte an uns vorbei. Ich bezweifle, dass der Fahrer uns überhaupt bemerkte. Anne sagte: »Candy hat uns gerade das Leben gerettet.«

Ich fuhr sofort zur Autovermietung zurück. Den Besuch in Stonehenge sagten wir ab.

Rückblickend wird mir klar, dass ich vor der Begegnung mit Anne unstet durchs Leben geirrt war. Ich hatte mich in einem Labyrinth verlaufen. Ich wollte Schriftsteller werden, wusste aber nicht, wie ich diesen Traum verwirklichen sollte. Doch dann, im Frühling 1969, kam sie zu mir, als Ariadne mit dem Faden in der Hand, bereit, mich aus meiner Verwirrung zu führen.

Weil wir uns so stark zueinander hingezogen fühlten, warfen wir unsere knappen Ressourcen zusammen. Wir waren unverheiratet und konnten uns keine Hochzeit leisten. Erst mussten wir die schon erwähnten zweihundert Dollar ansparen. Da ich nur 125 $ pro Woche verdiente, allein die Miete 125 $ monatlich kostete und Anne immer wieder gefeuert wurde, dauerte das eine Weile.

Sie bewohnte ein ärmliches Zimmer in Queens, ich ein winziges Apartment in Manhattan. Aber immerhin lag es in Manhattan. Also zog Anne zu mir. Mein Apartment war schäbig, möbliert mit einem verschlissenen Sofa und einem Bett, das ich mir vom Hausmeister des Gebäudes geliehen hatte. Als Anne es zum ersten Mal betrat, schaute sie sich um und sagte: »Es hat Potenzial«, und damit meinte sie nicht nur das Apartment.

Sie zog mit einem Koffer und einem Pappkarton ein, die ihren gesamten Besitz enthielten. Die Sachen einzuräumen dauerte nur zehn Minuten, und unser gemeinsames Leben begann.

Bücher konnten wir uns nicht leisten, aber wir beide liebten das Lesen. Also legten wir zusammen, um uns welche zu kaufen. Auch wurden mir Bibliotheksmitglieder. Zunächst las Anne ausschließlich Krimis. Als sie erfuhr, dass ich Schriftsteller werden wollte und abends nach meinem Job in einer Werbeagentur an einem Roman arbeitete, wandte sie sich anspruchsvollerer Literatur zu.

Mein Wunsch, erfolgreicher Autor zu werden, wurde von Anne vollkommen unterstützt. Sie las jede Seite, die ich schrieb, und erwies sich als ausgezeichnete und einfühlsame Lektorin. Und sie war eine wunderbare Quelle für Ideen, eine großartige Muse.

Dennoch reihte sich Absage an Absage. Tatsächlich verdanke ich einer dieser Absagen meine ersten Leser, die nicht aus meinem persönlichen Umfeld stammten. Ich hatte einen meiner Romane an eine Agentin geschickt, die mir antwortete, dass sie gerne mehr von meiner Arbeit sehen würde. Also schickte ich ihr mein jüngstes Buchmanuskript, es hieß *Catherine's Bounty* (Catherines Beute). Wochenlang hörte ich nichts von ihr. Dann klopfte jemand eines Samstagmorgens an die Tür. Es war ein Briefträger, der gerade frei hatte. Er brachte mir mein zu einem ordentlichen Bündel ge-schnürtes Manuskript zurück. Er sagte, er hätte es unfrankiert unten in einem Briefkasten gefunden, ohne Umschlag, einfach ein Stapel Papier. Die Agentin hatte es weggeworfen wie Müll. Als der Briefträger es herausholte, sah er meinen Namen und meine Adresse auf dem Titelblatt. Er sagte: »Es ist wirklich gut. Meine Frau und ich haben es gelesen, und wir finden es beide toll.«

Anne erwarb nicht nur einen Bachelorabschluss, sondern absolvierte außerdem eine Lehrerausbildung am renommierten Bank Street College of Education. Danach arbeitete sie einige Jahre als Grundschullehrerin. Sie unterrichtete auf ihre einzigartige Weise, baute zu den Kindern eine persönliche Beziehung auf und ging auf ihre Bedürfnisse ein. Sie liebten Anne. Mit Annes Hilfe bemalten sie die Flure der Schule. In unserer Nachbarschaft war sie als »die Malerin« bekannt, weil sie fast immer voller Farbkleckse war, wenn die Leute sie sahen. Das kümmerte Anne nicht. Sie fürchtete sich nicht davor, einfach sie selbst zu sein. Anders zu leben, wäre ihr nie in den Sinn gekommen.

Im Laufe der Jahre verstand und wertschätzte ich ihr Wesen immer mehr. Sie zeigte sich der Welt so, wie sie war. Es war atemberaubend. Sie verstellte sich nicht, verbarg nichts. Alle, die sie kannten, kannten die wahre Anne.

Unsere Liebe wuchs immer mehr. Der eine ohne den anderen schien ganz unvorstellbar zu sein.

Dieses glückliche Leben wurde durch das Erlebnis mit den Besuchern und dessen Folgen unterbrochen und verkompliziert, aber das Glücksgefühl, einfach nur zusammen zu sein, blieb die Währung unserer Beziehung. Unsere Freunde scherzten, wir beide wären nicht so sehr ein Paar, sondern ein Mensch mit zwei Körpern.

So reisten wir in Liebe durch die trügerische Ewigkeit der Jahre. Wir waren arm, wir waren reich, dann wieder arm. Unser Sohn wuchs heran, und es ging ihm gut. Was auch gerade in unserem

Leben geschehen mochte, jeden Abend lagen Anne und ich eng umschlungen in der süßen Dunkelheit.

Und dann kam, wie aus dem Nichts, der letzte Schatten. Bis zu dem Augenblick, als es geschah, hatten wir nicht die leiseste Ahnung, dass sich eine endgültige Nacht auf unser Leben herabsenkte.

2013 hatte sich Anne vollständig von ihrer Hirnblutung erholt. Die Krankheit lag lange zurück. Man konnte beinahe vergessen, dass sie je stattgefunden hatte.

Doch dann, in den frühen Stunden eines Morgens im Februar 2013, begann der Schrecken erneut. Anne litt an einer starken Erkältung und nahm ein Hustenmittel, um schlafen zu können. Als sie spät in der Nacht endlich eingeschlafen war, wurde ich plötzlich durch eine seltsame Bewegung neben mir im Bett aufgeweckt, eine Art ständiges Zittern.

Ich schaltete das Licht ein und sah, dass Anne einen epileptischen Anfall hatte. Er war völlig ohne Vorwarnung gekommen. Ich rief ihren Namen. Keine Reaktion. Sie war bewusstlos, mit verdrehten Augen. Ihr Mund bewegte sich, ihr ganzer Körper zitterte.

Ich rief sofort die 911 an, und der Rettungswagen kam nach wenigen Minuten. Der Anfall war inzwischen abgeklungen, aber Anne weiter bewusstlos. Ich sah zu, wie man sie auf den Transport ins Krankenhaus vorbereitete. Auf dem Weg in den Rettungswagen kam sie zu sich. Sie hatte keine Ahnung, wer sie war oder wer ich war. Ihr ganzes Leben war wie ausgelöscht.

Wieder fuhr ich einem Rettungswagen hinterher, in dem meine geliebte Frau lag. Wieder folgte quälendes Warten.

Anne wurde geröntgt. Ich befürchtete das Schlimmste. Ich rechnete damit, dass ein Gehirntumor diagnostiziert wurde. Nach der Untersuchung war sie wieder weitgehend bei normalem Bewusstsein. Ihre Erinnerungen waren zurückgekehrt.

Krank vor Angst wartete ich auf das Ergebnis der MRT-Untersuchung. Zu meinem Erstaunen lautete es, dass mit Annes

Gehirn alles in Ordnung war. Der Notarzt vermutete, dass es sich bei dem Krampfanfall um eine Reaktion auf das Erkältungsmedikament handelte.

Auch wenn Anne wieder völlig in Ordnung zu sein schien, als sei gar nichts gewesen, glaubte ich dem Untersuchungsergebnis nicht. Ich hätte mir den MRT-Scan am liebsten persönlich angeschaut, aber damals wusste ich nicht, wie man ihn vom Krankenhaus anfordern kann. Ich wusste nur zu gut, dass wegen der vielen CT-Scans während ihrer Krankheit bei Anne ein erhöhtes Krebsrisiko bestand. Aber es gab noch einen anderen Grund, warum ich mir Sorgen machte, dass nämlich möglicherweise eine Krebserkrankung oder eine andere ungewöhnliche Krankheit hinter Annes Anfall steckte.

Damals, Anfang der 1990er Jahre, wachte ich in unserem alten Blockhaus, in dem die Kontakte mit den Besuchern stattgefunden hatten, nachts plötzlich auf und sah, dass unten aus dem Wohnzimmer ein violettes Leuchten heraufdrang. Ich lief zur Treppe, um zu sehen, was das war, und sah unten im Zimmer eine violette Lichtkugel. Sie schwebte über dem Sofa. Sadie, die ältere unserer beiden Katzen, eine Burmesin, kroch darauf zu.

Ich dachte: »Das zu fotografieren wäre sensationell.« Ich rannte zu meinem Bett zurück, wo meine Kamera auf dem Nachttisch lag. Ehe ich zur Treppe zurücklaufen konnte, erfüllte plötzlich ein violetter Blitz das Haus. Dann war es wieder dunkel. Ich ging hinunter und fand beide Katzen zusammengerollt auf dem Boden liegen, schlafend. Sie ließen sich nicht aufwecken.

Am nächsten Morgen kroch Sadie jaulend durch die Diele. In ihren Augen hatten sich lilafarbene Tumore gebildet. Sie waren über Nacht erschienen. Wir brachten sie zum Tierarzt, der Krebs diagnostizierte. Es blieb uns keine andere Wahl, als unsere geliebte alte Katzendame einschläfern zu lassen.

Viele Jahre später las ich in einem freigegebenen Dokument des britischen Verteidigungsministeriums, dem sogenannten *Condign*

Report, von einer ionisierenden Strahlung, die im Zusammenhang mit »unbekannten Plasmen« auftritt und bei Menschen, die ihr ausgesetzt werden, Gesundheitsschäden verursacht.

Für mich ist es ziemlich eindeutig, dass das Plasma damals in unserem Wohnzimmer bei Sadie den plötzlich entstandenen Krebs ausgelöst haben muss. Hatte es auch Annes Gesundheit geschädigt? Sie hatte damals auf der anderen Seite des Hauses geschlafen, aber wissen kann man es nicht. Persönlich denke ich, dass sie bei den zahlreichen CTs nach ihrer Hirnblutung zu viel Strahlung ausgesetzt war. Aber wenigstens waren ihr danach noch zehn gute Jahre vergönnt. Sie erlebte die Hochzeit ihres Sohnes und die Geburt unserer beiden Enkelkinder mit.

Ich zweifelte stark an dem MRT-Resultat und wollte, dass sich ein Spezialist in der Universitätsklinik den Scan anschaute, bekam aber an dem Morgen keinen Termin. Also suchten wir einen Neurologen des St. John's Hospital auf. Ich sagte ihm, dass ich besorgt war, die Diagnose könne falsch sein, und bat ihn, sich den Scan persönlich anzuschauen. Er war einverstanden, aber die Uniklinik machte Schwierigkeiten. Sie waren nur bereit, den Arztbericht herauszugeben, nicht den Scan.

Als in einer Nacht im April bei Anne erneut Krampfanfälle auftraten, rief ich nicht den Rettungsdienst. Ich hatte mich über diese Art von Anfällen informiert und achtete darauf, dass Anne dabei ungehindert atmen konnte.

Ich lag neben ihr, meinen Arm um sie gelegt, und wusste, dass unser gemeinsamer Weg erneut eine sehr gefährliche Wendung genommen hatte. Am Morgen erzählte ich ihr von den nächtlichen Anfällen, aber noch nicht von der Möglichkeit, dass ein Gehirntumor dahintersteckte. Ich rief bei dem Neurologen an und bat ihn erneut, den Scan zu beschaffen und die Uniklinik zu warnen, dass bei der Patientin abermals Krampfanfälle aufgetreten seien und wir deshalb den Scan dringend benötigten.

Am nächsten Morgen erhielt ich einen wirklich schrecklichen Anruf. Es war der Neurologe.

Der Scan war ihm endlich zur Verfügung gestellt worden und er hatte darauf einen, wie er sagte, »bösartigen« Tumor identifiziert. Er riet uns, sofort in die Notaufnahme der Uniklinik zu fahren, denn nur dort sei man in der Lage, einen so großen und aggressiven Tumor zu behandeln.

Anne war auf der Fahrt ruhig und gefasst. Ich dagegen war entsetzt. Ich würde sie verlieren. Das fühlte ich. Meine kostbare Geliebte und teuerste Freundin, meine Muse, meine Lektorin, meine Lehrerin, mein geliebter, brillanter Engel, die Hüterin meines Herzens – welche Hoffnung gab es für mich, sie vor einem bösartigen Gehirntumor zu retten?

Die Operation sollte in wenigen Tagen erfolgen.

Diese Tage bis zu dem Termin waren so voller Wärme und Liebe, eine dunkle und doch seltsam wundervolle Zeit in unserem Leben. Ich kann nicht mit Worten ausdrücken, wie die Minuten sich anfühlten, jede so kostbar wie kleine Juwelen, die eines nach dem anderen für immer ins Nichts fielen.

Nachts lag ich wach und schaute sie an. Immer wieder küsste ich ihr schlafendes Gesicht. Ich selbst schlief kaum.

Sie dagegen war vollkommen friedvoll, und während allem, was folgte – die Operation, der anschließende Kampf –, blieb sie in diesem tiefen Frieden.

Sie starb in dem Wissen, zwei brillante Dinge vollbracht zu haben: einen Triumph des Geistes und einen Triumph des Herzens. Ihr wundervoller, beweglicher Verstand hatte die Natur unserer Kontakte mit den Besuchern und die Nahtoderfahrung zutiefst durchdrungen und begriffen, und ihr liebendes Herz hatte bewirkt, dass sich ihr Wunsch, eine Familie zu gründen, erfüllte.

»Ich denke, wir sind gut, Whitley. Wir sollten so viele Striebers in die Welt setzen, wie wir können.«

Sie hatte getan, was in ihrer Macht stand.

Anfangs sprach sie nicht darüber, aber sofort nach der Krebs-
diagnose war sie bereit weiterzureisen. Niemand von uns beiden
wollte, dass unsere Partnerschaft endete, aber sie akzeptierte ihr
Schicksal.

Ich nicht. Ich kämpfte dagegen an, versuchte es mit einer
Ernährungsumstellung, mit Cannabis und allen Arten von alter-
nativen Heilmethoden. Ich informierte mich über alle medizinischen Behandlungsmöglichkeiten. Doch keine der viel verspre-
chenden kam bei ihr in Frage.

Sie akzeptierte meine verzweifelte Hoffnung, dass sie überleben
würde, und ließ Bestrahlungen und eine Behandlung mit dem
Krebsmedikament Temodar über sich ergehen.

Sie unterzog sich einer Cannabis-Therapie mit einer täglichen
Dosis Cannabidiol (CBD).

Das alles bewirkte immerhin, dass der Tumor nicht weiter
wuchs. Doch dann, ungefähr ein Jahr nach dem Beginn unseres
Kampfes, begannen die Schlaganfälle, und wieder stand sie an der
Schwelle des Todes.

Annes Sterben war der furchtloseste und nobelste menschliche
Akt, den ich persönlich je erlebt habe.

Jeder Augenblick während ihrer letzten Lebenstage – aber überhaupt all ihrer Tage – ist meinem Herzen eingraviert, als Inspiration,
meinem eigenen Tod mit dem gleichen Frieden und der gleichen
Tapferkeit zu begegnen.

Als Anne starb, spürte ich, dass eine große Seele aufgestiegen
war. Man spürte es im Zimmer. Es lag in der Luft, ein schönes und
kostbares Ereignis – nicht nur eine Tragödie, sondern auch ein
Triumph der Natur.

Anne sagt: »Du musst unbedingt weitergeben, dass das, was für
euch wie der Tod aussieht, für uns eine Geburt ist. Im Moment,
als du mich verlorst, entdeckte ich eine neue Welt.«

Heute, zwei Jahre nach Annes Tod, schaue ich, während ich schreibe, auf ein Foto von ihr. Ich bin immer noch ihr Mann, und zwar nicht nur in meinen Erinnerungen und Träumen. Wir sind nicht das einzige Ehepaar, für das »bis dass der Tod euch scheidet« keine Bedeutung mehr hat. Ganz still und leise, verborgen vor der Verachtung und dem Unglauben jener Leute, die sich an die alte, sterbende Realität klammern, wird gegenwärtig eine neue Realität geboren, und in deren Mittelpunkt stehen reiche, erfüllte Beziehungen zwischen den Lebenden und jenen, die wir die Toten nennen.

Menschen wie Anne bauen diese neue Menschheit auf, schmieden ein neues Band zwischen Diesseits und Jenseits. Grundlage dafür ist ein klareres Verständnis, was Leben und Tod wirklich sind. Unsere Wissenschaftler und Intellektuellen, zum größten Teil ganz der alten, säkularen Ideologie verhaftet und der kulturellen Macht, die sie ihnen verleiht, verachten die Vorstellung, die Toten könnte in irgendeiner Form weiterexistieren.

Anne sagt: »Wir sind nicht tot. Das muss dann wohl jemand anderes sein.« Sie werden ihre Revolution auf jeden Fall voranbringen, ganz gleich, was wir laut den Priestern von Intellekt und Labor glauben sollen. Die »Toten« werden sich davon nicht stoppen lassen, denn sie wissen, dass sie uns die Wahrheit bringen. Wir brauchen diese Wahrheit, und zwar dringend. Auch das wissen sie.

Seit den ersten großen Entdeckungen im fünfzehnten und sechzehnten Jahrhundert hat die Wissenschaft sich auf das konzentriert, was sich physikalisch nachweisen und messen lässt, also alles von Mineralien bis zu Mikrowellen.

Sie bezeichnet das Bewusstsein als »schwieriges Problem«, hofft aber, nachweisen zu können, dass das Bewusstsein im Gehirn sitzt und daher mit dem Körper stirbt.

Jedes Mal wenn ich Anne frage, wo sie ist, antwortet sie: »Ich bin hier.« Hake ich nach, sagt sie: »Hier, wo du bist.«

Das »Hier« muss also mehr sein als das, was ich sehen, hören, schmecken und berühren kann. Aber was wäre das? Diese Welt ist voll von Radiowellen, die wir nicht wahrnehmen können, unsichtbaren Lichtfrequenzen, Tönen, die zu hoch oder niedrig sind, um von unseren Ohren erfasst zu werden, Gerüchen, für die unsere Nase nicht fein genug sind – in Wirklichkeit ist die Welt also voll von Energien, die unseren Sinnen entgehen.

Doch alle hier erwähnten Phänomene lassen sich mit wissenschaftlichen Instrumenten nachweisen und messen. Anne sagt jetzt in diesem Moment zu mir, dass sie hier ist. Aber ich kenne kein Messinstrument, mit dem sich ihre Anwesenheit feststellen ließe.

Mein Bewusstsein kann sie hören. Oft ist das, was sie zu mir sagt, so spontan und originell, dass ich unmöglich glauben kann, ich hätte mir diese Kommunikation nur eingebildet. Doch selbst jene, die mit dem Nicht-Physischen in Kontakt stehen, haben keine materiellen Beweise, nicht einmal uns selbst können wir es beweisen. Im Allgemeinen gibt es für uns Zeichen von der Art, wie ich sie in diesem Buch beschrieben habe. Diese sind manchmal ziemlich verblüffend, meistens eher kryptisch. Und da ist die innere Stimme des geliebten Menschen, bei der jedoch nie völlig klar ist, ob sie nicht doch von unserem eigenen Bewusstsein erzeugt wird.

Aber während ich diese Zeilen schreibe, geschieht etwas – oder es erreicht gerade seinen Höhepunkt.

Es ist erstaunlich und zutiefst befreiend. Meine Lebenssituation hat sich dadurch grundlegend verändert.

So unglaublich es klingen mag, Anne hat etwas vollbracht, was für mich auf der persönlichen Ebene der endgültige Beweis ist. Sie hat etwas getan, was den Kern unserer Beziehung betrifft und zugleich die tiefste Bedeutung von Tod, Sterben und Weiterleben erforscht. Ich werde diesem Geschehen das letzte Kapitel dieses Buches widmen. Für den Moment möchte ich Sie wissen lassen, dass sich von dem Moment, als es geschah, das ist erst ein paar Tage her, mein Standpunkt verändert hat. Ich fühle jetzt die Gewissheit, dass Anne immer noch existiert, und damit, das muss ich nun als gesichert annehmen, sind all die unzähligen Toten weiter real, jedoch auf eine Weise, die wir noch kaum verstanden haben.

Und doch: Meine angeborene Skepsis stellt hartnäckig weiter Fragen. Wenn die Toten so real sind, wie sie mir nun erscheinen, warum können sie uns dann nicht sagen, was der amerikanische Präsident gerade tut, auf welchen Planeten außerirdische Spezies leben, wann wir sterben?

Anne antwortet: »Du siehst die Welt nur durch einen schmalen Schlitz.«

Für einen Moment verblüffen mich ihre Worte. Aber dann denke ich: Ja, genau so ist es.

Aber warum tun wir das? Diese verengte Sicht ist doch ein großer Nachteil.

»Können wir mehr sehen?«

»Bei manchen medial begabten Menschen ist das schon der Fall. Aber alle Menschen sollten diese Fähigkeit entwickeln.«

»Weil unsere Welt sich verändert?«

»Genau. Das ist das Erste, was du erkennst, wenn du hierher kommst. Dann wird dir klar, dass ihr uns nicht hören könnt, wie laut wir auch rufen. Das liegt daran, dass wir weniger dicht sind und uns schneller bewegen. Wir können euch sehen und hören, aber ihr könnt uns nicht wahrnehmen.«

»Ich nehme dich doch wahr.«

»Aber wie gut? Gerade im Moment küsse ich dich, aber du kannst es nicht spüren.«

Wie sehr ich mir wünsche, es zu können!

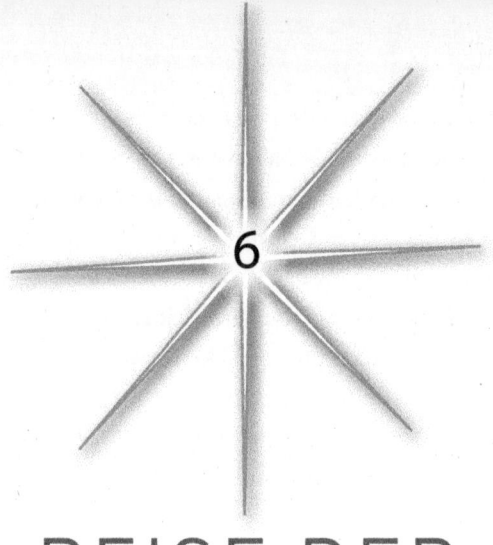

6

REISE DER SEELEN

Einige Leser unserer Webseite berichten von Kontakten mit Anne, und einer dieser Berichte wirft ein neues Licht auf die Frage, warum wir jene auf der anderen Seite nicht klarer und eindeutiger wahrnehmen können.

Dieser Leser schrieb uns, er hätte Anne sagen hören, sie kehre auf die Erde zurück, indem sie »vom Blau ins salbige Blau überwechsle«. Er verstand nicht, was sie damit meinte. Aber ich erkannte darin eine von Annes wertvollen Lektionen für uns. Es ist ein deutlicher Hinweis, warum wir mit nicht-physischen Wesen nicht kohärenter und zuverlässiger interagieren können.

Anne meinte damit, dass sie aus der höheren, hellblauen Schwingung in die dunklere, dichtere Schwingung unserer Welt reist, was erklärt, wie die freien Seelen uns kontaktieren, die wir in physischen Körpern eingeschlossen sind. *Salbig* (engl. »unguent«) meint hier die Konsistenz einer Salbe, also etwas Zäheres,

Dichteres, weil diese Welt dichter ist als die darüber liegende, in der die Toten sich sonst aufhalten. »Salbe« bezieht sich aber auch auf das religiöse Weiheritual der Salbung, durch die eine Person geheiligt wird. Es ist also nicht nur der Wechsel aus einer geringeren Dichte in eine dichtere Umgebung gemeint, sondern auch eine Berührung, durch die Heiligkeit übertragen wird – die heilende Berührung aus einer höheren Welt.

Wir werden von der objektiven Liebe geküsst – ein Kuss, den ich empfing, aber nicht spüren konnte.

Um das alles besser verstehen zu können, müssen wir uns mit dem »Warum« des physischen Lebens befassen. Warum ist diese Welt überhaupt so dicht? Wäre es denn nicht besser, wenn unsere Spezies gar keine physische Seite hätte? Für jemanden wie Anne muss es sein, als würde sie in einem Taucheranzug in die Tiefe schweben. Oder vielleicht ist es sogar noch schwieriger.

Wenn das physische Leben kein Gefängnis ist, gibt es nur eine logische Erklärung für diese Daseinsform: Wir brauchen es so, wie es ist. Aber warum ist das so? Ich möchte eigentlich gar nicht auf diese Weise durchs Leben stolpern. Ich möchte mein Schicksal kennen. Ich möchte wissen, wie ich Gefahren und Tragödien vermeiden kann. Oder nicht?

Wüsste ich, was die Toten wissen, hielte mein Leben nicht mehr die Überraschungen für mich bereit, die es heute bietet. Ein Mensch in einem solchen Zustand bräuchte keinen Mut und müsste nicht an das Gewissen anderer appellieren. Entdeckungen wären unmöglich, Offenbarungen irrelevant.

Der Reichtum an Überraschungen im Leben derer, die »durch einen Schlitz sehen«, erscheint mir kostbar. Alles, was ich über mich selbst gelernt habe, kam durch Entdeckungen, die möglich waren, weil ich nur so viel über die Zukunft, die Vergangenheit und die Welt wusste, wie nötig war, um in einem ständigen Zustand der Überraschung und des Entdeckens zu leben.

Unsere begrenzte Perspektive gibt unserem Leben seine Bedeutung und Eindringlichkeit. Sie veranlasst uns, spontan zu handeln und auf diesem Weg die Gründe für unser Verhalten zu erkennen und uns selbst zu verstehen.

Tatsächlich ist sie der Grund, warum wir in physischer Gestalt existieren. Andere Gründe als diesen gibt es nicht dafür, so zu leben wie wir – blind für die Zukunft. Es ist so, wie Anne sagt – wir »ignorieren absichtlich« die nicht-physische Seite unserer Spezies. Ja, ich vermute, dass es Teil unserer »Hardware« ist. Wir sind wie Scheuklappen tragende Pferde. Auch wir haben keine Möglichkeit, die Scheuklappen abzunehmen. Und wären wir dazu in der Lage, würden wir mit Informationen über unsere wahre Vergangenheit und geplante Zukunft überflutet, die unser Leben bedeutungslos machen würden.

»Kannst du mir Dinge über meine Zukunft verraten, die meine Fähigkeit, aus dem Leben zu lernen, ausschalten würden?«

»Anfangs tat ich das. Als ich die Welt auf diese neue Weise sah, gab ich all diese Eindrücke an dich weiter, überschüttete dich geradezu damit. Ich war so aufgeregt. Es war unglaublich, das alles zu sehen und zu erkennen.«

»Siehst du denn wirklich alles – Vergangenheit und Zukunft?«

»Wir sehen, was wir sehen können. Je mehr Wissen du bereits mitbringst, desto mehr kannst du hier auf dieser Seite sehen. Menschen, die leere physische Leben führten, haben zunächst nur minimale Wahrnehmungen – vage Erinnerungen an sich selbst.«

»Du hattest einen enormen Wissensschatz.« »Ja, das stimmt.«

»Dann verrate mir, was mich morgen erwartet.« Sie antwortet nicht.

»Ich höre?«

»Das habe ich doch schon getan. Sehr klar und detailliert.«

»Ich habe es nicht gehört.«

»Nein.«

»Hätte ich es denn hören können?«

»Daran müssen wir arbeiten – deine Perspektive erweitern und dein Sehvermögen schärfen.«

»Kannst du also die Zukunft vorhersagen? Bist du eine Führerin?«

»Wir können früher als ihr sehen, was in den Fokus kommt. Aber es kann nichts kommuniziert werden, was in euer Schicksal eingreifen würde. Das kann ich dir zwar sagen, aber du wirst mich nicht hören.«

»Gilt das auch für spirituelle Führer?«

»Sie können euch Weisheit übermitteln. Aber die Zukunft können sie euch nicht vorhersagen.«

»Du hast angedeutet, dass dein Wissen sich nach deinem Tod erweiterte.«

»Oh ja. Beträchtlich. Man verfügt hier über die Fähigkeit zur Kontemplation über das Leben, das man führte. Auf der physischen Ebene sammelt man Wissen über sich selbst. Im Nicht-Physischen streben wir danach, dieses Wissen zu verstehen.«

»Aber wenn es Reinkarnation gibt, müssen wir das doch früher schon getan haben.«

»Wir tun es viele Male. Leben sind kurz und Körper vorübergehende Stationen. Seelen dagegen sind gewaltige, komplexe Entitäten. Alle Seelen befinden sich auf einer Reise in die Ekstase, die sie niemals aufgeben würden. Etwas so Großes und Nuancenreiches wie eine Seele kann seine Arbeit nicht in einem einzigen Leben vollenden. Die meisten von uns verbringen die Zeit zwischen den Leben damit, unser Handeln im vorigen Leben zu kontemplieren und unsere nächste Reise zu planen. Allerdings gilt das nicht für alle. Manche kehren sofort zurück, zum Beispiel jene, die im Krieg sterben.«

Ich erinnere mich an den Fall des James Leininger, der sich als kleiner Junge an Details aus einem Leben erinnerte, das endete, als er als Kampfpilot im Zweiten Weltkrieg abgeschossen wurde.

....

Unglaublicherweise erwiesen sich alle Informationen, die er seinen Eltern gab, als richtig, wobei viele Geschehnisse, Schiffe und Menschen involviert waren, die keinen Eingang in die Geschichtsbücher gefunden hatten, sich aber dennoch verifizieren ließen. James machte die außergewöhnliche Erfahrung, Menschen zu begegnen, die er aus seinem vorherigen Leben kannte. Der Fall wird ausführlich in dem Buch *Soul Survivor: Ein Junge erinnert sich an ein Leben vor seiner Geburt* geschildert.

James stieg nach seinem Tod nicht in einen höheren Zustand auf oder trat ins allumfassende Licht der objektiven Liebe ein. Stattdessen ist er offenbar schon nach kurzer Zeit in diese Welt zurückgekehrt, bestrebt, die Aufgabe zu vollenden, die er sich vor seinem verfrühten Tod gestellt hatte.

In der Literatur über Nahtoderfahrungen liest man von dem Licht, das die Seele in Liebe und allumfassenden Frieden absorbiert, aber es muss noch viele andere Zustände geben. Anne ist weiterhin eine intakte, kohärente Person.

Tatsächlich ist die Vorbereitung auf den Zustand der Kohärenz, in dem Anne sich befindet, eine ganz eigene spirituelle Disziplin, die ich an jedem Tag meines Lebens praktiziere.

Ich glaube, dass Anne bereits in einem Zustand der Seelenkohärenz auf die Welt kam. Manche steigen nach dem Tod auf wie Anne, andere treten ein ins Licht, wieder andere bleiben in der Nähe der physischen Ebene und werden wiedergeboren. Vielleicht reisen manche Verstorbene sogar in völlig andere Welten oder werden in einer anderen Spezies wiedergeboren. Und manche steigen offenbar in noch dichtere Wirklichkeiten als unsere hinab.

Ich frage Anne: »Wie können wir hier auf der physischen Seite Fortschritte machen? Wie kann ich anderen Menschen zu neuen Einsichten bezüglich ihrer Lebensziele verhelfen? Was muss ich wissen, um meine Lebenserfahrung nützlicher für meine Seele gestalten zu können?«

»Lass uns das heimlich tun. Ich werde keinen Dialog mit dir führen. Vielmehr versorge ich dich mit Ideen. Sie werden dir wie spontane Eingebungen erscheinen. Aber sie kommen von mir.«

»Ist das üblich?«

»Ja, und normalerweise ist es nichts Gutes. Man nennt es Besessenheit.«

»Ich finde es eine wunderbare Vorstellung, von dir besessen zu sein!«

»Du bist es bereits.«

Ich bringe meine Gedanken zum Schweigen. Ich lausche.

Jetzt kommen mir unsere Erfahrungen mit Channeling in den Sinn, vor allem mit einem Medium, der Australierin Glennys MacKay. Ihr Channeling für uns erwies sich als so zutreffend, dass es sich eindeutig um ein reales Phänomen handeln muss.

Als wir ihr begegneten und hörten, was sie über ihre Fähigkeiten erzählte, beschloss Anne, sie auf die Probe zu stellen. Sie bat uns, ihr eine Haarlocke von Anne zu schicken, die sie dann »lesen« würde.

Ungefähr eine Woche später hatten wir einen Termin bei unserem Friseur, und Anne kam auf die Idee, ihr stattdessen eine Locke des Friseurs zu schicken. Er war bereit, bei dem Experiment mitzumachen, und schnitt sich eine Locke ab.

Es gab für Glennys absolut keine Möglichkeit, etwas über diesen Mann zu erraten. Sie war ihm nie begegnet und hatte nie von ihm gehört. Und sie hatte keine Ahnung, dass die Haarlocke, die Anne ihr schickte, von ihm stammte.

Glennys berichtete, sie hätte eine Frau »Howie, Howie« rufen hören. Da unser Friseur mit Vornamen Jay hieß, dachten wir, Glennys hätte versagt.

Doch als Anne Jay davon erzählte, war er völlig verblüfft. Er sagte: »Anne, mein richtige Vorname ist Howard. Meine verstorbene Schwester nannte mich immer Howie.«

Wir waren sprachlos. Später sagte Anne: »Die Toten rufen und rufen, aber wir hören sie nicht.« Welche Ironie, dass sie selbst nun auch ruft, in unserem Fall nach mir. Aber es gibt einen Unterschied. Ich höre zu. Ich gebe mir alle Mühe, sie zu hören.

Hier war eine mediale Begabung eindeutig unter Beweis gestellt worden. Glennys hatte keine Möglichkeit gehabt, Anne irgendwelche Informationen zu entlocken. Sie kannte Jay nicht, und wir hatten überhaupt nicht gewusst, dass er eigentlich Howard hieß. So, wie bei Dr. Schwartzens Medium und dem Treffer mit der griechischen Fischermütze gab es keine andere mögliche Informationsquelle als den Kontakt zwischen dem Medium und der verstorbenen Person.

Das heißt nicht, dass wir verstehen, was die Toten sind. Davon sind wir noch weit entfernt. Aber eines wissen wir: Auf irgendeine Art sind sie da. Sie müssen da sein.

Im Jahr danach unternahm Glennys mit ihrem Mann eine Transpazifik-Kreuzfahrt, bei der sie die USA besuchten. Während wir mit ihnen zu einem Restaurant fuhren, fragte ich Glennys: »Kannst du die Toten ständig sehen?«

»Nicht ständig, aber jetzt gerade ist ein Verstorbener hier. Bei dir.«

Ich dachte: »Ah, eine weitere Gelegenheit, Glennys auf die Probe zu stellen.« Ich sagte: »Wer ist es denn?«

»Er trägt einen Smoking und spielt Klavier. Nein, jetzt hält er eine Geige hoch.« Sie schwieg einen Moment, dann fügte sie hinzu: »Er sagt, ich soll dir sagen, dass er Milton heißt.«

Im ersten Moment konnte ich mit dem Namen nichts anfangen. Als es mir dann einfiel, hätte ich fast einen Autounfall verursacht. Ich hatte mindestens dreißig Jahre nicht mehr an Milton

A. Ryan gedacht. Er war der ältere Bruder meines Schulfreundes Mike Ryan gewesen, dessen Geschichte in *Report on Communion* (Bericht über *Communion* – Die Besucher) geschildert wird, dem Buch, das Ed Conroy über mich schrieb. Milton hatte keine große Rolle in meinem Leben gespielt, aber wenn er auf seinem Zimmer Beethovens Violinkonzert übte, trug der Wind seine Geigenklänge durch unsere Nachbarschaft. Meine lebenslange Liebe zur klassischen Musik verdanke ich ihm.

Ich hatte seit seinem Tod Anfang der 1970er Jahre nicht mehr an Mitty gedacht. Aber hier war er jetzt, bei uns im Auto, und sie hatte ihn nicht nur beschrieben, sondern auch präzise den richtigen Namen genannt.

Das ist wirklich passiert. Beide Erlebnisse sind passiert. Ich glaube, dass wir auf einer gewissen Ebene alle so zusammengeführt wurden, dass selbst für resolute Skeptiker wie Anne und mich unmissverständlich klar wurde, dass Channeling existiert und die Toten weiterhin präsent und bewusst sind.

Ich bin froh, dass das geschah, denn wenn ich heute Anne channele, empfinde ich dabei eine Zuversicht, die ich sonst beim besten Willen nicht gehabt hätte.

Wenn man berücksichtigt, dass wir in der westlichen Welt seit über zweihundert Jahren Kontakte zur Welt der Toten erforschen, finde ich es erstaunlich, dass so viele von uns, mich eingeschlossen, eine solche Skepsis gegenüber gechannelten Informationen hegen! Es ist, als wagten wir es nicht, diese Realität zu akzeptieren, und sei es nur, weil wir uns so sehr wünschen, es möge wahr sein, und so sehr fürchten, dass es das nicht ist.

Channeling wurde wahrscheinlich zuerst in den schottischen Highlands praktiziert, wo »das zweite Gesicht« ein populärer Volksglaube war. Menschen, die über das zweite Gesicht verfügten, waren, so glaubte man, in der Lage, Gedanken zu lesen.

Als Erstes erlangte ein elfjähriges Mädchen namens Janet Douglas Berühmtheit. In den 1670er Jahren demonstrierte sie ihre Fähigkeiten, indem sie den Verbleib von Gegenständen aufklärte, die von angeblichen Hexen versteckt worden waren, und die Besitzer der Gegenstände von Flüchen befreite. Janet erregte großes Aufsehen und wurde schließlich selbst beschuldigt, eine Hexe zu sein. Kurze Zeit später verschwand sie spurlos.

Offenbar hatte sie Schottland verlassen und sich – klugerweise – in die Karibik abgesetzt. Zur damaligen Zeit wurde Hexerei mit Tod auf dem Scheiterhaufen bestraft.

Das zweite Gesicht ist in Schottland bis heute eine verbreitete Erfahrung. Über zehn Prozent der Bevölkerung berichten davon, wobei es zumeist um Visionen zukünftiger Todesfälle geht, überwiegend von Angehörigen und Freunden, seltener von fremden Personen. Hierbei handelt es sich zwar nicht um Kontakte zu Verstorbenen, aber es besteht eine Beziehung zum Spiritismus, der sich im neunzehnten Jahrhundert entwickelte. Doch ein Ereignis im späten achtzehnten Jahrhundert – oder besser gesagt, eine bemerkenswerte Persönlichkeit, die damals in Erscheinung trat – steht für den Beginn des modernen Konzepts einer Kommunikation mit den Toten.

Der schwedische Prophet und Seher Emmanuel Swedenborg verfasste den ersten modernen Text, in dem von Kontakten mit den Toten und Reisen in ihre Realität berichtet wird. Er veröffentlichte dieses Werk mit dem Titel *Himmel und Hölle* im Jahr 1758. Swedenborg erlebte 1744 ein spirituelles Erwachen und strebte seitdem eine Reform des Christentums an. Er wollte daraus eine spiritistische Bewegung machen, in deren Mittelpunkt der Kontakt zwischen den Lebenden und den Toten stand.

In der Mitte des neunzehnten Jahrhunderts wurde Channeling zu einem Phänomen, das öffentliche Aufmerksamkeit erregte.

Damals fand die Idee, mit den Toten zu kommunizieren, immer mehr Anhänger. Die drei Schwestern Margaret, Kate und Leah Fox in Upstate New York behaupteten, Verstorbene zu Klopfzeichen aus dem Jenseits anregen zu können. Diese sogenannten »Klopfgeister« wurden zuerst in der frühen schottischen Literatur erwähnt. Da die Fox-Schwestern bereits in der Kindheit ihre Kommunikation mit »Klopfgeistern« begonnen hatten, ist es unwahrscheinlich, dass sie zuvor Berichte über solche Phänomene gelesen hatten. Natürlich ist es nicht auszuschließen, dass die Erwachsenen in ihrem Elternhaus darüber sprachen.

Die Geschichte von den Schwestern und ihren Klopfgeistern machte schnell die Runde, und nach wenigen Jahren waren sie nicht nur berühmt, sondern verdienten damit auch einen guten Lebensunterhalt.

Im neunzehnten Jahrhundert, als die Lebenserwartung viel geringer und der Tod in jedem Haus ein ständiger Besucher war, breitete sich die Bewegung rasch aus und wurde extrem populär. Also ließ sich damit schon bald viel Geld verdienen, und es gab eine Menge Betrugsfälle. 1888 gab eine der drei Schwestern, Margaret Fox, zu, dass sie als Kinder die Klopfgeräusche selbst erzeugt hatten, um ihre Mutter damit zu narren. Sie hatten einen Apfel an einer Schnur befestigt und ihn nachts auf den Zimmerboden fallen lassen. Zuerst behaupteten sie, mit einem Geist namens Old Splitfoot in Kontakt zu stehen. Später erzählten sie, es wäre ein Hausierer namens Charles Rosna, der ermordet worden und dessen Skelett im Keller ihres Elternhauses vergraben worden sei.

Von da an galten die Fox-Schwestern als Betrügerinnen. Doch 1904 wurde tatsächlich unter dem Kellerboden des Hauses ein Skelett gefunden, so wie sie es vorhergesagt hatten.

Da das Skelett sehr alt war, sah man es als ausgeschlossen an, dass es erst zu Lebzeiten der Schwestern dort begraben wurde.

Hatten sie die Geschichte von dem ermordeten Hausierer von Erwachsenen aufgeschnappt, oder spukte dort tatsächlich der Geist des Charles Rosna herum, der wegen dem, was ihm angetan worden war, keine Ruhe fand?

Kontakte mit Geistern sind sehr komplex, und es kann dabei durchaus vermeintlich zu Betrug kommen oder ein solcher sogar eingestanden werden. Aber ich höre selbst bei mir zu Hause häufig Klopfgeräusche. Das geht schon seit Jahren so, und oft reagiert das Klopfen auf einfache Fragen, die ich stelle. Ich rufe diese Klopfzeichen nicht aktiv herbei, aber sie sind da. In dem Blockhaus, das Anne und ich in Upstate New York besaßen, trat dieses Phänomen zwei Jahre lang jede Nacht auf. Es handelte sich um ein siebenmaliges lautes Klopfen über der Decke meines Meditationszimmers. Parallel kam es zu häufigen Kontakten mit einer Anzahl von Personen, die behaupteten, aus dem Jenseits zu kommunizieren und sich in einer Zone zwischen den Leben zu befinden. Wie ich in meinem Buch *Solving the Communion Enigma* (Das *Communion*-Rätsel lösen) dargelegt habe, handelte es sich meinerseits weder um Betrug noch um Sinnestäuschung.

Damals hörte ich, wie sieben Wesen mit lautem Poltern auf dem Dach des Zimmers landeten, in dem ich meditierte. Für einen Moment fragte ich mich, ob vielleicht Opossums oder Waschbären hinter dem Poltern steckten, aber es gab keinen weiteren Laut.

Dann spürte ich die Anwesenheit dieser Wesen im Zimmer. Zwar sah ich sie nicht, aber das Zimmer schien nun voller Leute zu sein, und das machte es mir unmöglich, weiter zu meditieren. Ich forderte sie auf, sich mir zu zeigen, doch sie reagierten nicht. Also sagte ich, ich könne nur meditieren, wenn sie sichtbar seien, und verließ das Zimmer.

Nachts wachte ich auf und erblickte einen Mann, der auf dem Fußende unseres Betts saß. Ich erschrak, sah dann aber, dass es sich nicht um eine alltägliche Person handelte. Erstens war er ziemlich klein. Zweitens trug er eine Tunika, keine normale Kleidung. Ich näherte mich ihm. Er war in sich zusammengesunken und reglos wie eine Stoffpuppe.

Aus etwa einem Meter Abstand schaute ich ihn an, sah in seine dunkel umschatteten Augen.

Dann nahm ich seine Hand. Sie war leicht wie die eines Kindes, etwas kühler als meine, aber nicht kalt.

Ich hielt seine Hand und nahm den Geruch seiner Haut wahr. Er machte auf mich einen völlig menschlichen Eindruck.

Als ich seine Hand losließ, durchlief ihn ein Schauder, als hätte ihn etwas erschreckt. Dann verschwand er vor meinen Augen.

Am nächsten Abend kamen sie wieder.

Wir meditierten um 23 Uhr, und später weckten sie mich um 3 Uhr und um 6 Uhr. Jedes Mal ging ich nach unten in das Meditationszimmer, setzte mich hin und gelangte in einen tiefen meditativen Zustand. Ihre Anwesenheit bewirkte, dass ich das Wahrnehmungstraining wesentlich intensiver erlebte. Ich machte, so wie es auch heute regelmäßig der Fall ist, die Erfahrung, dass meine Sinneswahrnehmung sich über die Grenzen meines physischen Körpers ausdehnte bis hinein in meine Seele.

Monatelang meditierte ich gemeinsam mit ihnen, Nacht für Nacht. Das war eine der machtvollsten und wunderbarsten Erfahrungen meines Lebens. Während dieser Zeit beobachteten mehrere Zeugen in dem Wald bei unserem Blockhaus sieben leuchtende Plasmen.

Für mich fühlte es sich an, als würden wir unser kleines Blockhaus und das umgebende Land bis zum Rand einer anderen Wirklichkeit erheben. Wir lebten damals wahrhaftig am Rand des Himmels. Doch gleichzeitig litten wir in jenem Jahr unter finanziellen Schwierigkeiten und mussten uns entscheiden: entweder weiter unsere Hypothek abzahlen und hungern oder unser geliebtes Blockhaus aufgeben.

Letztlich blieb uns keine Wahl. Aber weiterhin kamen sie täglich, bis zur letzten Nacht, die wir im Blockhaus verbrachten. Ich sagte ihnen, dass ich diesen Ort für immer verlassen würde und noch nie Gelegenheit gehabt hätte, meine nächtlichen Besucher in ihrer wahren Gestalt zu sehen. Ich wusste, dass da mehr sein musste als die leuchtenden Plasmen im Wald und der physische Körper auf unserem Bett.

An diesem letzten Abend bat ich darum, die Wahrheit sehen zu dürfen. Ich wartete. Nichts geschah. Also stand ich auf, sagte Lebewohl und verließ diesen kostbaren Raum für immer.

Als ich später im Bett lag, sah ich in unserem Vorgarten ein Licht. Ich eilte ans Fenster. Langsam, majestätisch, schwebte ein kleiner Stern aus dem Fenster des Meditationszimmers in den Garten. Die Lichtstrahlen des Sterns waren Teil seines Lebens, und als sie mit einem sanften Prickeln meine Haut berührten, spürte ich die Essenz eines menschlichen Wesens. In den Lichtstrahlen sah ich goldene Gestalten und wusste, dass es sich dabei um Embleme früherer Leben dieses Menschen handelte, die in solcher Vollkommenheit gelebt worden waren, dass die Erinnerung an sie Teil der Ewigkeit geworden war.

Dieser Mensch war das, zu dem wir alle werden können. Dazu braucht es nichts als die Bereitschaft, in Liebe zu leben, Mitgefühl zu praktizieren und demütig gegenüber allen zu sein, die uns begegnen. Die Bürde aus Wut, Begierde, Reue und all das wird von uns abfallen. Wir werden die Leichtigkeit des Seins erfahren und in die Ekstase aufsteigen.

Wir haben hier also folgende Phänomene: nächtliches Klopfen, das scheinbar physische Erscheinen eines Menschen, sieben leuchtende Orbs und einen Stern. Ich habe mir das alles nicht eingebildet. Anne kam eines Abends ins Zimmer, hörte das Klopfen und fand es unangenehm, in Gegenwart von Leuten zu meditieren, die sie nicht sehen konnte.

In unserem gemeinsam verfassten Buch *Super Natural* (Übernatürlich) schreibt Jeff Kripal dazu: »Ich beschäftige mich jetzt seit drei Jahrzehnten mit Religionswissenschaft. Dabei stoße ich selten auf neue Ideen. Aber diese Beobachtung ist schockierend neu: die Seele als eine plasma-ähnliche Energie, die unsere imaginären Fähigkeiten enorm verstärkt und so die Bilder einer visionären Erfahrung erzeugt.«

Wie ich betrachtet auch Jeff diese Erfahrung als etwas, das sich in mir entfaltet. Aber gleichzeitig bin ich mir sicher, dass sich das Geschehen vollständig außerhalb meines Körpers abspielte, in der objektiven, realen Welt. Diese Wesen waren in der Lage, unterschiedliche Formen anzunehmen – ja, sowohl ihre Gestalt wie auch ihre Dichte selbst zu steuern und zu verändern. Als eines von ihnen physische Gestalt annahm, konnte ich es aus nächster Nähe betrachten. Ich nahm seine Hand, die sich vollkommen real und fest anfühlte. Aber gleichzeitig haftete der Erscheinung etwas auf subtile Art Fremdes an. Er war ein materielles Wesen, aber es handelte sich um ein leichteres physisches Material. Ich denke nicht, dass dieses Wesen Organe oder einen Blutkreislauf hatte.

Anne drückte es einmal so aus: »Ich bin ein Traum, aber zugleich bin ich auch ich.«

So, wie neue Forschungen nahelegen, dass in Schottland das zweite Gesicht genetisch vererbt wird, habe offenbar auch ich meine Neigung zu spirituellen Kontakten geerbt, in meinem Fall wohl vom Familienzweig meiner Mutter. Eine meiner Urgroßmütter mütterlicherseits konnte Tischklopfen erzeugen und sogar bewirken, dass schwere Tische hüpften und knackten. Ich habe einige ihrer Séancen miterlebt, und es war eindeutig kein Betrug im Spiel. Als skeptischer Teenager versuchte ich, sie zu entlarven. Während in der Tischplatte das Klopfen ertönte, schaute ich unter den Tisch, beobachtete ihre Füße und Beine. Doch sie rührte sich nicht.

Ich bin also nicht bereit, mediumistisches Klopfen einfach als Betrug abzutun. Es ist nicht eindeutig geklärt, ob wirklich die Toten für das Klopfen verantwortlich sind, aber es handelt sich keineswegs in allen Fällen um Schwindel. Auch das, was in unserem Blockhaus geschah, war kein Betrug. Ich bin der Auffassung, dass es die intimste Kontakterfahrung mit den Toten war, die jemals dokumentiert wurde.

Anders als das angebliche Ektoplasma, das aus den Mündern der Medien des neunzehnten Jahrhunderts quoll und bei dem es sich meistens um hervorgewürgte Käsetücher oder ähnliche Tricks handelte, war das plasmische Wesen, das am Fußende meines Bettes saß, vollkommen real. Er war keine mentale Konstruktion, sondern eine mit einer Tunika bekleidete menschliche Gestalt von etwa 1,20 Meter Größe, die zusammengesunken am Fußteil des Bettes lehnte. Als ich an seiner Hand roch, nahm ich deutlich den etwas strengen Geruch eines realen Mannes war, der sich längere Zeit nicht gewaschen hatte.

Ich schaute ihn mir genau an. Es handelte sich eindeutig um einen materiellen Körper. Doch als ich seine Hand losließ, löste er sich blitzschnell in Luft auf. Ich nehme an, das geschah, weil es seine ganze Aufmerksamkeit beanspruchte, sich seines Körpers als physische Manifestation zu erinnern.

Als ich die Hand plötzlich losließ, war er nicht in der Lage, so schnell die fallende Bewegung zu simulieren – er verlor sozusagen das Gleichgewicht und fiel wieder hinauf in seine normale – höhere – Schwingungsfrequenz.

Ich weiß, dass diese Erlebnisse extrem ungewöhnlich sind, aber ich beschreibe sie so genau wie möglich. Sie haben wirklich stattgefunden. Und für mich bedeuten sie, dass die Toten weiterhin bei uns sind und sich unter gewissen Umständen sogar physisch manifestieren können, wobei sie dafür aber vermutlich über besondere Fähigkeiten verfügen müssen.

Meine Urgroßmutter, die das Tischerücken beherrschte, war Swedenborgianerin. Sie sagte oft zu mir: »Wenn ich gestorben bin, lausche auf den Wind in den Bäumen. Durch ihn werde ich zu dir sprechen.« Sie war eine hoch angesehene Lehrerin an einer Schule in San Antonio und stand in dem Ruf, ihren Schülern die Prinzipien der empirischen Wissenschaft zu vermitteln. Doch in ihrem Privatleben widmete sie sich mit viel Elan und, so wie ich es erlebte, Können ganz anderen Interessen.

Sie wurde 106 Jahre alt, und nachdem sie gestorben war, lauschte ich erwartungsvoll, wenn der Wind nachts in den Bäumen rauschte, aber das von ihr angekündigte Flüstern vernahm ich nie. Oder vielleicht war ich noch nicht offen genug dafür.

Bei all unseren früheren Bemühungen in allen Zeiten und Kulturen, mit unseren Verstorbenen in Kontakt zu treten, fehlte ein Element, das wahrscheinlich für einen echten Erfolg notwendig ist. Man braucht keine speziellen Techniken, um mit den Toten zu kommunizieren. Das unverzichtbare Element sind nicht bestimmte besondere Fertigkeiten. Es ist die Liebe – genauer gesagt, die kreative Kraft objektiver Liebe. Diese Liebe ist ein Prinzip, das wohl einer höheren Physik als jener der materiellen Welt entstammt. Genau wie die Schwerkraft, von der die materielle Welt zusammengehalten wird, ist sie ein fundamentaler Attraktor. Wenn wir Kontakt zu unseren Toten aufnehmen wollen, müssen wir lernen, in diesem Zustand objektiver Liebe zu leben – was bedeutet, das Sein des Universums, der Welt und allen Lebens zu bejahen. Man muss den Toten nicht opfern oder sie anbeten, sondern sich einfach an ihrer Lebendigkeit und Gegenwart erfreuen, ganz so als befänden sie sich noch im physischen Zustand.

Mein Kontakt mit den Toten begann 1976 bei der Beerdigung meiner Großmutter. Obwohl sie die Tochter einer Swedenborgianerin war, hatte sie in meinem Beisein nie ein Wort über Spiritismus verloren. Aber wie viele Mitglieder unserer Familie hatte sie Geister gesehen und an den Séancen meiner Urgroßmutter teilgenommen, mit denen diese drei Generationen meiner Familie spannende Unterhaltung geschenkt hatte.

Es war eine große Beerdigung. Im Gang der vollbesetzten Kirche stand ihr Sarg. Ich saß in einer Bank gleich hinter ihm. Zu meiner Überraschung sah ich sechs große, sanft leuchtende Kugeln würdevoll durch die Kirchendecke hereinschweben und sich um den Sarg herum arrangieren.

Sie erschienen mir vollkommen real, aber ich war mir bewusst, dass niemand sonst auf sie reagierte. Ich dachte: »Das sind Seelen.« Dann wurde mir klar: Diese Seelen waren gekommen, weil meine Großmutter noch nicht begriffen hatte, dass sie gestorben war. Sie war fest entschlossen gewesen, so lange zu leben wie ihre Mutter und hielt sich noch in ihrem Körper im Sarg auf. Die Seelen versuchten, sie dazu zu bewegen, dort herauszukommen.

Ich hätte gerne geholfen, wusste aber nicht wie. Nach einer Weile flogen die sechs Seelen aufwärts und verschwanden. Sie schwebten nicht herum. Es war ein faszinierender Anblick, mit welcher Präzision und Vollkommenheit sie sich bewegten.

Das war der Anfang eines bei mir lebenslang anhaltenden Kontaktes mit den Toten. In diesem besonderen Fall dauerte er Jahre. Erst Ende der 1980er befreite sich meine Großmutter endgültig von den Fesseln dieses Lebens.

Unmittelbar nach ihrem Tod sah ich sie vor meinem inneren Auge. Sie saß in einem Zimmer und erzählte einer Schar geduldiger Zuhörer von all den wundervollen Häusern, die sie gestaltet hatte. Sie besaß einen ausgezeichneten Geschmack und hatte tatsächlich einige Häuser innen sehr hübsch eingerichtet und dekoriert. Aber ich spürte, dass sie ihren Tod überhaupt noch nicht realisiert hatte.

Ein paar Jahre später sah ich sie wieder. Diesmal stand sie vor einem schönen, kunstvoll gestalteten Anwesen. Ich rief nach ihr, aber sie drehte sich nicht um. Es vergingen mindestens zehn Jahre, ehe ich sie ein drittes Mal sah. Nun war nur noch die Vorderwand des Hauses übrig, der Teil, den sie damals angestarrt hatte, eine rote Ziegelwand, an der Rosen hinaufkletterten. Wieder rief ich nach ihr. Diesmal drehte sie sich um. Sie betrachtete mich interessiert. Während sie mich ansah, änderten ihre Augen die Farbe. Sie wurden golden. Dann glitt meine Großmutter rasch in die Höhe und verschwand oder ließ jedenfalls ihre Erinnerungen und Träume zurück, war endlich frei.

Ich denke nicht, dass ich sie noch einmal sehen werde. Sie war nicht wie Anne, die eine Mission hier in dieser Welt hat. Vielleicht wird sie ins Physische zurückkehren. Vielleicht ist sie schon zurückgekehrt. Doch gibt es im Land des Bewusstseins viele Pfade. Ich weiß nur, dass dort, wo sie ist, Liebe sein wird, denn überall, wo Sein stattfindet, ist Liebe – bei den Gefundenen, den Verlorenen, den Wanderern und den Suchern, überall. Diese größere Liebe – die objektive Liebe – existiert einfach. Sie betrachtet die Wirklichkeit von außen, und doch ist jeder Winkel der Wirklichkeit von ihr durchdrungen und erfüllt. Sie lässt zu, ohne deswegen alles zu akzeptieren, und das ist der Grund, warum sie sich so grundlegend von jener Idee unterscheidet, die als »bedingungslose Liebe« bekannt ist und, als eine sentimentale Form der Liebe, alles zulässt *und* akzeptiert.

Und Sie können diese Liebe spüren. Wir alle können es. Wenn ich das Wahrnehmungstraining praktiziere, lasse ich mich auch dieses Drängende spüren, dieses Verlangen, das die objektive Liebe ist. Meine subjektiven Gefühle von Freude, Liebe, Wut, Hass, Mitleid – all das – werden nicht ignoriert, sondern als Bestandteile der objektiven Liebe gesehen, wie alles, nach dem wir ein Verlangen verspüren.

Ich empfinde mich demütig als Teil eines größeren Ganzen und lasse mich von Ehrfurcht und Freude in den köstlichen, expansiven Zustand höherer Bewusstheit emportragen.

Wir können also unsere eigene Liebe als demütigen Teil des Ganzen mit der objektiven Liebe vereinen. Wenn Sie das tun, sind Sie, obwohl noch immer ein kleiner Mensch, der mit seinen Problemen hier auf Erden ringt, zugleich alle Liebe überall, jenseits von Zeit und Schmerz.

Wenn Sie ein Leben in Kommunikation mit der nicht-physischen Ebene der Menschheit führen, gehören Begegnungen mit Seelen, die irgendwie feststecken und in ihrer Entwicklung blockiert sind, zum Alltag. Je mehr unsere Fähigkeit wächst, kontinuierliche Beziehungen zu unseren Toten aufzubauen, desto mehr begegnen sie uns auf Schritt und Tritt.

Als ich im Sommer 2017 in einem alten Haus in Italien meditierte, beobachtete ich, wie eine Frau in schwarzem Rock und weiter Bluse langsam im Zimmer umherging und auf Möbeln Staub wischte, die gar nicht mehr dort standen.

Ich sah ihr eine Weile dabei zu und versuchte, sie auf mich aufmerksam zu machen, aber sie wischte und wischte.

Schließlich verließ sie das Zimmer, vermutlich um woanders in dem Haus weiter Staub zu wischen. Wie lange sie das schon tut, weiß ich nicht, aber offensichtlich sieht sie noch immer jene Welt, in der sie einst lebte.

Sie ist also offenbar das, was man einen Geist nennt, aber für mich sind solche Erscheinungen Verstorbene, die einfach noch nicht erkannt haben, dass sie vom Weg abgekommen sind.

Um ihnen zu helfen, müssen wir unseren eigenen Körper verlassen oder seine Schwingung anheben, damit wir sie berühren und ihnen den Weg zeigen können. Versuchen Sie es, Sie werden sehen, dass Sie dazu in der Lage sind. Wir alle wissen, wie das geht, weil wir über instinktives Wissen auf der Seelenebene verfügen.

Jene, die auf der physischen Ebene gefangen sind, irren herum. Sie haben keine Ahnung, wohin sie gehen oder was sie tun sollen. Die Schweren unter ihnen fallen wie vergessene Tränen. Manche steigen auf wie Anne und wenden sich aus dieser neuen Perspektive wieder der physischen Welt zu, um uns bei der Pflege dieses Gartens zu helfen.

Andere steigen weiter und weiter auf und streben jenseits der Sterne danach, die Grenzen des Bewusstseins zu erweitern, die Grenzen der Ekstase. Danach hungere auch ich. Ich fühle es in mir. Ich spüre, was dieser Aufstieg ist: ein neues Lied, das ich – und wir alle – seit jeher kennen.

»DIE LEBENDEN
WERDEN DIE
TOTEN KENNEN«

Durch die sich vollziehenden Veränderungen auf dem Planeten Erde wird unsere fragile technische Zivilisation noch verwundbarer, und damit auch unsere enorm gewachsene Bevölkerung. Damit meine ich keine kurzfristigen Veränderungen wie die globale Klimaerwärmung, sondern viel größere Zyklen, auf die wir Menschen keinen Einfluss haben.

Entweder kommt eine neue Eiszeit auf uns zu oder eine lange eisfreie Warmzeit. Beides gab es in der Erdgeschichte immer wieder, und es ist noch unklar, was jetzt als Nächstes eintreten wird. Klar ist aber: Das Klima wandelt sich.

Wie sollen wir uns darauf vorbereiten?

Potenziell kommen zahlreiche technologische und wissenschaftliche Problemlösungen infrage, aber davon soll hier nicht die Rede sein. Wir haben bereits auf Hilfsmittel hingewiesen – Werkzeuge der Seele. Diese Methoden ermöglichen uns jene Vorbereitung, um die es in diesem Buch geht. Es sind innere Werkzeuge, über die wir jetzt schon verfügen.

Dazu müssen wir die innere Tür öffnen, hinter der wir diese Seelenwerkzeuge vor uns selbst verstecken. Dann können wir sie hervorholen und nutzen.

Doch dabei benötigen wir Hilfe. Wir benötigen die Weisheit unserer Toten, und das könnte der Grund sein, warum sich während der letzten zwei Jahrhunderte unsere Beziehung zu ihnen so deutlich verändert hat.

Ihre Versuche, mit uns in Kontakt zu treten, würden erklären, warum Spiritismus und Channeling so beliebt wurden und immer mehr Channels und Medien an die Öffentlichkeit treten. Und jetzt entwickelt sich eine Art »Jenseits-Revolution«. Daran zeigt sich, dass die menschliche Spezies gegenwärtig versucht, viele starke Seelen hervorzubringen und ihre Intelligenz und medialen Fähigkeiten dadurch zu steigern, dass sie ihre diesseitige und jenseitige Hälfte wieder vereint.

Nun möchte ich Ihnen schildern, wie das bei Anne und mir funktioniert, und zwar hier und jetzt, während ich diese Zeilen schreibe.

Ich kann Annes Nähe spüren. Früher am Morgen war sie nicht in der Nähe, aber dann hat sie bemerkt, dass ich am Manuskript schreibe und ist jetzt eindeutig bei mir präsent, und teilweise in mir.

Ich akzeptiere das, bleibe aber bei meiner Frage. Ich verhalte mich, als wäre Anne die Anne von früher und hier bei mir, aber gleichzeitig frage ich mich, ob das wirklich sie ist oder ich nur mit meiner Vorstellung von ihr kommuniziere. Und ich akzeptiere, dass vermutlich beides zutrifft. Ich kommuniziere mit der Anne, die in meinem Herzen und Bewusstsein wohnt, und auch mit der Anne im Jenseits.

Natürlich würde es mir helfen, wenn es irgendeine Form der physischen Manifestation gäbe, aber das war bisher nur ein einziges Mal der Fall. Damals hatte sie auf sehr intensive Weise mit mir gesprochen, ganz in dem Tempo und mit der Spontanität unserer einstigen physischen Unterhaltungen. Am Ende des Gesprächs erblickte ich ein kleines Licht, das blitzschnell aus unserer Wohnung davonsauste.

Damals war sie so nah und intensiv präsent gewesen, weil sie mir etwas für sie sehr Wichtiges mitteilen wollte. Nachdem sie 1999 unsere Webseite eingerichtet hatte, postete sie dort gelegentlich unter einer Rubrik, die sie *Anne's Diary* nannte. Etwa sechs Monate nach ihrem physischen Tod teilte sie mir mit, dass sie diese Eintragungen fortsetzen wollte.

Ich setzte mich also hin und öffnete mich innerlich für sie, indem ich die Wahrnehmungsübung praktizierte. Weil dabei die Aufmerksamkeit vom Denken in den Körper umgelenkt wird, kann sich unser Bewusstsein für äußere Einflüsse öffnen.

Sofort strömten Gedanken in mich ein. Sie flossen so schnell und spontan, dass sie sich eindeutig anders als meine eigenen anfühlten. Es war so, als würde eine andere Person in meinem Kopf sprechen. Und so war es auch. Anne sprach in mir.

Wenn ich versuchte, bewusst zuzuhören, wurden ihre Worte von meinen eigenen Gedanken verdrängt. Ich löste das Problem, indem ich sehr schnell notierte, was sie durchgab. Nach ein paar Minuten hatte ich eine vollständige, komplexe Mitteilung zu Papier gebracht. Sie war originell, klug und schön. Ich konnte fast Annes sanfte, beharrliche Stimme hören.

Ich postete ihren Tagebucheintrag am 16. Februar 2017 als »Anne's Valentine to you: We are Lovers« (Annes Valentinsgeschenk an dich: Wir sind Liebende).

Darin heißt es: »Damit, die Wahrheit zu glauben, auch wenn sie noch so sehr ins Auge springt, tun wir uns vor allem dann schwer, wenn sie nicht so ist, wie wir sie uns wünschen. Aber es gibt etwas, das uns zu etwas Besonderem macht. Wir sind Liebende, und in dieser Hinsicht ragen wir heraus, als höchst bemerkenswerte Leistung unseres Planeten und seines Sterns.«

Jetzt, während ich das hier niederschreibe, sage ich zu ihr: »Ich bin froh, dass etwas Herausragendes für uns spricht, aber gerade interessiere ich mich mehr für das Problem, dass wir die Wirklichkeit nicht sehen wollen. Deswegen ist es für uns so schwierig, mit euch Toten zu kommunizieren. Das müssen wir ändern.«

Anne: »Da physische Referenzpunkte fehlen, wird es euch immer schwerfallen, uns zu akzeptieren. Allerdings halte ich es ohnehin für ungesund, wenn ihr uns gegenüber zu unkritisch seid. Der Schlüssel ist ein stabiler Fokus, eine Konzentration, die so stark ist, dass es euch gelingt, euer Bewusstsein frei von Gedanken zu halten, sodass wir in es eintreten können. Denn sonst flattert euer Denken herum wie eine kleine Motte, die von diesem und jenem angezogen wird.«

»So habe ich es damals gemacht und war dadurch in der Lage, deinen Tagebucheintrag zu hören. Aber ich möchte wissen, wie ich diese Fähigkeit stärken kann.«

»Gehe an einen ruhigen Ort. Mache die Wahrnehmungsübung, höre zu und notiere, was du innerlich hörst, ohne darüber nachzudenken. Es soll aber kein automatisches Schreiben sein. Öffne dich für gezielt an dich gerichtete Gedanken von außen.«

»Mit anderen Worten, ich soll channeln.«

»Genau. Das ist die Methode, in der wir euch seit zweihundert Jahren unterrichten. Wer im vorherigen Leben Channeling-Erfahrungen sammeln konnte, wird es im nächsten Leben um so besser beherrschen. Darum geht es in dieser Form des Unterrichts: Lernen über mehrere Generationen.«

»Erinnerst du dich an unsere Recherchen darüber, wie gut Channelmedien die Zukunft vorhersagen können?« Wir waren

....

135

zu dem Ergebnis gekommen, dass gechannelte Geistwesen das nicht sonderlich gut konnten.

»Heute weiß ich, warum geistige Führer so schlechte Propheten sind. Sie sind nicht wie wir, nicht auf dieser Ebene. Sie sind bei euch, und über die Zukunft wissen sie nicht mehr als ihr. Also raten sie. So ein Geistwesen ist meistens nicht prophetisch begabter als der Mensch, der es channelt.«

»Aber du weißt mehr?«

»Die Zukunft ist in einem überraschenden Maße ein offenes Buch.«

»Könnt ihr dann gemeinsam mit uns meditieren? Das würde uns bestimmt helfen.«

»Zu euch zu gelangen ist für uns, als müssten wir sehr tief in Wasser hinabtauchen. Es fühlt sich an, als würde man sich verirren. Es gibt keinen Ausgang. Man bekommt das Gefühl, dass es einem wie den herumirrenden Toten gehen könnte, die den Weg nicht finden, der aus der physischen Welt hinausführt.«

»Macht es Angst?«

»Es ist schwierig. Aber während ihr die Wahrnehmungsübung macht, strahlt ihr ein Leuchten aus, durch das wir euch leichter finden können. Wir können uns auf dieses Licht konzentrieren und so direkt zu euch gelangen.«

»Und was ist mit den Toten, die zusammen mit den Besuchern erscheinen? Was hat es damit auf sich?«

»Die Wesen, die wir beide die Besucher nennen, sind darin geübt, zwischen unterschiedlichen Schwingungsdichten hin und her zu wechseln. Wenn sie in eure Dichte hinabreisen, können die verstorbenen Menschen ihnen folgen, oder die Besucher bringen sie mit. Das tun sie, um euch physische Leute darauf aufmerksam zu machen, dass es uns gibt. Es ist Teil ihres Kampfes gegen eure Seelenblindheit. Und es ist die notwendige Grundlage für den Bau der Brücke zwischen uns und euch.«

Ich frage: »Was spielt sich also gegenwärtig ab? Wohin wollen sie uns führen?«

»Höher und höher in die Ekstase, wie du es selbst immer gesagt hast.«

»Aber schreckliche Dinge geschehen und werden weiterhin geschehen. Das sieht mir wirklich nicht nach einer Reise in die Ekstase aus.«

»Schmerz ist das Fundament, um Stärke zu entwickeln. Denke an die Geschichte, die du geschrieben hast.«

1986 schrieb ich eine Kurzgeschichte mit dem Titel »Pain« (Schmerz). Darin veranlasst ein Engel, dass ein Mann Schmerz erlebt, der ihn von seiner Vergangenheit befreit und bewirkt, dass er das Leben in einem neuen Licht sieht. Als er den Schmerz akzeptiert und ihn schließlich überwindet, gelangt er zu einer neuen, helleren, fruchtbareren Vision.

Anne fährt fort: »Aus dem kommenden Zeitalter der großen Umwälzungen wird entweder eine neue Menschheit hervorgehen oder keine Menschheit.«

Ich halte inne und lasse die schonungslose Offenheit dieser Aussage auf mich wirken. Ich wusste immer, dass in unserer Zeit viel auf dem Spiel steht, aber erst jetzt begriff ich, wie viel.

»Die Oberfläche der Erde ist eine Gebärmutter. In dieser Gebärmutter wächst seit Äonen ein Baby heran – das Leben. Dieses Kind ist inzwischen so weit herangereift, dass es einen Intellekt besitzt und somit in der Lage ist, in das höhere Bewusstsein einzutreten – was bedeutet: geboren zu werden. Deshalb tritt nun Fruchtwasser aus der irdischen Gebärmutter aus.«

Ich verstehe das alles sehr gut. Wenn das Fruchtwasser der Erde sich ergießt, was gegenwärtig geschieht, wird ihr Kind – die Menschheit – nicht länger von der Gebärmutter unterstützt. Ob es dem Kind gefällt oder nicht, es wird geboren – hinein in ein vollkommen neues Leben.

Anne sagt: »Wir werden auch weiterhin im Physischen präsent sein, aber nicht annähernd so zahlreich wie heute. Daher werden die Seelen effizienter sein müssen. Sie werden mit spezifischen Aufgaben der Selbstentdeckung in physische Körper eintreten. Das darf nicht länger dem Zufall überlassen werden, jedenfalls nicht, wenn alle die Chancen erhalten sollen, die sie benötigen.«

»Ich bin nicht sicher, ob ich das richtig verstanden habe.«

»Nach der Transformation des Planeten werden sich auch weiterhin Seelen physisch verkörpern, aber ihre Erfahrung wird eine andere sein. Die ganze Spezies macht eine gigantische schamanische Initiation durch. Der Sucher geht in den Tod, um das Leben auf neue, mitfühlendere Art zu erfahren. Am Ende dieser Initiation werden die Scheuklappen des physischen Lebens entfernt. Glück und Zufälle werden keine so große Rolle mehr im Leben spielen, und die Seelen werden sich stets der Gründe bewusst sein, warum sie in einen Körper eingetreten sind. Die Lebenden werden die Toten kennen. Sie werden nicht länger blind umherirrende Wanderer sein wie der Narr im Tarot, sondern die Werkzeuge des Bewusstseins nutzen wie ein Magier, der sein Bündel auf seinem Arbeitstisch ausgebreitet hat.«

Nun täuschen Sie sich nicht, wenn Sie das Wort »Tarot« lesen. Dieses uralte psychologische System bezieht Körper, Geist und Seele ein, statt wie die moderne Psychologie nur Körper und Geist zu berücksichtigen. Und genau so haben Anne und ich es auch immer benutzt, nicht etwa zur Divination, zum Wahrsagen. Das habe ich in einem kleinen Buch mit dem Titel *The Path* (Der Weg) dargelegt.

Ich sage also zu ihr: »Ich möchte mehr über diese Werkzeuge erfahren.«

Und sie meint daraufhin: »Die Werkzeuge zur Stärkung der Seele sind das Verstehen und Leben der objektiven Liebe, das Praktizieren der Wahrnehmungsübung, die Meditation und die

Befreiung von den Fesseln des Ego durch Liebe, Mitgefühl und Demut. Das sind die Grundlagen.«

»Das ist die Grundbotschaft der Evangelien.«

»Es ist die Grundbotschaft aller Religionen. Es ist die Botschaft des Menschen.«

Es ist auch der Grund, warum die Zeit nun reif ist für das Vertrautwerden des Menschen mit dem Jenseits. Die nicht-physische Menschheit bereitet zusammen mit vielen Hebammen und Helfern verschiedener Art die physische Menschheit auf den Schock der Initiation unserer Spezies vor und darauf, den Planeten im Anschluss daran auf neue Weise zu nutzen. In die Welt hineingeboren zu werden bedeutet, für die Gebärmutter zu sterben. Mit dem Austritt aus dem Geburtskanal beginnt für den Säugling ein neues Leben, und für die Mutter ebenfalls. Für beide gibt es kein Zurück mehr in den vorherigen Zustand.

Die geheimnisvollen Präsenzen, die hier bei uns sind, wissen das. Sie haben es erlebt. Da sie die Art von Geburt, die uns bevorsteht, schon hinter sich haben, sind sie als unsere Hebammen hier. Für die Mutter mag die Hebamme Trost und Segen sein, doch für das Baby, in seiner Verwirrung nach dem Verlassen der Gebärmutter, kann sie wie eine raue, gefährliche, monströse Wesenheit wirken, wild und erschreckend. Doch da ist noch etwas anderes, eine Bindung an die Mutter, die das Kind spürt, aber bisher nicht versteht. Das Kind fokussiert sich so voll und ganz auf diese Bindung, dass die Mutter für es zum Ein und Alles wird.

Die neue Situation ist völlig anders als die Zeit in der Gebärmutter. Dort nahm das Kind alles für selbstverständlich: Nahrung, Behaglichkeit, Sicherheit – für alles war gesorgt.

Doch nach der Geburt beginnt das Kind, seine Mutter als etwas von ihm Getrenntes wahrzunehmen. Es merkt, dass es von seiner Mutter abhängig ist und hört auf, das für selbstverständlich zu nehmen. Wenn die Mutter es stillt und tröstet, verliebt es sich in sie, und so wird es uns auch mit unserem Planeten ergehen. Wir werden endlich erkennen, dass er ein lebendiges Wesen ist, mit Hoffnungen und Träumen, nicht bloß ein passiver Nährstoffklumpen, der dazu da ist, uns schweigend zu dienen.

Die Mutter, die das Kind in ihrer Gebärmutter aus Instinkt liebte, wird nun eine bewusste Liebe zu ihm entwickeln. Eine Beziehung zwischen Mutter und Kind entwickelt sich. Wir werden erkennen, dass unser Planet Bewusstheit und Bedürfnisse besitzt, und wir werden die Erde nicht nur als unser Zuhause betrachten, sondern auch als unsere gute, geliebte Freundin.

Anne: »Während der ganzen Menschheitsgeschichte gab es jene, die in bewusster Beziehung zur Erde und dem Kosmos lebten. Wir nennen sie Meister. In Zukunft werden alle Menschen, die in die physische Welt eintreten, dies als Meister des Seins tun. Und warum werden wir überhaupt noch die physische Ebene nutzen? Um andere zu küssen. Das ist der Grund. Die Bestimmung der Menschheit im Universum besteht darin, für alle Wesen die Liebe erfahrbar zu machen. Objektive Liebe, der zentrale Antrieb der Schöpfung, ist auch die essentielle Energie des Menschen.«

Also wieder die Liebe. Es läuft immer wieder auf dieses fehlende Element hinaus, diese unsichtbare Kraft, die uns auch die schwierigsten Zeiten überstehen lässt. »Liebt einander«, sagte einer der Meister, von denen Anne spricht.

Dies ist, nach allem und über allem, ein Buch der Liebe. Aber Liebe als Macht, als universale Kraft. Die Schwerkraft bindet die Materie zusammen. Die Liebe bindet uns zusammen und treibt uns an, nach Höherem und Tieferem zu streben, hinein in die Regionen der Freude, die Ziel unseres Weges sind.

EINE NEUE VISION DES LEBENS

Einmal begegnete mir ein Wesen einer Spezies, die das Tal, das uns bevorsteht, bereits durchschritten hat. Sie lebt heute so, wie wir leben werden, wenn wir aus dem Tal emporsteigen. Damals verstand ich nicht wirklich, was ich erlebte, aber im Laufe der Jahre habe ich mehr über den Entwicklungsweg der Seelen – und Spezies – herausgefunden und darüber, was es wirklich bedeutet, ein gutes Leben zu leben.

Damit ist kein Leben in leerer Süße gemeint, ganz und gar nicht, sondern das Gute und das Schlechte anzunehmen – sich für das Licht des Lebens zu öffnen und aus dem zu lernen, was wir in der Dunkelheit finden.

»Ich habe das nicht verstanden, als du mir davon erzähltest, aber jetzt ist es mir auch klar.«

Während einer Konferenz in einem Hotel in San Francisco meditierte ich im Wohnzimmer unserer kleinen Suite. Plötzlich stand eine junge Frau vor mir. Sie hatte die Hautfarbe und die Gesichtszüge einer Nordeuropäerin. Ich meine mich zu erinnern, dass ihre Augen grün wie Smaragde waren. Grün – die Farbe der Akzeptanz und auch der Wiedergeburt. Ich betrachte es heute als Mahnung, uns für die Erfahrung zu öffnen, die sich gegenwärtig in unserer Welt entfaltet, aber auch für das Wissen, dass uns danach eine neue Geburt erwartet.

Die junge Frau trug das schönste Kleid, das ich jemals gesehen habe. Es war nicht einfach ein Stück Stoff. Es war lebendig. Zutiefst erstaunt sah ich, dass es mit Tausenden von Szenen geschmückt war, wie winzige, unglaublich detailreiche Gemälde. Aber es handelte sich nicht um Gemälde, sondern um lebendige Augenblicke. Sie bewegten sich, als würden alle diese Geschehnisse sich jetzt in diesem Moment abspielen, gleichzeitig. Sie trug auf ihrem Kleid Szenen aus ihrem Leben, als würde man diese von außerhalb der Zeit betrachten. Viele strahlten eine ergreifende Freude aus, als könnte es keine schöneren Augenblicke geben. Aber ich sah zwischen den Blumen und dem Blau auch dunkle Szenen.

Die junge Frau strahlte eine Güte aus, die so intensiv auf mich einwirkte, dass meine Seele meinen Körper verließ, um ihr näher sein zu können. Und da war ich, nervös um ihre Füße flatternd. Sie schaute zu mir herunter, verblüfft und erkennbar peinlich berührt.

Ich hatte gerade noch genug Zeit, mich wie ein Idiot zu fühlen. Dann stürmte mein Sohn ins Zimmer. »Dad!«, rief er. »Da ist eine große, silberne Fliegende Untertasse vor meinem Fenster.«

Im nächsten Moment war sie verschwunden, und ich befand mich wieder in meinem Körper. Ich rannte in sein Zimmer, aber draußen in der Nacht war nichts zu sehen.

Anne sagt: »Du hast damals gesehen, was wir werden können. Das ist das nächste Stadium nach dem jetzigen.«

»Freude erleben?«

»Genau. Ein frohes, akzeptierendes Herz. Du hast ihre Lebens-reisen gesehen. Nicht alle waren angenehm, aber sie hat jede von ihnen mit Freude durchlebt. Du hast diese Frau von außerhalb der Zeit gesehen.«

»Dann war sie also erleuchtet?«

»Erleuchtung bedeutet, dass von uns nichts als Liebe übrig ist.«

»Warst du während deines physischen Lebens erleuchtet?«

»Wenn du in einem Leben erleuchtet warst, stirbst und dann in ein anderes Leben eintrittst, bleibt deine Erleuchtung bestehen. Tod und Wiedergeburt schalten dieses Licht nicht aus.«

»Aber du hast so normal gewirkt.«

»Erleuchtung ist normal. So zu tun, als wäre sie etwas Besonde-res, ist unnormal. Deshalb war die Frau so peinlich berührt. Sie war gekommen, um dir Wissen anzubieten. Sie wollte nicht von dir angebetet werden.«

»Wir sind also alle erleuchtet?«

»Dich selbst zu akzeptieren ist der Schlüssel. Freude an dir selbst zu haben.«

Anne freute sich ihres Lebens in jedem Moment, der ihr ge-schenkt war. Sie freute sich an ihrem Verstand, ihrem Herzen, ihrem Körper. (Und auch ich freute mich daran!) Für meine Frau war das Leben ein sich fortlaufend entfaltendes Wunder. Für sie bedeutete Bewusstsein, das Leben in all seinen Details wahrzuneh-men. Das gelang ihr wunderbar.

»Für Spezies, die sich bereits in dem Zustand befinden, auf den die Menschheit zugeht – die also leben wie wir Toten und diese junge Frau –, eröffnen sich neue Möglichkeiten, Freude zu erleben, womit neue Formen von Verantwortung einhergehen. Das Kind wird geboren, wächst heran, verlässt die Mutter und geht hinaus in die Welt, um sein eigenes Leben zu finden. Und zu heiraten. Und auch auf dieser Ebene Kinder zu bekommen.«

»Wir werden auch als Spezies Kinder bekommen?«

»Jeder ist jemandes Kind. Wie andere reisen auch wir hinaus ins Universum und finden Welten voller krabbelnder Geschöpfe, aus denen wir neue Bewusstseine formen können.«

Das ist ein faszinierender Gedanke. Es erinnert mich an die Idee aus meinem Buch *Solving the Communion Enigma* (Das *Communion*-Rätsel lösen), dass wir jene Rolle, welche die Besucher für unsere Entwicklung spielen, eines Tages für eine andere Spezies übernehmen werden. Aber hier haben wir es mit einer noch größeren Version dieser Idee zu tun. Sie verspricht uns eine reiche und unerwartete Zukunft und erklärt außerdem, warum Mitglieder anderer Spezies möglicherweise hier sind, um als Hebammen bei unserer Geburt zu helfen.

Ich erinnere mich voller Wärme an jene Abende vor langer Zeit, als Anne und ich auf der Veranda unseres Blockhauses saßen und darüber nachsannen, was der Sinn unserer Lebensreise ist. Anne verstand damals sehr deutlich unsere Situation und wusste, warum unsere Besucher – zumindest jene, mit denen wir persönlich zu tun hatten – hier waren. Sie erkannte glasklar, welche enormen Möglichkeiten vor uns liegen.

Denken Sie nur, wie verheißungsvoll Annes Idee für unsere Zukunft ist – dass wir uns einer großen Gemeinschaft des Seins anschließen können, der wir uns gegenwärtig noch kaum bewusst sind. Ja, wir können selbst zu Hirten werden und in Zukunft anderen helfen, so wie heute uns geholfen wird.

Was wird es für eine Erfahrung sein, zu den Göttern einer anderen Spezies zu werden? Sie wären wie Kinder, die ehrfürchtig zu uns aufblicken. Und wir wären wie unsere Besucher, müde, ängstlich und hart arbeitend.

Vor ungefähr zehn Jahren erschien während einer Meditation ein Bild vor meinem inneren Auge. Ich sah einen breiten, langsam fließenden Fluss. Ich blickte hinunter auf ein Boot, in dem eine kleine Gestalt saß, gebückt über einer Angel. Plötzlich erschien ein Leuchten auf dem Wasser. Er richtete sich auf, starrte auf das Leuchten und drehte den Kopf, um die Quelle des Lichts zu sehen. Er blickte aufmerksam zu mir hoch, als sähe er etwas, das er zwar nicht verstand, aber auch nicht als bedrohlich einstufte. Damit endete die Vision. Ich befand mich wieder in meinem Wohnzimmer und setzte die Meditation wie gewohnt fort.

Hatte er möglicherweise mich gesehen, als ein leuchtendes Orb? War das die Gestalt, in der ich ihm erschien? Ich fragte mich, was er von dem Erlebnis hielt und wie er es anderen Leuten gegenüber beschrieb. Auch frage ich mich, ob ich dem Fischer je wieder begegnen werde, vielleicht erst viele hundert Jahre später, wenn die Menschheit für seine auf einem fernen Planeten lebende Spezies der Geist geworden ist, der auf dem Wasser gehen kann, und ihnen hilft, geboren zu werden, wie jetzt wir geboren werden: hinein ins Licht der objektiven Liebe.

Wenn wir unseren Job gut machen, werden sie sagen, dass »es ganz natürlich geschah«, so wie es die Menschen im *Tao-Té-King* über die Handlungen des besten Königs sagen. Und wie unsere eigenen Besucher werden auch wir, wenn unsere Arbeit dort getan ist, einfach ins Firmament davonschweben und aus ihrem Leben verschwinden.

Wenn wir sie finden, werden sie ein Leben führen wie wir heute, in einem Zustand der Trennung zwischen der physischen und der nicht-physischen Seite – also als eine unreife Spezies.

Sie werden in das Stadium kommen, wo ihre neue Geburt, ihre Abnabelung stattfindet, durch die sie sich von ihrem Mutterplaneten lösen, das Stadium, in dem wir uns heute befinden. Wir werden ihre »Aliens« sein und ihnen auf der Grundlage unserer eigenen Erfahrungen Unterstützung anbieten und ihre Lehrer sein. Auf diese Weise als Geburtshelfer zu dienen ist die nächste Stufe unserer kollektiven Reise in den Zustand der Ekstase, in dem die Frau, die in meinem Hotelzimmer erschien, sich bereits befand. Danach zu urteilen, was ich mit unseren Besuchern erlebt habe, ist diese Form der Geburtshilfe eine echte Herausforderung, anstrengend und frustrierend, aber, wie ich vermute und hoffe, die Mühe absolut wert.

Anne: »Eine Geburt gelingt nicht immer, weißt du. Es gibt keine Garantien. Es könnte auch bei uns Menschen mit einer ›Totgeburt‹ enden, weil das entstandene Chaos so groß ist, dass wir nicht in der Lage sind, uns davon zu erholen. Denke daran, dass das Kind nicht sieht, was auf dem Spiel steht, nur die Hebamme. Du bist gedanklich darauf fixiert, dass diese ›anderen‹ Wesen als Hebammen agieren. Suche tiefer. Sie sind wie wir und ein Teil von uns. Vergiss die Vorstellung eines Gegensatzes zwischen Aliens und Menschen, zwischen Engeln und Dämonen. Diese Ideen sind nicht groß genug, um die Realität zu erfassen. Es gibt keine Aliens, keine Fremden. Keine Menschen. Nur uns. Nicht Gut, nicht Böse – nur uns, die wir Entscheidungen treffen.«

Ich glaube, sie meint damit nicht die Frage, ob »sie« von anderen Planeten stammen oder nicht, sondern dass solche Unterscheidungen für die Erfahrung des bewussten Seins unerheblich sind. Natürlich nehmen physisch voneinander verschiedene Gehirne die Welt unterschiedlich wahr, aber oberhalb der physischen Ebene, im nicht-physischen Bewusstsein, ist alle Wahrnehmung objektiv und ganzheitlich. Dort gibt es keine Trennung.

»Dass wir uns für das nächste Level qualifizieren, wo wir dann Lehrer für andere sind, ist nur ein kleiner Teil unseres Erwachsenwerdens als Spezies. Das Bewusstsein ist eine Reise der Freude, die niemals endet. Wenn du deinen Körper endgültig verlässt, ist es das Erste, woran du dich erinnerst. Und du denkst – jedenfalls war das bei mir so: Wie konnte ich das je vergessen? Dein Ego verschwindet, einfach so. Und dann siehst du, Whitley, du kannst wirklich sehen. Wir leben in einer riesigen Welt, die wir vor uns selbst verbergen.

Als ich meinen Körper verließ, wurde ›Anne‹ zu einer Erinnerung. Man ist dann immer noch man selbst, aber man ist auch die anderen. Es ist ein wirklich wohliger, freudiger Moment.«

»Das klingt für mich ganz so, als würde die Persönlichkeit verschwinden.«

»Das Ego stirbt, nicht das Selbst. Wir müssen unsere Vorstellung von Körper und Seele ändern. Es ist nicht richtig, sie sich als voneinander getrennt vorzustellen. Es gibt nur eine Person. Wir existieren in einem Kontinuum aus verschiedenen Dichtegraden. Mit der Zeit lassen wir die höheren Dichtegrade hinter uns. So, wie du nicht ewig einen physischen Körper haben wirst, werde ich nicht ewig in meinem jetzigen Zustand sein. Und je geringer unsere Dichte wird, desto holografischer werden wir. Das ist die Hingabe an Gott, die von Adepten wie Meister Eckhart beschrieben wurde. Eckhart drückte es so aus: ›Wir werden wie ein klares Glas, durch das Gott leuchten kann.‹ Wenn unsere Welt nicht mehr in der Lage ist, uns am Leben zu erhalten, müssen wir uns dieser größeren Wahrheit hingeben.«

»Und wie machen wir das?«

»»Zwei sind besser als einer allein. Und eine dreifache Schnur reißt nicht so schnell.‹ Erinnerst du dich daran? Auf der physischen Ebene sind unsere Kinder diese Schnur. Auf meiner Dichte-Ebene ist es die silberne Schnur, die sich, als ich eure Ebene verließ, immer mehr spannte, wie du gesehen hast.«

Sie zitiert hier aus Kohelet 4,9-12. Damals, 1970, wählte sie das als Motto für unsere Hochzeit und bestickte ein Tuch damit. Dieses Tuch hängt in unserem Schlafzimmer an der Wand. Der dritte Strang dieser Schnur ist unser Sohn, durch den unsere Familie weiterbesteht, und sie ist auch die Harmonie zwischen uns, die unsere Ehe ewig währen lässt.

In den Stunden nach Annes Tod wurde mir die Stärke dieser Schnur vor Augen geführt. Ich betrachte sie nun als das grundlegende Band zwischen der physischen und der nicht-physischen Seite unserer Spezies. Sie ist das, worauf wir immer vertrauen können, denn sie wird niemals reißen.

Das, was Anne und ich gemeinsam tun, und was jedem Paar möglich ist, das sich ganz der Liebe hingibt, wird in Karte XXI der großen Arkana des Tarot zusammengefasst. Die einundzwanzigste Karte heißt »Die Welt«. Man sieht darauf ein Wesen, das zugleich Mann und Frau ist und aufsteigt, umgeben von einem Lorbeerkranz, Symbol ihres Sieges.

In den vier Ecken der Karte sind die vier Schlüssel zur objektiven Liebe abgebildet. Es sind die vier Tiere der Sphinx, eine Triade im Gleichgewicht. Instinkt, Emotion und Geist arbeiten objektiv zusammen, ohne sich mit ihren Wünschen, Ängsten und Bedürfnissen zu identifizieren. Die objektive Liebe ist das vierte Tier, der Adler, der hoch über dem Leben dahingleitet und es mit Abstand sieht, aus der Perspektive der Toten, mit einer Distanz, die Objektivität ermöglicht.

Wer in diesem Zustand lebt, wird von der Vorstellung befreit, der Körper sei alles, was wir haben. Menschen werden dann nicht mehr lediglich als Körper betrachtet, sondern der Körper erscheint lediglich als Hülle für die Seele. Die Hülle, der Körper, ist ein Mechanismus, den die wahre Person – die Seele – benutzt, um durch die physische Realität zu navigieren.

Wenn wir uns selbst und andere auf diese Weise sehen, gelangen wir in eine große Freiheit und zu einem tieferen Verständnis, das uns auf jeden Schock, jede Veränderung vorbereitet, weil wir uns immer um jene entscheidende Haaresbreite hinter den traumatischen Erfahrungen befinden, die der Körper erdulden muss. Wie verzweifelt die Situation auch sein mag, der Beobachter bewahrt stets die Fähigkeit, über sie nachzudenken.

Wir Lebenden sind meistens ganz auf unser Ego fixiert, und weil das Ego mit dem Körper stirbt, fürchten wir den Tod. Menschen wie Anne, die nicht auf diese Weise lebten, finden den Tod gar nicht furchterregend. Sie betrachten ihn als Übergang, was eine der wichtigsten, ermutigendsten Lektionen ist, die sie uns aus ihrer nicht-physischen Perspektive vermitteln können.

Zum Beispiel ist jene Präsenz, die ich Anne nenne, nicht die Person, die ich in diesem Leben kannte. Sie erhält in der Begegnung mit mir diese Persönlichkeit aufrecht, damit ich sie wiedererkennen kann, doch das ist nicht ihr wahres Sein. Aber auch wenn Anne jetzt eine Erinnerung ist, ist sie nicht verschwunden. Die Persönlichkeit ist immer ein Widerhall der Essenz. Also ist das, was mir begegnet, wenn ich meine geliebte Lehrerin in ihrer wahren Form erblicke, das Fundament jener Person, die ich im physischen Leben kannte.

Hier muss ich wieder an den Mann denken, der sich vor meinen Augen materialisierte. Könnte das häufig und verifizierbar geschehen, wären viele Probleme der Kommunikation mit der nicht-physischen Seite gelöst. Und zudem ließe sich so die Krankheit der Seelenblindheit ein für alle Mal kurieren.

»Wie lässt sich die Materialisierung Verstorbener denn bewerkstelligen?«

»Du musst in der Lage sein, Energie zu veranlassen, sich wie Materie zu organisieren. Das verlangt enorm viel Konzentration und Können.«

»Es geschieht viel zu selten!«

»Deshalb sollt ihr ja auch so oft wie möglich die Wahrnehmungsübung machen. Je öfter ihr das trainiert, desto kohärenter wird eure Seele. Dann verliert ihr, wenn ihr euren physischen Körper verliert, nicht mehr euren Fokus. Ihr könnt dann zurückkehren.«

»Werde ich dazu in der Lage sein?«

»Das ist die Hoffnung.«

Ich denke darüber nach. Wird es geschehen?

Es scheint völlig unmöglich zu sein, und doch habe ich mit eigenen Augen gesehen, dass jemand dazu in der Lage war.

»Warum sind diese Leute nur zu mir gekommen? Warum nicht zu Tausenden von Menschen? Oder zu Millionen?«

»Die Leute schenken solchen Phänomenen keine Beachtung.«

»Warum nicht?«

»Das Ego filtert das, wovor es Angst hat, aus eurer Wahrnehmung heraus. Und vor allem hat es Angst vor dem Tod.«

Ich weiß noch gut, welche Angst ich anfangs vor den Besuchern hatte. Ich spürte tief in mir, dass sie etwas mit dem Tod zu tun hatten. »Was können wir denn gegen die Angst des Egos tun?«

»Eure Demut stärken. Die Todesangst kommt aus dem Ego. Demütige Menschen leben aus dem unsterblichen Teil ihres Wesens heraus. Sie akzeptieren den Tod als etwas Natürliches, statt ihn zu fürchten.«

»Genau so war es bei dir.«

»Ich befreite mich von der Bürde der Begierde und der Wut, der Vorurteile und der Selbstbezogenheit, von alledem. Ich war weiterhin in meinem Körper, war nun aber mehr als Anne. Ich war meine Seele, nicht meine Persönlichkeit, und wusste mit Gewissheit, dass da nichts war, wovor ich Angst haben musste.«

Und da haben wir ihn – den Zustand, den wir in uns selbst finden müssen, um das bevorstehende Drama unserer Geburt zu bewältigen. Aber wie gelingt das? Was müssen wir tun?

WERKZEUGE DER
SEELE

Die Seele der jungen Frau, die ich in dem Hotel sah, war hoch entwickelt. Aber warum und wie hatte sie dieses Level erreicht?

In vorigen Kapitel befassten wir uns mit den Werkzeugen der Seele. Doch wie setzen wir sie richtig ein? Wir können die Seele nicht sehen. Wir können sie noch nicht einmal spüren. Wenn wir die Wahrnehmungsübung praktizieren, geschieht nur wenig. Das Denken kommt während der Sitzungen für ein paar Minuten zur Ruhe. Viel mehr ist da meistens nicht.

Gibt es also überhaupt Veränderungen?

Die Besucher, mit denen Anne und ich arbeiten, sind Experten für die Seelenentwicklung, und sie haben uns viele Ratschläge gegeben. Als Erstes müssen wir verstehen, dass wir uns mit unserem Ego identifizieren, aber das ist nicht, was wir wirklich sind. Das Ego ist eine Hirnfunktion und als solche sterblich. Es entwickelt sich um den Namen herum, der uns nach der Geburt gegeben wird. Es ist ein soziales Werkzeug, das vom Gehirn benutzt wird, um mit anderen Menschen zu interagieren.

Wenn ein Mensch seelenblind wird, beeilt sich das Ego, dieses Vakuum zu füllen. Da es keinen Kontakt mit der Seele hat, kämpft es besessen um das Überleben des Körpers. In diesem Zustand leiden wir unter ständiger unausgesprochener Todesangst.

Doch wenn ein Mensch lernt, die Wahrnehmungsübung so weit zu vertiefen, dass die Seele mit einbezogen wird, ändert sich das. Die Angst des Egos wird als natürlicher Nebeneffekt seiner Sterblichkeit akzeptiert. Die Seele fürchtet den Tod nicht. Sie hat dazu keinen Grund. Aber wie gelangen wir, wenigstens ansatzweise, dahin, die Welt mit den Augen der Seele zu sehen?

Ich frage Anne: »Was die Seele angeht, befinden wir uns in einer Art Anästhesie. Wir spüren sie nicht. Also klammern wir uns natürlich an das Ego und leben in Todesangst. Wie können wir das ändern?«

Ich spüre ihr großes, tiefes Lachen, bei dem man stets erstaunt war, dass eine so kleine Person es hervorbrachte.

»Ich verstehe nicht«, sage ich.

Dann verstehe ich plötzlich doch. Anne betrachtete das Lachen als einen Schlüssel zur Bewusstheit – ja, als *den* Schlüssel. Ihre Botschaft, dass wir nach Freude streben sollen, kann ich gar nicht oft genug wiederholen. Sie sagt: »Wenn ihr aufsteigt, dann steigt ihr ins Lachen auf. Man versteht den Big Bang nur, wenn man erkennt, dass es sich dabei um eine Freudenexplosion handelt. In dem Moment, als das Bewusstsein erkannte, dass es allein ist, lachte es vor Überraschung auf. Das war der Anfang von allem, dieses Seelengelächter.«

Auch das Ego kann lachen, aber nicht so. Das liegt daran, dass das Ego niemals die Unschuld objektiver Liebe und Freude erleben kann. Diese Form des Glücklichseins ist so einfach, dass das Ego sie nicht versteht. Es ist das Glück kleiner Kinder, und deshalb hat Jesus sie stets als Vorbilder genannt. Es ist die Art und Weise, wie meine Frau glücklich war und ist.

Ich erinnere mich an unseren Besuch in der italienischen Stadt Siena. Wir waren den ganzen Tag gereist, waren verschwitzt und müde. Zu unserer Überraschung gab es in unserem Hotelzimmer einen großen Jacuzzi. Anne stieg hinein und badete mit einem Ausdruck absoluter Freude auf dem Gesicht im warmen Wasser. Es war das offene Lächeln eines Kindes. Sie lebte in einer Unschuld, die ich während meines gesamten Erwachsenenlebens nie wirklich spüren konnte, trotz all meiner inneren Arbeit. Aber das war einfach Annes Natur – so war sie.

»Trägst du ein Kleid wie die junge Frau, die mich damals besuchte?«

Dann trifft mich eine jähe Erkenntnis – darüber wie dieser Text entsteht. In der letzten Nacht hatte ich einen mysteriösen Traum. Anne und ich schauten uns in einem Geschäft Kleider an. Es gab dort wunderschöne Kleider, sehr farbenfroh, und ich war sicher, dass Anne gerne eines davon kaufen würde. Doch da irrte ich mich. Sie sagte: »Ich trage schon mein Kleid.«

In dem Traum kam ich nicht auf den Gedanken, Anne anzuschauen, und ich könnte mich heute wirklich dafür ohrfeigen, dass ich es nicht tat!

Ich hätte sie von außerhalb der Zeit betrachten und vom ganzen Wunder ihres Seins kosten können, aber ich verpasste meine große Chance!

Doch ich weiß auch aus langer Erfahrung, dass das eine gute Seelenlektion war. Das Ego blockierte meine Unschuld, und deshalb konnte ich Annes Unschuld nicht sehen. Das Ego hat Bedürfnisse und Wünsche, Enttäuschungen und Misserfolge. Aber wir leben in ihm. Wir betrachten die Welt durch die Brille des Egos. So sehen wir uns selbst und andere.

»Auch eure Erwartungen sind in ihm gefangen. Lenkt eure Aufmerksamkeit von der Persönlichkeit weg in den Körper, dann findet ihr den Schlüssel wieder, die Tür öffnet sich, und ihr werdet neugeboren.«

»Aber man kann das Ego nicht zerstören.«

»Das solltest du auch gar nicht versuchen. Das Ego ist euer unverzichtbares soziales Werkzeug.«

»Du hast nicht ständig im Ego gelebt.«

»Nicht ständig.«

Anne war in der Lage, ihr Ego einfach aus dem Weg zu lachen, und dann erschien, bis über beide Ohren lächelnd: ihre Seele.

»Das ist es: Lachen!«

Diese süße Arbeit, uns vom Ego zu lösen, beginnen wir am besten damit, dass wir uns selbst weniger ernst nehmen. Das Ego ist nicht in der Lage, sich selbst objektiv zu beobachten. Es kann sich nicht verstehen oder sich den Spiegel vorhalten. Aber die Seele versteht das Ego, denn die Seele war bei seiner Erschaffung dabei und beobachtet es während der gesamten Lebenszeit des Körpers.

Wenn Sie allem auf den Grund gehen, was Sie in Ihrem Leben wirklich ernst nehmen, all die Enttäuschungen und Ungerechtigkeiten und Missgeschicke, Liebesbeziehungen, Bedürfnisse und Hoffnungen, stoßen Sie auf jene ruhige, sprudelnde, freudige Präsenz, die ich oft in Anne sah und manchmal sogar in mir selbst finde. Das ist Ihre Seele. So fühlt sie sich an.

Aber um das erkennen zu können, müssen wir zunächst über die konventionelle Definition für die »Seele« hinausgehen. Falls wir überhaupt über sie nachdenken, werden wir sie uns sonst vermutlich als Widerhall dessen vorstellen, was wir von uns selbst sehen können, als ein Ego. Ich habe Menschen sogar schon von einem »Jenseits-Ego« und »Seelen-Ego« sprechen hören. Aber die Seele hat kein Ego, sie ähnelt ihm auch nicht. In Wahrheit sind unsere Seelen für uns unentdeckte Länder. Sie liegen gleichzeitig in uns und leben in allem Sein und aller Zeit: Bewusstseinsknoten, die ein eindeutiges Identitätsgefühl besitzen, eine ganz individuelle Selbstdefinition, aber zugleich auch ein Gefühl bewusster Unbegrenztheit und Unendlichkeit.

In dem Moment, in dem wir unsere Aufmerksamkeit aus dem Ego in die Seele verlagern, betrachten wir unsere Persönlichkeit von außen und erkennen, dass der Körper und alle seine Bestandteile nur ein vorübergehendes Behältnis für unser Bewusstsein sind. Später werden wir überdies erkennen, dass es sich gar nicht in diesem Behältnis befindet, nicht völlig, sondern eher wie ein Puppenspieler ist, der die Marionette des Selbst von einer höheren Position aus lenkt.

Wenn ich in diesen Zustand gehe, ist das erste Zeichen, dass ich mich ihm nähere, ein wachsendes Gefühl der Heiterkeit.

»Hier ist viel Lachen«, sagt Anne. »Lachen ist die erste und kreativste Kraft. Viel zu viele Leute vergessen das. Sie vergessen, dass Freude das Allerheiligste ist.« Überlegen Sie einmal, wie wenig Lachen es in unserer Welt gibt.

Meister Eckhart war einer der wenigen religiösen Lehrer, die begriffen, welche Macht das Lachen hat. Er sagte: »Möchtet ihr wissen, was im Herzen der Dreifaltigkeit vor sich geht? Ich werde es euch verraten. Im Herzen der Dreifaltigkeit lacht der Vater und bringt den Sohn zur Welt. Der Sohn erwidert das Lachen des Vaters und bringt den Heiligen Geist zur Welt. Die ganze Dreifaltigkeit lacht und bringt uns zur Welt.«

Aber warum? Was ist so lustig?

Dass das Bewusstsein sich zum Ziel gesetzt hat, so viel Wissen wie irgend möglich anzusammeln. So verhielt sich auch Don Quichotte. Doch es macht so viel Spaß, auf dem Esel zu reiten, dass niemand auf den Gedanken kommt, einfach abzusteigen. Auf dem Rücken dieses Esels kommt man überall und zugleich nirgendwo hin. Man findet immer mehr Widersprüchliches, das trotzdem einen Sinn ergibt. Je bewusster wir werden, desto verspielter fühlen wir uns.

Das ist mit der Bemerkung Meister Eckharts gemeint, dass »Gott lacht und spielt«.

Anne betonte immer wieder, »Gott lacht und spielt« sei die beste Aussage über das Heilige, die je getroffen wurde.

Meister Eckhart wurde zu seinen Lebzeiten als ein Mensch bezeichnet, der Gott kannte. Das traf auch auf Anne zu, und sie lachte genauso viel darüber.

Ich denke, dass ist auch der Grund, warum damals in meiner Meditation der Hund Quag auftauchte und nicht ein ehrfurchtgebietendes Wesen mit glühenden Augen. Quag wusste, dass meine Reisegefährtin ein so heiteres Gemüt hatte wie er und verstehen und mir erklären würde, warum er mir erschien und was er mir beibringen wollte.

Aber warum ist Lachen so kreativ? Weil es auf Gegensätze mit Freude reagiert und uns so den Weg zu neuen Entdeckungen öffnet. Dadurch wird ermöglicht, dass sich Mysterien für uns öffnen wie Blumen. Und was wie ein Gefängnis erschien – dieses Leben –, wird zu einem Palast der Fragen und der Überraschungen und der Köstlichkeit des Entdeckens. Und das trifft auch zu, ja sogar ganz besonders, wenn gerade die Wolken über den Himmel jagen und das Haus bebt.

Allerdings fühlt sich das Leben nicht so an. Das Leben fühlt sich hart, ungerecht und gefährlich an. Unsere körperlichen Instinkte sagen uns, dass wir die anderen als Freunde oder Feinde, gut oder böse, einstufen müssen. Aber das ist eine viel zu schlichte, grobe Einteilung. Indem wir die Dinge auf diese Art benennen, verlieren wir aus dem Blick, was sie wirklich sind. Damit sperren wir die Seele aus unserer Aufmerksamkeit aus, denn sie kann die Welt nicht auf diese Weise wahrnehmen. Die Wutausbrüche und Enttäuschungen, die Begierden und Triumphe des Egos sind eine

Mauer, die zwischen uns und unseren Seelen steht. Wer hinter dieser Mauer gefangen ist, sieht die Brücke nicht, die auf die andere Seite führt, und hört die Toten nicht, mögen sie auch noch so laut von drüben rufen.

Niemand von uns hört wirklich gut. Betrachten wir also die Reise durch dieses Buch als Beitrag zum Aufbau einer besseren Zukunft. Denken Sie daran, dass Ihr Ego und Ihre Seele beide die gleichen Worte lesen. Sie lesen sie nur anders.

Weil wir uns in Materialisten und Dualisten aufgeteilt haben, glauben wir entweder, dass die Seele etwas ist, das irgendwie als separate Entität im Körper lebt, oder dass sie gar nicht existiert. Doch Anne hat recht, wenn sie sagt, dass das nicht die richtige Herangehensweise ist.

Es hat bei uns eine lange Tradition, die Seele als etwas zu betrachten, das von uns getrennt und doch in uns ist. Descartes mutmaßte, Sitz der Seele sei die Zirbeldrüse, weil diese Drüse sich im Zentrum des Gehirns befindet. Aber dort ist die Seele nicht. In einer Hinsicht haben die Materialisten recht: Die Seele ist nirgendwo. Sie ist Teil des Körpers im gleichen Sinne wie Farbe Teil eines Anstrichs ist. Anne sagt: »Anstriche verblassen, aber Farbe ist unsterblich.« Als sie unserem Leser beschrieb, wie es sich anfühlt, zwischen den zwei Dichtegraden von Blau hin und her zu wechseln, wenn sie in den physischen Zustand eintritt und ihn wieder verlässt, ermöglichte sie es ihm dadurch, unsere Welt nicht so zu sehen, wie das Ego sie sieht – als ein Gewirr aus Lebewesen, Ereignissen und Objekten –, sondern aus der objektiven Perspektive der Seele – des hoch oben fliegenden Adlers –, die nicht nur all die fesselnden Details sieht, sondern die Welt als einen bestimmten Dichtezustand wahrnimmt, also als Farbe einer bestimmten Schattierung.

Aber wie können wir zu einer solchen Sichtweise auf das Leben gelangen – nicht Ereignisse zu sehen und all die Identifizierungen, die mit ihnen einhergehen, sondern einfach Farben? Anders gesagt, wie können wir weit genug von den Ereignissen zurücktreten, um die Flügel der objektiven Liebe ausbreiten und uns über der aufgewühlten Oberfläche emporschwingen zu können?

Und es zeigt sich, dass das viel einfacher ist, als die vielen dicken Bücher zu dem Thema erwarten lassen. Tatsächlich ist es geradezu lächerlich einfach.

Schauen wir uns Liebe, Mitgefühl und Demut einmal genauer an. Liebe unschuldig, begegne anderen mit Mitgefühl und führe ein demütiges, einfaches Leben, dann wird deine reine Seele zum Vorschein kommen. Deine Schwingungsfarbe wird dann, wie Anne sagt, »azurblau« sein.

Wie bei allen sich manifestierenden Energien handelt es sich bei den drei Säulen der Seele um eine Triade. Liebe ist die aktive Seite und Demut die passive. Und das Mitgefühl sorgt für die Balance zwischen beiden. Aber wie alle ausgleichenden Kräfte ist auch das Mitgefühl nicht leicht zu verstehen. Es besteht nicht einfach darin, einem Obdachlosen einen Dollar zu geben, sondern zu verstehen, was jeder Mensch, der uns begegnet, gerade am meisten von uns braucht, und was wir uns selbst geben müssen. In der Gurdjieff-Arbeit heißt es, dass wir »eine blinde dritte Kraft« sind. Wir können erst wirklich mitfühlend werden, wenn wir damit aufhören, uns selbst und andere zu verurteilen.

In den Evangelien gibt es dafür viele Beispiele. Als Jesus sagte, man solle die Kinder zu ihm kommen lassen, und als er das Gleichnis vom barmherzigen Samariter erzählte, wollte er verdeutlichen, was Mitgefühl ist. Auch in der Geschichte von der Vertreibung der Geldwechsler aus dem Tempel geht es um Mitgefühl. Doch wie kann diese wütende Aktion, bei der er die Tische der Bankiers umwarf, ein Ausdruck von Mitgefühl gewesen sein? Die Antwort lautet, dass er ihnen damit Gelegenheit gab, sich ihrer Gier bewusst zu werden, innezuhalten und über die Richtung nachzudenken, die sie im Leben eingeschlagen hatten.

Was die Demut angeht, drehte sich die härteste Lektion, die mir die Besucher erteilten, um dieses Seelenwerkzeug.

Vor vielen Jahren besuchte uns mein Bruder in unserem Blockhaus. Ich führte ihn stolz herum, prahlte mit meinem materiellen Wohlstand. Dann, als ich ihn zu der Stelle führen wollte, wo mein Aufstieg in die Präsenz der Besucher begonnen hatte, hörte ich eine Stimme sagen: »Arroganz. Ich kann dir antun, was immer ich will.«

Das war die Lady, die auf dem US-Cover der Erstausgabe von *Communion* (Die Besucher) abgebildet ist. Ich dachte: »Das habe ich mir nur eingebildet.« Aber ich hörte vorsichtshalber mit der Angeberei auf.

Als wir uns der Lichtung näherten, sahen wir ein schönes, leuchtendes UFO elegant am Himmel dahingleiten. Da dachte ich: »Oh, du meine Güte, das vorhin habe ich mir nicht eingebildet.«

Nun war ich beunruhigt. Ich hatte bereits herausgefunden, dass die Ausbildung durch die Besucher äußerst intensiv ist, weil es ihnen um die Gesundheit der Seele geht, und die Seele ist ewig.

Ich musste also mit einer harten Lektion rechnen. Und tatsächlich zeigte sich das gleich am nächsten Morgen. Meine Bank rief an, um mir mitzuteilen, dass mehrere von mir ausgestellte Schecks nicht gedeckt seien, weil ich kein Konto bei ihnen hätte.

Die Besucherin hatte mein verdammtes Geld verschwinden lassen! Wenn das keine Ego-Lektion ist! Nun besaß ich nur noch die paar Dollar in meiner Tasche. Schlimmer noch: Die Bank kündigte an, alle diese Schecks platzen zu lassen, wenn mein Konto sich nicht vor Geschäftsschluss wiederherstellen ließ. Verzweifelt flehte ich den Bankangestellten an, in ihrem Computer nach dem Konto zu suchen. Später fuhr ich zur Bank und saß bei ihm, während er suchte. Er fand nichts. Schließlich willigte er ein, mir noch einen Tag Zeit zu geben. Er sagte, er würde die magnetischen Speichersysteme überprüfen.

Dabei fanden sie mein Konto im Iron-Mountain-Archiv, wo die Bank ihre Backup-Daten für Notfälle aufbewahrte. Aus allen anderen internen Datensystemen war es gelöscht worden. Der Bankangestellte sagte zu mir: »So etwas ist noch nie vorgekommen.«

Nein, das hatte ich mir schon gedacht!

Diese Lektion habe ich niemals vergessen. Auch wenn ich seitdem versuche, ein demütiges Leben zu führen, würde ich nie wagen, mit diesen Versuchen zu prahlen.

Man braucht Demut, um Menschen auch angesichts ihrer Fehltritte und Arroganz zu lieben. Und um ihnen mit Mitgefühl zu begegnen, muss man bereit sein, die eigenen Begierden und Bedürfnisse hintan zu stellen.

Momentan ist das physische Leben für uns noch recht einfach, und deshalb ist es auch einfach, den Gebrauch dieser Werkzeuge einzuüben. So wie ein Soldat am besten im Frieden lernt, seine Waffen zu gebrauchen, lernt die Seele am besten in den einfachen Zeiten des Wohlstandes, ihre Werkzeuge richtig einzusetzen.

Die drei Säulen der Seele sind nicht nur für unser Verhalten in der physischen Welt von Bedeutung, sondern auch in der Welt der Seele, aber auf ganz andere Weise. Niemand braucht dort eine milde Gabe oder ein freundliches Wort. Die junge Frau, die ich in unserem Hotelzimmer sah und die ihre Seele trug wie Jakobs bunten Mantel, strahlte Energie aus. Deshalb verließ meine Seele meinen Körper und bewegte sich auf sie zu. Die Seelenenergie der Frau bewirkte, dass meine Seele in einen Zustand der Ekstase erhoben wurde.

Seelenenergie wird in den unsterblichen Farben zum Ausdruck gebracht, von denen Anne spricht. Die Farbe von Annes Seele ist ein sattes Tiefblau.

Es ist, als würde man am frühen Abend hoch in den Himmel blicken, auf das dunkel werdende Blau, das wie ein Fenster in die Ewigkeit wirkt. Annes besondere Schwingung – ihre Farben –

sind einzigartig und doch zugleich so universal und unsterblich wie alle Farben, und das trifft auf alle Seelen zu.

Aber Blau ist nicht ihre einzige Farbe. Kürzlich zeigte sie mir ihre Seele in drei verschiedenen Farben: Rot, Grün und Blau. Das Rot war ihre aktive Seite, das Grün ihre passive Seite und das prächtige, irisierende, leuchtende Blau ihre Seele in Harmonie. In jener Nacht erschien sie drei Mal neben meinem Bett und trug jedes Mal ein Gewand in einer anderen Farbe. Sie wirkte so real, dass ich sie fragte, ob ich ihre Hand berühren darf. Da schaute sie mich besorgt an. Nicht, dass es ihr unangenehm gewesen wäre, berührt zu werden. Vielleicht war sie dafür sogar einen Moment lang materiell genug. Besorgt war sie, weil unsere Berührung in mir körperliches Verlangen geweckt hätte, sodass mich, wenn sie wieder fort war, Sehnsucht und Schmerz quälen würden.

Wenn wir also seelenblind und unsere Egos außer Kontrolle geraten sind, was tun wir dann überhaupt hier? Welchen Sinn hat es, dass wir uns einer solchen Situation aussetzen?

Die Antwort lautet, dass auch das physische Leben ein Seelenwerkzeug ist. Ja, es ist sogar eine die Seele verändernde Maschine.

»Wenn ihr sicher wisst, dass jene von uns, die keinen Körper haben, trotzdem durchaus real und bei euch sind, verliert ihr die Angst vor dem Tod. Statt euch in eurem Ego zu verstecken, werdet ihr eure Aufmerksamkeit in eure Seele verlagern. Das wird euch in die Lage versetzen, Seelenkraft anzuwenden und physische Handlungen und emotionale Zustände zu nutzen, um die Farben eurer Seele zu bereichern.«

»Bedingungslose Liebe?«

»Objektive Liebe ist eine Kunst, keine Sentimentalität.«

Nicht alle Seelenwerkzeuge sind rein innerlich. Bei manchen handelt es sich um praktische äußere Werkzeuge.

Joseph Stein und William Segal von der Gurdjieff Foundation inspirierten mich, regelmäßig die Wahrnehmungsübung zu praktizieren. Dazu angeleitet wurde ich von der damaligen Leiterin der Foundation, der Gurdjieff-Schülerin Jeanne de Salzmann. Ich empfand es als eine gesunde, lebenspraktische Methode.

Als sich meine Beziehung zu den Besuchern vertiefte, erkannte ich, dass es eine grundlegende Grammatik gab, die ich im Umgang mit ihnen benutzen konnte, eine Struktur, die sie dazu veranlasste, auf vorhersehbare Weise zu reagieren, was es mir ermöglichte, ihre Motive für den Kontakt mit mir besser zu verstehen.

Ihre Sprache unterscheidet sich stark von unserer, womit ich keine Worte meine. Worte habe ich von ihnen nie gehört, von wenigen Ausnahmen abgesehen. Doch es fand eine intensive Kommunikation statt, die mit Hilfe von Symbolen erfolgte. Zum Beispiel kündigten sie ihre Anwesenheit oft dadurch an, dass Eulen auftauchten. Das ist typisch für die Greys. Wenn man sich dann mit den Lebensgewohnheiten der Eulen und ihrer Rolle in der menschlichen Mythologie beschäftigt, wird schnell klar, dass die Eulen, genau wie die Greys, die mich besuchten, nachtaktive Beutegreifer sind, mit Augen, die im Dunkeln sehen können, und so guten Ohren, dass sie ein kleines, in seinem Bau raschelndes Tier hören können. Mit ihren starken Klauen kann die Eule den Erdboden durchstoßen und eine Spitzmaus oder ein Streifenhörnchen herausziehen. Die Greys tauchen zu den unmöglichsten Zeiten im Schlafzimmer auf und entführen uns von dort hinaus in die Nacht. Doch ist die Eule für viele Kulturen auch ein Symbol der Weisheit, und für Menschen, die bereit sind, ihren Widerstand aufzugeben und sich für neue Kontakte zu öffnen, kann vieles zu einem positiven Angebot werden.

Das Wichtigste, was die Greys uns anzubieten haben, ist diese mögliche neue Beziehung zwischen den Lebenden und den Toten. Und ich bin mir sicher, dass ich es den Greys verdanke, zu mir selbst gefunden zu haben und in Kontakt mit Leuten gekommen zu sein, die sich in der Zone zwischen den Welten aufhielten.

Diese Leute kamen, wie schon erwähnt, um nachts mit mir zu meditieren, und sie forderten mich explizit auf, mit ihnen die Wahrnehmungsübung zu praktizieren. Wenn ich mich in der Meditation darauf konzentrierte, meinen Körper wahrzunehmen, gab ihnen das offenbar einen Orientierungspunkt. Bis zu dem Tag, als Anne und ich das Blockhaus für immer verließen, unterrichteten sie mich darin, mich innerlich zu öffnen – mein Denken still werden zu lassen und meinem Ego eine Ruhepause zu gönnen. Ich lernte, mit ihnen so zu kommunizieren, dass mir jene intensive, reiche innere Suche ermöglicht wurde, die zum Aufbau einer starken Seele unerlässlich ist.

Ich wusste also bereits, dass die Wahrnehmungsübung wichtig ist. Aber erst nach Annes Tod entdeckte ich, dass unser Körper dadurch in eine Art Antenne verwandelt wird, die von der nicht-physischen Welt genutzt werden kann, um mit uns zu kommunizieren.

Im Oktober 2015 wurde mir gezeigt, warum das für meine Frau wichtig ist.

Ich hatte beschlossen, nach Nashville zu fahren, zu einer Veranstaltung mit William Henry – um liebe Freunde zu treffen und wieder einmal das Scarrett Bennett Center zu besuchen, wo wir Jahrestreffen für die Fans unserer Radiosendung *Dreamland* veranstaltet hatten. Ich fühlte mich damals sehr einsam und deprimiert und hoffte, dass ich mich durch den Besuch dort Anne wieder näher fühlen würde.

In einer Pause kam eine Frau zu mir. Sie wirkte ziemlich verwirrt und verlegen. Nervös sagte sie, sie müsse mir etwas mitteilen, wisse aber nicht recht, wie sie damit umgehen solle.

Als Erstes fragte sie mich, ob ich einen speziellen Sessel hätte, gemeint war wohl so eine Art Schaukelstuhl. Dann sagte sie: »Ich frage Sie das, weil ich Annes Stimme in meinem Ohr hörte. Sie sagte gerade zu mir: ›Teile Whitley bitte mit, dass ich ihn sehen kann, wenn er in dem Sessel sitzt.‹«

Zuerst verstand ich nicht. Dann fiel der Groschen – und die Erkenntnis war Gold wert.

Wegen meiner Kniebeschwerden praktiziere ich meine Meditation und die Wahrnehmungsübung nicht mehr wie früher im Schneidersitz, sondern bevorzuge einen Sessel.

Jetzt verstand ich, dass Anne in der Lage war, mich zu lokalisieren, wenn ich in dem Sessel meditierte und die Übung praktizierte. Dann konnte sie zu mir kommen.

Diese Erkenntnis weckte bei mir Erinnerungen an ein rätselhaftes Erlebnis ungefähr 1988 oder 1989. Damals hatte ich ein kurzes Gespräch – mental oder physisch, das weiß ich nicht – mit einem der Besucher, eines der wenigen Gespräche mit ihnen überhaupt. Ich fragte, warum sie hierher gekommen seien. Die Antwort lautete: »Wir sahen ein Leuchten.«

Damals nahm ich an, damit sei das nächtliche Licht der Städte gemeint, als Anzeichen intelligenten Lebens. Doch nun verstand ich, was die Besucher damit wirklich gemeint hatten.

Wenn wir unsere Aufmerksamkeit auf unsere körperlichen Empfindungen richten, erzeugt das irgendeine Art von Verstärkungseffekt, durch den ein Leuchten erzeugt wird. Das war es, was die Besucher gesehen hatten, als sie mich zum ersten Mal besuchten. Sie waren neugierig, was dieses kleine Licht war, dass sie jede Nacht dort in dieser abgelegenen, ländlichen Gegend bemerkten.

Ich war aufgeregt. Hatte ich endlich eine zuverlässige Möglichkeit zur Kommunikation mit meiner Frau gefunden, etwas, das von meiner Seite der Brücke aus funktionieren würde? Dass Anne in der Lage war, andere Menschen dazu zu veranlassen, mich anzurufen, hatte sie unter Beweis gestellt, aber was war mit etwas Vertrauterem, einem persönlichen Gespräch zwischen uns beiden? Würden wir jemals die wunderbare Reise unserer Gespräche wieder aufnehmen können, die ein so köstlicher und wesentlicher Bestandteil unserer Ehe gewesen waren?

Als ich wieder zu Hause eintraf, begann ich natürlich sogleich und mit verdoppelter Energie eine Meditation. Ich praktizierte die Wahrnehmungsübung und trat dann ein in die Stille meines Seins, jenen Ort, wo wir das Flüstern der Seele hören können.

Und da tauchten die Besucher wieder in meinem Leben auf. Sie kamen, um Anne zu helfen.

ERKENNE DICH
SELBST

Ungefähr zwei Wochen nach meiner Rückkehr aus Nashville wurde ich mitten in der Nacht durch einen pulsierenden Schmerz in der zweiten Zehe meines linken Fußes geweckt. Ich bewegte den Fuß ruckartig, und der Schmerz verschwand. Was war geschehen? Die Uhr zeigte 3 Uhr morgens, und in meinem Schlafzimmer war es dunkel und still.

Ich lag da und überlegte, was es mit diesem Schmerz auf sich hatte. Er war heftig gewesen, nun aber völlig verschwunden.

War es ein Gichtanfall?

Ich schaltete mein Smartphone ein und recherchierte nach den Symptomen. Nein, keine Gicht. Es hatte sich eher wie ein elektrischer Schlag angefühlt.

Ich untersuchte das Bett. Aber es gab keine Stromkabel in der Nähe, und ich benutze keine Heizdecke.

Verwundert schlief ich wieder ein.

In der folgenden Nacht wurde ich wieder geweckt. Diesmal kniff mich jemand in meine rechte Brustwarze, und zwar sehr fest. Das war schmerzhafter als der Stromschlag am Zeh.

Ich sprang aus dem Bett.

Es war niemand da, jedenfalls niemand, den meine Augen sehen konnten. Ich schaute auf die Uhr. Wieder morgens um drei. Ich musste an die Monate denken, während denen ich mit den Leuten aus der Zone zwischen den Leben meditiert hatte. Meistens weckten sie mich morgens um 3 Uhr mit einem Schlag auf die Schulter. In der Morgendämmerung kamen sie dann noch einmal. Lange Zeit besuchten sie mich um 23 Uhr, 3 Uhr und 6 Uhr.

Mir kam der Gedanke, dass nachts um drei, wenn die meisten Leute schliefen, das kleine Leuchten, das ich erzeugte, besser zu sehen sein würde. Vielleicht wollten die Besucher also Anne helfen.

Folglich ging ich ins Wohnzimmer, setzte mich in den Sessel und begann mit der Wahrnehmungsübung, dieser einfachen Routine, bei der man seine Aufmerksamkeit nacheinander auf alle Gliedmaßen und Körperteile richtet, bis der ganze Körper einbezogen ist.

»Ich sah das Leuchten«, sagt Anne. »Es funktionierte. Ich drang zu dir durch.«

»Warum hast du mir das nicht einfach erklärt?«

»Weil das, was wir sagen, für euch wie eure eigenen Gedanken klingt. Verstehst du? Du hättest es nicht für eine objektive Information gehalten.«

Seitdem meditiere ich stets um 23 Uhr und um 3 Uhr. Während des ersten Jahres weckten sie mich jedes Mal, wenn ich es nicht tat, wobei sie wechselnde Methoden anwendeten. Das konnte ziemlich verblüffend, ja erschreckend sein, etwa wenn etwas, das sich wie eine kleine Schlange anfühlte, über meine Nase glitt. Oder es ertönte eine plötzliche Explosion. Später hörte ich einen leisen Ruf aus dem Wohnzimmer: »Wir sind da.« Inzwischen erwarten sie mich lautlos. Wenn ich zwei Nächte in Folge nicht erscheine, wecken sie mich in der dritten Nacht meistens, indem sie mir ins Gesicht pusten.

Kürzlich geschah es zum Beispiel, dass ich einfach nicht aus dem Bett kam. Immer wieder überwältigte mich der Schlaf. Ich konnte nichts dagegen tun. Sie ließen mich deutlich wissen, dass sie da waren. Aber ich schaffte es trotzdem nicht. Sie gaben auf.

Vor ein paar Tagen, als ich im Landhaus eines Freundes übernachtete, war ich wieder sehr müde. Nachts um drei fragte ich mich, ob ich auch im Urlaub meditieren musste. Im nächsten Moment klingelte es an der Tür. Das Haus hat aber gar keine Türklingel.

Frage beantwortet.

Ich weiß, dass viele Leute solche Geschichten unglaubwürdig finden. Aber ich beschreibe mein Leben so, wie es sich tatsächlich abspielt. In allen meinen Büchern habe ich das so gemacht. Ich bin immer bei der Wahrheit geblieben und habe die Erlebnisse korrekt wiedergegeben. Ich berichte vollkommen aufrichtig. Darauf lege ich Wert, weil ich mein Leben auf neue Art führe – in Kontakt mit der nicht-physischen Welt, aber ohne die traditionellen Fallstricke des Glaubens und der Mythologisierung.

Es ist für mich extrem wichtig, jede Nacht beide Meditationen zu praktizieren, besonders die um 3 Uhr morgens.

Anne sagt dazu: »Dann habe ich etwas, worauf ich mich fokussieren kann. Und ich bin es, die dir ins Gesicht bläst. Von dem, was ich physisch tun kann, kommt das einem Kuss am nächsten.«

»Dann will ich ab jetzt nicht aufstehen, damit ich mehr Küsse von dir bekomme.«

»Du kennst aber doch ihre Art von Humor.«

»Wir sind bei dieser Sache also nicht allein.«

»Whitley, es geht nicht nur uns beiden so! Wir Toten können nicht viel Lärm machen, und deshalb müssen wir uns zusammentun, um überhaupt etwas bewegen zu können. Das nicht-physische

Bewusstsein kann insgesamt, in all seiner Vielfalt, kollektiv nicht viel mehr als ein Seufzen in die physische Welt projizieren. Deshalb ist die Brücke so enorm wichtig. Wenn die Brücke gebaut wird, wird unser Lied in der ganzen physischen Welt widerhallen.«

»Der Chor der Engel?«

»Ja, wenn du es so ausdrücken willst, aber das Lied wird bei dir selbst beginnen.«

Zunächst verstehe ich nicht, was sie meint. Dann erscheint Lorie Barnes vor meinem inneren Auge, eine alte Freundin. Und damit geht eine weitere Entdeckung einher.

Als uns nach der Veröffentlichung von *Communion* (Die Besucher) Tausende von Briefen der Leserinnen und Leser erreichten und Anne sich der Situation annahm, erkannte sie rasch, dass eine Person allein das unmöglich bewältigen konnte. Also suchte sie per Annonce eine Sekretärin. Ich schlug vor, Manpower anzurufen, einen großen Personalvermittler, aber Anne beharrte darauf, unter den Leuten, die uns schrieben, jemand Passenden zu finden. Und tatsächlich: Kaum eine Stunde später zeigte sie mir einen Brief. »Das wird meine Sekretärin«, sagte sie.

Doch als ich ihn las, sah ich, dass die Briefschreiberin keinerlei Hinweise gab, von Beruf Sekretärin zu sein. Sie erwähnte Gesang und Schauspielerei. Als ich Anne darauf hinwies, fragte sie: »Hast du schon einmal von ihr gehört?« Ich verneinte. »Sie ist bestimmt auf einen Halbtagsjob als Kellnerin oder Sekretärin angewiesen. Schau doch, was für eine schöne, gut lesbare Handschrift sie hat. Ich glaube, dass sie Sekretärin ist. Und sie wohnt nur zwei Minuten von hier.« Anne rief sie an.

Eine Stunde später stand Lorie, die, wie sich herausstellte, tatsächlich eine erfahrene Sekretärin war, vor unserer Tür.

Die beiden katalogisierten und archivierten alle Briefe, die detaillierte Beschreibungen von Erfahrungen enthielten. Jahrelang beschäftigten wir uns nicht mit diesem Archiv. Wir gründeten die Communion Foundation, um die wissenschaftliche Erforschung der in den Briefen geschilderten Erfahrungen zu ermöglichen, doch es gelang uns nicht, genug Spenden und Fördergelder aufzutreiben.

Kürzlich bekundete Dr. Jeff Kripal, mein Co-Autor bei *Super Natural* (Übernatürlich), Interesse an den Briefen. Also schenkte ich sie seiner Hochschule, der Rice University in Houston, wo sie für die Nachwelt erhalten und für die Forschung zugänglich gemacht werden.

Sie sind ein kostbarer Schatz an Reaktionen auf den bislang intensivsten Kontakt der Menschheit mit einer anderen Realität und anderen intelligenten Spezies, und zwar physischen und nicht-physischen.

In vielen Briefen werden Begegnungen mit grauen Wesen mit großen Augen beschrieben, in manchen außerdem Kontakte mit jenen gedrungenen, dunkelblauen Gestalten, die in meinen eigenen Erfahrungen eine zentrale Rolle spielen, sowie vielen, vielen anderen Wesenheiten. Von ihnen allen scheinen die dunkelblauen Geschöpfe am stärksten daran interessiert zu sein, die positive Entwicklung unserer Seelen und unseres Lebens zu fördern, und vielleicht gibt es dafür einen ganz besonderen Grund.

Das Erlebnis, das Lorie veranlasste, unser Buch zu lesen und uns zu schreiben, hatte mit diesen dunkelblauen Wesen zu tun. Das Ganze geschah Anfang der 1950er Jahre. Damals war sie schwanger und befand sich eines Nachts allein in ihrem Apartment in Queens. Es war gegen 23 Uhr, und ihr Mann, ein Bühnenkünstler, ging seiner Arbeit nach. Sie las im Bett. Plötzlich bemerkte sie eine Bewegung und blickte auf. Neben dem Bett standen, in einer Reihe, mehrere kleine, dunkelblaue Gestalten.

Damals gab es noch keine »Alien-Folklore« über schöne Venusier und ähnliche Geschichten. Lorie starrte in das Gesicht eines bizarren, froschähnlichen Trolls, der Handschuhe trug. Als sie panisch vor dem Wesen zurückwich, sagte es: »Hab keine Angst. Wir sind nicht wegen dir gekommen. Wir interessieren uns für das kleine Mädchen, mit dem du schwanger bist.«

Das machte es natürlich noch schlimmer. Das Wesen bemerkte Lories Entsetzen und fragte: »Warum fürchtest du dich vor uns?«

Sie sagte: »Weil ihr so hässlich seid!«

Daraufhin legte das Wesen seine Hand auf Lories Handgelenk und erwiderte: »Eines Tages wirst du so aussehen wie wir.«

Lorie brachte tatsächlich ein Mädchen zur Welt, was man damals vor der Geburt noch nicht feststellen konnte. Ihre Tochter wuchs vollkommen normal heran und es gab in ihrem Leben keinerlei merkwürdige Erfahrungen.

Das Interesse der Wesen an Lories Tochter hatte also offensichtlich nicht damit zu tun, dass sie besondere mediale Fähigkeiten oder andere ungewöhnliche Merkmale aufwies. Warum interessierten sie sich dann für sie?

Ich vermute, dass sie an uns allen interessiert und mit uns auf eine Weise verbunden sind, die wir erst allmählich entdecken. Nicht ohne Grund sagten sie zu Lorie, sie wären »Seelentechniker«.

Der Satz »Eines Tages wirst du so aussehen wie wir« ist höchst sonderbar und lässt erahnen, dass wir darüber, was hier auf dieser Welt wirklich geschieht, was unser Leben ist und wer wir wirklich sind, noch weniger wissen, als wir glauben.

Vielleicht hat die menschliche Spezies ja mehr als eine Erscheinungsform. Das ist in der Natur nicht ungewöhnlich. Schmetterlinge führen zum Beispiel erst ein Leben als Raupe. Kaulquappen machen eine extreme Verwandlung zum Frosch durch. Es gibt weitere Indizien dafür, dass wir intensiv mit dieser anderen Lebensform der kleinen, dunkelblauen Wesen verbunden sind und diese Erfahrungen nur aus unserer Wahrnehmung herausfiltern.

Ein Psychologe fuhr eines Abends auf New Yorks Grand Central Parkway am Flughafen LaGuardia vorbei.

Zu seinem Schrecken sah er einen riesigen Jet, der offenbar direkt den Highway anflog. Zuerst dachte er, die Piloten hätten die Autobahn mit der Landepiste verwechselt und würden in den dichten Autoverkehr hineinstürzen. Doch als die Maschine in niedriger Höhe über sein Auto hinwegflog, sah er, dass sie etwas Unwirkliches hatte, so, als wäre sie gar kein echtes Verkehrsflugzeug, sondern sollte nur wie eines aussehen.

Im nächsten Moment erblickte er an der Straße ein Verkehrsschild mit einem großen leuchtenden Display, auf dem eine Abfolge fremdartiger Symbole zu sehen war. Etliche Autos hielten am Straßenrand, und aus Neugierde stoppte er ebenfalls. Er sah, dass neben der Straße eine Anzahl von Leuten im Kreis um das leuchtende Verkehrsschild stand. Er beschloss, sie zu fragen, was hier vorging, stieg aus und näherte sich der Gruppe.

Doch plötzlich stellte sich ihm eine dunkle, zwergwüchsige Gestalt in den Weg und sagte schroff und drohend: »Verschwinden Sie von hier! Sofort!«

Der Psychologe hielt es für besser, der Anweisung zu folgen. Er stieg in seinen Wagen und fuhr weiter – und damit endete das sonderbare Erlebnis. Er fand nie eine Erklärung für das, was er damals beobachtet hatte.

Wenn man diese beiden Berichte zusammen betrachtet, liegen einige Schlussfolgerungen nahe. Erstens stehen diese Wesen, wer immer sie sein mögen, in enger Verbindung zu uns. Sie interessieren sich für unsere Kinder. Aus unbekanntem Grund versammeln sie Menschengruppen und schützen diese Versammlungen, indem sie ablenkende Illusionen erzeugen.

Und sie haben zu wenigstens einer Person gesagt, dass sie in Zukunft eine von ihnen sein wird.

Inzwischen sehe ich diese Wesen ständig. Zuletzt sah ich während meiner Arbeit an diesem Buch eines, und ich bin mir sicher, dass es bis zur Veröffentlichung weitere Begegnungen geben wird.

Als wir das Blockhaus in Upstate New York hatten, tauchten sie dort häufig auf. Einmal geschah das, als mehrere Gäste in unserem Wohnzimmer übernachteten und zwei weitere in einem Zimmer im Untergeschoss. Unsere Gäste im Wohnzimmer sahen die Wesen, konnten miteinander sprechen, waren aber wie gelähmt und nicht in der Lage, sich zu bewegen. Sie beobachteten kleine dunkelblaue Gestalten, die wie Akrobaten im Zimmer herumsprangen.

Währenddessen sah das Paar, das wir im Untergeschoss einquartiert hatten, eine Freundin am Fußende des Bettes stehen, die im Jahr 1983 bei dem Erdbeben in Mexico City ums Leben gekommen war. Die Erscheinung wirkte völlig lebensecht, gar nicht gespensterhaft. Sie sagte zu ihnen, dass alles in Ordnung sei, und verschwand. Ungefähr zur gleichen Zeit verschwanden auch die Wesen im Wohnzimmer.

Später in jenem Monat rief mich mein Literaturagent an und sagte, ein Mann wolle mich unbedingt sprechen, der beruflich mit der Luftfahrt zu tun habe. Damals wollten mich ziemlich viele Leute gerne sprechen, aber nur diesem war es gelungen, meinen Agenten ausfindig zu machen. Ich hatte das deutliche Gefühl, ihn anrufen zu sollen.

Er berichtete, vor Kurzem hätten er und seine Frau gegen 22 Uhr im Wohnzimmer gesessen, als ihr alter Hund, der vor dem Kamin gelegen hatte, plötzlich unruhig wurde und ein zweites Mal nach draußen wollte. Als seine Frau die Haustür öffnete, um mit dem Hund hinauszugehen, sah sie eine Art Feuerkugel am Himmel, die in der Nähe im Wald niederging.

Sie rief ihren Mann und sagte: »Ich habe gerade ein brennendes Flugzeug gesehen. Bestimmt wird man dich in ein paar Minuten anrufen und du musst zum Einsatz.«

Im selben Moment rannte ihr siebenjähriger Sohn die Treppe hinunter und sagte, kleine Männer hätten seinen kürzlich gestorbenen älteren Bruder in sein Zimmer gebracht, und der Bruder hätte gesagt, es gehe ihm gut und es sei alles in Ordnung mit ihm.

Ganz verzweifelt wollte der Vater von mir wissen, ob andere Menschen auch schon so etwas erlebt hätten, was ich ihm bestätigen konnte – und dass meine Frau Anne durch die Auswertung der vielen Briefe wusste, dass die Toten oft in Begleitung vermeintlicher Außerirdischer erschienen, und zwar vor allem dieser kleinen, dunkelblauen Wesen.

Wenn es sich bei den Kontakten wirklich um Außerirdische handelt, dann muss in ihrer Zivilisation bereits eine Verbundenheit zwischen den Lebenden und den Toten bestehen. Indem sie zu Kontakten mit uns unsere Toten mitbringen, wollen sie uns möglicherweise dabei helfen, wie sie ganz und heil zu werden. Aber es ist ebenso gut möglich, dass diese Wesen gar keine physischen Außerirdischen sind, sondern ein Aspekt unserer eigenen Spezies, der zwischen den Lebenden und den Toten vermittelt.

Die Wesen, die Lorie sah, die »Seelentechniker«, gingen, wenn sie in unserem Blockhaus auftauchten, oft in die Kinderzimmer. Sie hatten Lampen bei sich, mit denen sie die Körper unserer Kinder beleuchteten, und sie sagten, sie seien »Ärzte« und würden sich »unsere Seelen anschauen«.

Anne sagt, sie seien »Leute, die Schuld auf sich geladen haben und jetzt versuchen, wieder zu sich selbst zu finden, indem sie anderen helfen«.

Heute erkenne ich, dass sie jene sind, die ich früher Kobolde nannte – dunkelblau, zwergenhaft. Sie sollen selbst Menschen sein? Das finde ich sehr merkwürdig.

»Und wie helfen sie uns?«

»Ein Zweck der Kontakte mit diesen Wesen besteht darin, diese Erfahrung, die du und andere Menschen mit ihnen machen, in eurer DNA zu verankern. Dann werden künftige Generationen bereits mit diesem Wissen geboren. Das wird es ermöglichen, eure Entwicklung weiter voranzubringen. Dass die Kontakte enorm zugenommen haben, dient dazu, diesen Prozess zu beschleunigen.«

Es wird also ein Seelenwerkzeug genutzt, um physische Veränderungen herbeizuführen, die es künftigen Generationen ermöglichen werden, Kontakte über die Brücke herzustellen.

»Wir werden euch dafür so genaue Anweisungen wie möglich geben, aber sie können nicht vollständig sein. Das liegt daran, dass die Zukunft von uns weniger gut vorhergesagt werden kann, als ihr es gerne glauben wollt. Das Schlimmste daran ist, dass dann, wenn wir nicht in der Lage sind, euch genügend Details mitzuteilen, jene, die mit uns in Kontakt stehen, ihre Fantasie benutzen werden, um das Bild zu vervollständigen. Das führt dann dazu, dass Medien falsche Vorhersagen machen.«

»Du hast mir gegenüber aber einige sehr treffende Vorhersagen gemacht. Zum Beispiel, was die Wahl Trumps betrifft.« (Anne hatte im September 2017 vorhergesagt, dass Donald Trump Präsident werden würde, etwas, das zum damaligen Zeitpunkt eigentlich ausgeschlossen erschien.)

»Als ich es sagte, stand fest, dass es eintreten würde.«

»Welche Fragen könnt ihr denn am besten beantworten?«

»Ich denke, es sollten Fragen nach Ereignissen sein, die nicht zu weit in der Zukunft liegen. Das Unvermeidliche können wir früher sehen als ihr, aber im Allgemeinen nicht sehr viel früher.«

»Sind alle Toten gleichermaßen in der Lage, in die Zukunft zu schauen?«

»Das hängt davon ab, worauf ihr Bewusstsein fokussiert ist. Ich bin auf die physische Welt fokussiert. Auf dich. Mein ganzes Leben war eine Vorbereitung darauf, diese Art von Lehrerin zu sein. Nicht jeder tut das, aber ihr könnt jeden von uns darum bitten.«

»Und wie macht man das?«

»Erinnere dich an die Liebe, die du für deine Eltern und Großeltern empfandest. Erinnere dich an die Liebe, die du in deiner

175

Kindheit für sie hattest: unschuldig, vertrauensvoll und so sehr Teil von dir, dass sie dir im Blut lag. Diese Liebe kommt der objektiven Liebe sehr nahe. Das war es, was Jesus meinte, als er sagte, dass wir werden müssen wie die Kinder, um ins himmlische Königreich zu gelangen. Die objektive Liebe ist der Himmel.«

Es war im Frühjahr 2016, während eines Abends in Malibu, als ich diese Wahrheit für mich entdeckte. Ich war bei Freunden zu Gast, Leigh und Carla McCloskey, die häufig bei sich zu Hause Seminare und Vorträge veranstalten. In ihrem großen Garten sollte an diesem Abend ein tibetischer Lama sitzen und chanten. Es waren etwa fünfzig Gäste gekommen, manche lagen im Gras, anderen saßen auf Sesseln und Bänken. Ich saß auf einer Bank, der gegenüber eine noch freie kleinere Bank stand.

Als der Mönch mit seinem Gebet begann, spürte ich, wie sich in meinem Körper etwas veränderte. Das Gefühl war nicht unvertraut, ich hatte es während meiner Meditationen schon oft erlebt. Ich würde es als eine Erhöhung meiner Schwingungsfrequenz beschreiben.

Im nächsten Moment saß Anne auf der freien Bank. Sie war so gekleidet wie in den späten 1970ern: hellbraune Hose, grüne Bluse und Pullunder. Es war ein attraktives Outfit, und ich hatte immer bewundert, wie gut sie darin aussah.

Dann stand sie auf, und ohne das Gefühl, mich selbst zu bewegen, fand ich mich plötzlich am Fuß einer nicht sehr hohen Treppe wieder. Ich hob den Kopf und sah Anne. Sie blickte vom oberen Ende der Treppe zu mir hinunter. Hinter ihr standen Regale voller Bücher. Sie signalisierte mir mit einem Wink, dass ich zu ihr hinaufkommen sollte.

Aber wie sollte ich das bewerkstelligen? Ich stand trotzdem auf. Dann begriff ich, denn ich konnte hinter mir meinen Körper sehen, der immer noch auf der Bank saß. Während ich Stufe für Stufe hochstieg, verebbte das Chanten hinter mir.

Ich trat ein in eine sehr lebendige Stille, und nach ein paar Schritten stand ich vor meiner Frau. Ich schaute direkt in ihre Augen. Ich fand dort eine völlige Offenheit. Und ein Gefühl, dass sie gleich platzen würde vor Lachen.

Und doch, wäre sie nicht so schön und fröhlich gewesen, hätte ihr durchdringender Blick mich erschreckt. Dann bemerkte ich ihre vollen, schönen Haare. Sie hatte ihre Haare immer gehasst, und ein paar Monate zuvor hatte mir einer unserer Leser einen Brief geschickt, in dem er berichtete, Anne hätte ihm gesagt, dass sie jetzt endlich schönere Haare hätte.

Als ich daran denken musste, lächelte sie. Sie sprudelte förmlich vor Heiterkeit – freute sich sichtlich an sich selbst, an mir und mit sich und mit mir. Ihr Lachen war tröstend, akzeptierend, und zugleich war Ernsthaftigkeit spürbar.

Sie zog ein grünes Buch aus einem Regal und gab es mir. Auf der Vorderseite war in dicken goldenen Lettern das Wort »Leben« aufgeprägt. Es handelte sich, das wusste ich intuitiv, um das Buch meines Lebens. Allerdings war ich irritiert, denn es war sehr dünn. Sie forderte mich mit einer Geste auf, es zu öffnen.

Als ich es aufschlug, fiel mein Blick auf eine junge Frau, die mich mit einem schrecklichen Gesichtsausdruck anstarrte. Für einen Moment verwirrte mich dieses unerwartete Bild.

Ich bat Anne, mir die Ereignisse in meinem Leben zu zeigen, die erklären, warum ich so bin, wie ich bin. Ich kenne mich gut mit der Literatur zum Thema numinose Erfahrungen aus, und darum weiß ich, wie einsam ich in meinem Leben bin. Auch andere Menschen machen sonderbare Erfahrungen, aber nicht viele Leben sind so durchgängig sonderbar wie meines.

Über die meisten dieser Erlebnisse berichte ich nicht. Mein Kriterium hierbei ist einfach: Wenn es genügend unterstützende Fakten gibt, berichte ich detailliert über ein Erlebnis. Wenn nicht, behalte ich es für mich.

Ich hatte Anne gebeten, mir zu helfen, mich selbst besser zu verstehen, und das war nun das Resultat – ein dünnes Buch und diese junge Frau, die mich unheilvoll anstarrte.

Meine Mutter?

Meine Geburt war so schwer, dass meine Mutter beinahe an Erschöpfung gestorben wäre. Ich habe einen großen Kopf, was sie beinahe umgebracht hätte, als ich durch den Geburtskanal kam. Nach der Geburt vertrug ich ihre Milch nicht. Ich musste mit Muttermilchersatz ernährt werden, und in den 1940er Jahren war dieser noch recht unzureichend. Während der ersten sechs Monate meines Lebens schrie ich fast pausenlos.

Es war so schwer, mich zu versorgen, dass meine Mutter nach sechs Monaten in ein Erholungsheim musste.

1988 wurde bei mir ein MRT-Scan durchgeführt, den ich in mehreren Büchern beschrieben habe. Der Scan ist normal, bis auf eine Sache: An der Oberfläche meines Gehirns gibt es einige helle Flecken. Bei einem weiteren MRT im Jahr 2014 waren diese Flecken immer noch da.

Solche Läsionen sind charakteristische Folgen von Kindesmisshandlung. Nimmt man hinzu, dass bei mir zwei Halswirbel verschmolzen sind, entsteht ein klares und tragisches Bild: Irgendwann als Kleinkind ließ mich jemand auf den Kopf fallen.

Hatte meine Mutter das getan? War das Annes Botschaft?

Eine Gruppe von Ärzten interessiert sich für mein Gehirn. Sie wissen, dass ich kein Lügner bin, und untersuchen meine MRT-Scans. Eines ist jedenfalls schon klar: Als Kind erlitt ich ein Kopftrauma. Hat demnach meine Mutter mich geschlagen? Wurde sie deshalb in das Erholungsheim geschickt?

Ich weiß es nicht und werde es auch nie erfahren. Es lebt aus jener Zeit niemand mehr, der es mir sagen könnte. Ich erinnere mich an meine Mutter nicht als eine schreckliche Frau. Ganz im Gegenteil, sie war meine beste Freundin, meine treueste Verteidigerin und Fürsprecherin. Wir hatten ein sehr herzliches Verhältnis. Voller Zuneigung erinnere ich mich an unsere endlosen Gespräche über Philosophie und Literatur und daran, wie sehr sie ihrem altklugen, wissbegierigen Jungen immer zur Seite stand. Einmal kam ich mit James Salingers *Der Fänger im Roggen* unter dem Arm in die Grade School. Die Nonnen riefen deswegen bei meiner Mutter an. Sie sagte zu ihnen: »Er darf alles lesen, was er lesen möchte. Ich habe ihm das Buch gegeben.«

Rastete sie einmal in ohnmächtiger Wut aus, als sie mit ihrem schwierigen Baby allein und verzweifelt müde und erschöpft war? Ende 1945 oder Anfang 1946 war mein Vater noch Soldat. Sie musste sich allein um mich und meine ältere Schwester kümmern, die damals noch ein Kleinkind war.

Meine Mutter kam also erschöpft mit mir aus dem Krankenhaus, nur um dann zu erleben, dass ihr zweites Baby eine Qual war und, wenn es nicht gerade schlief, fast pausenlos schrie und dass die Ärzte ihr nicht helfen konnten.

Wenn es geschah, und ich denke, dass es so war, dann fühle ich in meinem Herzen nichts als Vergebung. Ich sage nur, dass die Mutter, die Teil meiner Erinnerungen ist und in meinem Herzen wohnt, die ist, die ich liebe und in Ehren halte. Schon vor langer Zeit habe ich die Botschaft der Vergebung aus dem Evangelium verinnerlicht, und auch Annes dringende Aufforderung in »The Love that Led Me Home« (Die Liebe, die mich nach Hause führte), ihrem Tagebucheintrag auf der Webseite, spricht davon, dass wir »uns von dieser Bürde befreien« sollen. Ich weigere mich, Wut gutzuheißen, auch wenn sie gerechtfertigt ist, und in diesem Fall bin ich mir überhaupt nicht sicher, dass sie es ist.

Zum einen hätte ich ohne die Kopfverletzung niemals dieses Leben geführt. Ein Kopftrauma ist charakteristisch für viele Menschen, die außergewöhnliche mediale und psychologische Fähigkeiten zeigen. Offensichtlich bilde ich da keine Ausnahme.

An jenem Abend in Malibu brachte Anne mich dazu, mich auf eine Reise in eine Wahrheit über mich selbst zu begeben, die so tief in mir begraben war, dass ich sie auf andere Weise bestimmt nie erkannt hätte. Meine Mutter, die mich liebte und die wundervolle Gefährtin meiner Kindheit war, hat mir an einem bestimmten Punkt in ihrem Leben möglicherweise Schaden zugefügt. Das war dieselbe Mutter, die, als ich elf Jahre alt wurde, erkannte, dass mein wacher Geist nach reicherem Material suchte als dem, was sich damals in Kinderbüchern fand. Deshalb kaufte sie mir die damals 54 Bände umfassende Reihe »Great Books of the Western World«, die von der Encyclopedia Britannica herausgegeben wurde. Sie machte mich mit Autoren wie H. H. Munro, Saki, Franz Kafka, John Cheever, Thomas Mann und anderen vertraut. Und natürlich mit Salinger.

In den Great Books stieß ich auch auf Platons Dialoge, die mich so begeisterten, dass ich beim Lesen nicht stillsitzen konnte. Ich ging in meinem Zimmer auf und ab und folgte mit intensiver Aufmerksamkeit der Logik der Dialoge. Die Ideen darin und die Art und Weise, wie sie hervortraten, machten mich sprachlos. Und Descartes – sein Werk war so gut gestaltet, so sorgfältig und logisch und diszipliniert, dass ich mit der Lektüre gar nicht aufhören konnte. Ich liebte die Art und Weise, wie mein Denken dadurch angeregt wurde, und ich liebte seine berühmte Präsentation des Cartesischen Zweifels. Seitdem führe ich ein Leben, in dem ich diese Form des Zweifels ständig praktiziere. Ich kann gar nicht anders. Descartes disziplinierte sich dazu, seinen Sinnen zu misstrauen. Würde ich meinen nicht misstrauen, würde mein Geist ins Chaos stürzen. Eine fragende Haltung einzunehmen ist unverzichtbar für meine Rationalität und meine geistige Gesundheit, und ich habe Descartes zu danken, weil er mir zeigte, wie das praktisch funktioniert.

Ich war als Kind allein und bin es jetzt wieder. Als Anne noch lebte, hatte ich eine echte Gefährtin – auch sie wurde in der Kindheit Opfer von Gewalt und hatte nach großartigen Gedanken gehungert, wovon sie etwas in den Büchern ihres Vaters fand. Und sie befürwortete sehr, dass wir das, was wir im Unterbewusstsein gespeichert und vergessen haben, an die Oberfläche holen, damit wir uns selbst verstehen.

Oft sagte sie zu mir: »Du erzählst immer nur fröhliche Geschichten über deine Kindheit. Du solltest dich der Wahrheit stellen.« Und jetzt kommunizierte sie mit mir über die Brücke zwischen den Welten und half mir, die Widersprüche und verdrängten Schrecken ans Licht zu bringen, die meine Seele belasteten und mich nach meinem Tod weiterhin belasten würden, wenn ich sie in diesem Leben nicht anschaute und sie in die Liebe einschloss, die mein Zentrum ist und das Zentrum von uns allen: die objektive Liebe. Sie befreit uns von allen Bürden und schenkt uns die Leichtigkeit des Seins, die wir brauchen, um nicht nur die Stufen zu jener Bibliothek hinaufzusteigen, sondern weiterzumachen, unseren Weg fortzusetzen.

Jetzt können also die Leute über mich sagen: »Er ist als Kind auf den Kopf gefallen, deshalb bildet er sich all diese verrückten Sachen ein.« Aber ich bilde sie mir nicht ein. Ich glaube, dass meine Sicht auf die Welt zutreffender, wahrer ist als die gefilterte Version. Auch ist meine Welt für jeden Menschen zugänglich. Dafür müssen Sie nur anerkennen, dass sie existiert und real ist, und lernen, sie in ihrem Leben wahrzunehmen. Dafür muss man kein Kopftrauma erleiden.

Wenn wir anfangen, die Welt zu sehen, wie sie wirklich ist, wird die Erfahrung, ein Mensch zu sein, größer und komplexer. Vor allem werden die Umrisse der Brücke für uns klarer erkennbar, und wir können jene auf der anderen Seite deutlicher sehen.

Wir erkennen, dass die wirkliche Welt voller Potenziale und Möglichkeiten steckt, die wir bisher ausgeblendet haben, und dass das nicht-physische Bewusstsein viel reicher und informierter ist als wir. Wenn Sie diese höhere Welt sehen, werden Sie diese Welt hier so erleben, wie sie tatsächlich ist, sozusagen als kleinen Winkel von etwas, das viel größer und wunderbarer ist, als das Physische es jemals sein könnte.

Wenn es Ihnen dann wie Schuppen von den Augen fällt, werden Sie auch die anderen so sehen, wie sie wirklich sind, jede und jeden von ihnen.

Es stellt sich heraus, dass sie nicht die kleinen, erbarmungswürdigen Geschöpfe sind, wie man erwartete. Ganz im Gegenteil. Scheinbar gewöhnliche Menschen sind pulsierende Ausdrucksformen von etwas – nennen Sie es das Göttliche –, das danach strebt, erkannt und verstanden zu werden, und das doch nicht erkannt und verstanden werden kann. Und dieses gepeinigte und fröhliche Wesen ist ein Teil von Ihnen, ist alles, was Sie sind, und alles, was existiert.

Dann werden Sie zum ersten Mal erkennen, dass Sie über die Brücke schauen, und dort drüben existieren in ihrer jetzigen Gestalt alle, die Sie je kannten und liebten: Vorfahren, Freunde, verstorbene Partnerinnen und Partner. Und dort ist noch jemand. Eine fremde Gestalt, die etwas abseits steht und mit dem gleichen Staunen, das Sie selbst empfinden, zu Ihnen zurückschaut.

Und Ihnen wird klar, dass Sie selbst viel mehr sind, als Sie dachten, denn diese Gestalt, die sich bereits auf der anderen Seite der Brücke zwischen Leben und Tod befindet, sind Sie.

So gelangen Sie zu der Erkenntnis, dass wir nicht nur in unserem Körper leben, sondern auch an den Stränden des Lebens. Wir sind Fischer und werfen in den geheimnisvollen Gewässern unseres eigenen Seins unsere Netze aus. Was wir fangen ist Selbsterkenntnis, und sie ist das machtvollste Werkzeug der Seele.

WAS IST DIE SEELE?

ch frage Anne, was sie jetzt ist. Sie sagt: »Wir sind Licht. Lebendiges Licht.«

»Aber warum können wir euch dann nicht sehen?«

Sie lacht. »Ich bin hier!«

Es ist, als wäre sie mir einfach ein Stück voraus, als wäre sie den vor uns liegenden Weg schon ein Stück weiter gegangen. »Du sagst, die Seele ist Licht. Wodurch wird dieses Licht erzeugt?«

»Es ist die Energie der objektiven Liebe, der Wunsch, ganz selbst zu sein. Deshalb beschreiben Menschen, die dem Licht bei einer Nahtoderfahrung begegnen, es als allumfassende Liebe. Es umfasst alles, was existiert.«

»Aber es genügt doch nicht, sich selbst einfach als Licht zu bezeichnen. Wenn ich meine Leselampe einschalte, ist deren Licht doch keine Seele.«

»Wir sind überall, aber das Licht ist nicht physisch messbar.«

»Ich habe dich als Farben gesehen: Rot, Grün und Blau. Hast du dich bei diesen physikalischen Frequenzen aufgehalten?«

»Diese niedrigeren Frequenzen existieren zu den höheren in unserer Welt parallel.«

»Wie oben, so unten?«

»Das ist der Grund, warum unsere Welt der euren so ähnelt. Warum wir wie Erinnerungen an uns selbst aussehen.«

»Worin besteht dann der Unterschied? Warum befindet ihr euch auf einer höheren Schwingungsebene?«

»Denke an das Kleid der jungen Frau. Das war eine sehr wichtige Lektion für dich, Whitley. So sieht die Realität nämlich aus, wenn man sie von außerhalb der Zeit betrachtet. So sieht das Leben aus.«

Ich will weitere Fragen stellen, aber dann wird mir bewusst, wie wertvoll das ist, was sie gerade zu mir sagte. Sie hat mir einen Eindruck davon vermittelt, worin der Unterschied zwischen oben und unten besteht. Wir befinden uns in den sich bewegenden Bildern, die sie auf dem Kleid trug, und gehen durch unser Leben, als wäre es ein linearer Weg. In der höheren Welt leben wir unser Leben nicht, sondern tragen es wie ein Kleid. Das also bedeutet es, sich auf den Flügeln der objektiven Liebe über das Leben emporzuschwingen. Und dort befand sich die junge Frau, die mich besuchte.

Ich wende mich wieder den Farben zu. »Hätte man deine Präsenz mit einem Messgerät nachweisen können, als ich dich in den farbigen Gewändern sah?«

»Nein. Aber die Seele lässt sich nachweisen.«

»Wie?«

»Es gibt diese Bilder von Orbs – nicht jene, die sich physisch erklären lassen, zum Beispiel als Staub, sondern die, die wir bei uns im Wald in der Nähe des Blockhauses sahen. Das waren Seelen, die sich so langsam bewegten, dass man sie sehen und mit technischen Instrumenten wahrnehmen kann.«

»Was muss geschehen, damit solche Sichtungen öfter stattfinden können?«

»Ihr müsst euch intensiv dafür interessieren.«

»Also starke Aufmerksamkeit – ein weiteres Seelenwerkzeug.«

»Ja. Du hast dieses Werkzeug bei dir kultiviert, indem du seit fünfzig Jahren die Wahrnehmungsübung machst und meditierst. Deshalb siehst du so viel.«

Es gibt eine Tradition im Hinblick auf dieses Licht, die sich bis in die ältesten religiösen Überlieferungen zurückverfolgen lässt, und später fand sie auch Eingang in das Denken von Ralph Waldo Emerson, Henry David Thoreau und anderen amerikanischen Transzendentalisten.

Als unsere Welt noch überschaubarer war, fiel es uns leichter, Seelen wahrzunehmen, sowohl unsere eigene wie die der Menschen in unserer Umgebung und denen jenseits des physischen Lebens. Wir waren damals weniger abgelenkt, und so hatten wir Augenblicke des Aufwachens wie den Zustand »transzendenten Staunens«, den der Dichter Tennyson beschrieb.

Dann, im späten neunzehnten Jahrhundert, begannen wir, Technologien zu entwickeln, die, so wundervoll sie auch sind, uns tiefer in die materielle Wirklichkeit hineinzogen. Wir erfanden das Telefon, das Auto, das Flugzeug und dann die Flut neuer Geräte, über die wir heute verfügen.

Darüber vergaßen wir aber Phänomene wie das Licht des transzendenten Staunens, und wir vergessen sogar uns selbst.

Schon in den ersten religiösen Texten überhaupt, den Pyramidentexten auf den Innenwänden der Pyramide des Pharaos Unas in Ägypten, wird das bewusste Licht erforscht. Von dort entwickelten diese Aufzeichnungen sich immer weiter und tauchten in jeder Kultur in aller Welt auf. Erst in jüngerer Zeit ließ das Interesse daran nach. Es ließ nach, verschwand aber nicht völlig. Tatsächlich weckt es neuerdings wieder viel mehr Aufmerksamkeit. Und wissen Sie warum? Es steht im Zentrum der Nahtoderfahrungen. Wenn wir verstehen wollen, was die Seele ist, lohnt es, sich mit der Geschichte unserer Beziehung zu diesem lebendigen Licht in der physischen Welt zu beschäftigen. Und dafür ist es notwendig, sich den Anfängen des religiösen Denkens zuzuwenden.

Im Pyramidentext wird zum ersten Mal in der schriftlichen Überlieferung die Seele durch eine Schlange aus Licht symbolisiert, die in der Wirbelsäule lebt – manche nennen das Kundalini-Energie, andere die Nervenimpulse im Rückenmark. Als zweitausend Jahre nach den Pyramidentexten die biblische Schöpfungsgeschichte niedergeschrieben wurde, betrachtete man inzwischen die Seele als vom Menschen getrennt, als die Quelle seiner Selbsterkenntnis. In den älteren Texten wurde sie als integraler Bestandteil seines Seins gesehen.

Keine dieser beiden Sichtweisen ist falsch. Tatsächlich ist die Darstellung in der Genesis eine Weiterentwicklung der früheren Vision, da hier die Trennung zwischen Körper und Seele erkannt und beschrieben wird. Selbsterkenntnis wird hier als Eigensinn betrachtet, was darauf hinweist, dass der Mensch auf seiner langen Reise ins Licht ein neues Stadium erreicht hatte – das schimmernde Mädchen, nach dem ich in meinem Leben suche. Das ist die Ebene der Hingabe. Es geht darum, »zu einem klaren Glas zu werden, durch das Gott leuchten kann«.

In späteren Entwertungen des Genesis-Textes wird die Seele als böses Wesen dargestellt, das vollkommen von uns getrennt ist – ein Dämon, der uns das Geheimnis der Selbsterkenntnis einflüstert und uns dadurch von der Einheit mit Gott weglockt.

Gewiss setzt uns der Dämon heute sehr zu – schauen Sie sich doch die Welt an. Als Anne lebte, sagte sie immer: »Wir sind unsere eigenen Dämonen.« Immer, wenn jemand auf Dämonen oder Satan zu sprechen kam, entgegnete sie: »Rede mir nicht von Dämonen. Erzähle mir von dir.«

In dem Pyramidentext ist die Schlange Iahw das Licht. Sie schläft als Zentrum der Lebenskraft, dem Ta-ntr, in der Wirbelsäule. Umkreist wird es von sieben kleineren Schlangen, Nervenzentren, aus denen später die Chakras oder Kreise des Tantra wurden. Im Pyramidentext wird nämlich das Tantra begründet. Tatsächlich begann mit jenem Text die Suche nach dem Licht, Ann Sextons »schreckliches Rudern auf Gott zu«, Yeats' und meine Suche nach dem schimmernden Mädchen, und die Suche des Syrers in der Bibel und aller Mystiker nach dem, was der Dichter »lichte Luft« nannte.

Es geht also um etwas Helles. Wir müssen keineswegs im Dunkeln suchen, und wie all diese Wanderungen seit der Entstehung des Textes führt auch unsere in ein allmählich stärker werdendes Licht. Während sich um uns die Dunkelheit herabsenkt, konzentriert sich das Licht wie das des Mannes, den ich in jener Nacht Anfang der 1990er Jahre sah, heller als ein Diamant, still in seiner Ewigkeit, Strahlen aussendend, die, wenn sie mich berührten, durch meine Haut drangen und mir einen Eindruck von der Essenz eines anderen Menschen vermittelten, seine nackte Wahrheit, kostbar und alltäglich zugleich.

»Eines Tages möchte ich dich so spüren, Annie.«

»Dann mach weiter.«

Die Farben der Chakras spiegeln den Aufstieg des Lichts aus der Dichte zur immer größeren Ausbreitung. Zuerst das Morgenrot des untersten Chakras, die Morgendämmerung des Körpers. Als Nächstes das Orange des Morgens, das wandernde Kind, dann das Gelb des Mittags, dann das aufsteigende Licht, das auf das Grün der Erde zurückschaut, dann das Blau des unteren Himmels, darauf folgend der Anstieg zum Indigo des hohen Himmels, dann das blasse Violett der Milchstraße. Freiheit. Ich kann sie so deutlich spüren, dass ich weiß, sie steht sogar mir offen.

»Annie, gibt es zwischen den Sternen Wesen, die das Licht bereits gefunden haben?«

»So ist das nicht. Es sieht nur so aus, wenn man es von innerhalb der Zeit betrachtet.«

»Gibt es also eine Suche oder hat die bewusste Energie das, auf das wir zugehen, bereits gefunden?«

»Beides trifft zu.«

Die Schlange in der Wirbelsäule ist der Weg in den Aufstieg. In der ägyptischen Religion war es der Weg, den die Seele nahm, um im Tod den Körper zurückzulassen.

»Wie ist es, zu sterben?«

»Du fühlst eine Art Stoß in der Wirbelsäule. Etwas löst sich. Dann bist du vom Körper befreit. Ich flog nach vorne aus meinem Körper heraus, nicht oben durch die Schädeldecke. Ich schoss regelrecht heraus. Dann schaute ich mich um, und da warst du. Deine Hand lag auf meiner Brust. Oh, meine Seele, mich überkamen so starke Gefühle! Sofort stand ich in Kontakt mit allen, die ich jemals war, und allem, was ich jemals wusste. Du sahst so klein aus, eingepackt in deinen Körper. Du bist eingeschlossenes Licht. Wir sind freies Licht.«

»Und wie ist das? Verschwindest du in etwas Größerem? ›Ins Licht gehen‹, wie es heißt?«

»Im Moment, als ich den Körper verlassen hatte, spürte ich eine überwältigende Freude. Ich war draußen, und das Leben ging tatsächlich weiter! Ich war von Liebe umgeben. Ich berührte dich mit meiner Hand, aber du bemerktest es nicht. Damit du dich besser fühltest, zeigte ich dir, dass ich umhergehen kann, und das sahst du. Wie ich sagte: Ich war immer noch ich. Ich fühlte mich immer noch körperlich. Ich war immer noch in unserem Schlafzimmer.«

»Ich sah, wie du auf mich zugingst, aber ich konnte nicht sagen, wo du warst. Mir schien, in einer Art neutralem Raum.«

»Was mich betraf, war es immer noch das Schlafzimmer.«

»Bist du ins Licht gegangen?«

»Ich bin Licht.«

Sehr gut wurde dieses Paradox, im Licht und gleichzeitig selbst das Licht zu sein, im achten Jahrhundert von Nestorius von Nonhadra beschrieben: »Ihr müsst eure Aufmerksamkeit auf das einfache Licht in euch richten. In diesem einfachen Licht wird gelegentlich ein Stern erscheinen und leuchten, aber dann wird er sich wieder verbergen und verschwinden: Das ist das Mysterium der neuen Welt.« Dann beschreibt Nestorius einen Aufstieg ins Licht, der meines Erachtens sehr dem Aufstieg durch die Chakras gleicht, der zuerst in dem Pyramidentext beschrieben wurde: »Das Licht hat die Farbe des Himmels, die auch die Farbe der Natur der geläuterten Seele ist.«

Ich frage Anne: »Bist du eine geläuterte Seele?«

»Das bin ich, aber denke daran, dass das Leben ein guter Schmelztiegel ist. Das Universum ist voller geläuterter Seelen. Stelle uns nicht auf ein Podest. Erwarte, dass du dich uns anschließen wirst.«

Nestorius fährt fort: »Und wenn das Licht kristallhell ist, leuchtet die heilige Dreifaltigkeit aus der Seele, und die Seele sendet feurige Strahlen aus, mit denen sie Gott inmitten der Engel verherrlicht.«

Das ist, denke ich, eine Beschreibung jener Strahlen, die ich aus der Seele strömen sah, mit der zusammen ich meditierte. Sie waren lebendige Strahlen, und die Essenz seines Seins wurde durch sie in meinen Körper gesendet. Die Schönheit war fantastisch – eine, aus meiner Perspektive, unmittelbare Erfahrung der Ekstase. Und schon diese eine Seele, mit der ich in Kontakt stand, strahlte eine solche enorme Energie aus!

»Wir alle haben diese enorme Energie, Whitley! Das schimmernde Mädchen, dem du folgst, bin nicht nur ich. Sie ist das höchste Licht allen Wissens.«

»Du wusstest also damals genau, warum du wolltest, dass ich ›Das Lied des wandernden Aengus‹ lese?«

»Mein Ego wusste es nicht, aber meine Seele. Meine Seele ist immer deine Lehrerin gewesen, vom dem Tag an, als wir uns zum ersten Mal begegneten.«

»Die Lehrerin meiner Seele?«

Für einen Augenblick spüre ich ihre Hand auf meiner – oder erinnere mich an diese Empfindung.

Ich bin diesem Licht so nahe, dass es schmerzt, aber ich spüre auch, dass sein Feuer in meinem Herzen ist. Ich kann es nicht klarer in Worte fassen, als zu sagen, dass ich vollkommen verstehe, wie es möglich ist, dass Anne zugleich alles Licht und sie selbst ist und dass wir alle so sind, selbst jene, die in diesen kleinen Zeitmaschinen eingeschlossen sind, die wir Körper nennen.

Im alten Ägyptisch wird für »Leben« und »Schlange« das gleiche Wort verwendet: *hayy*. Es meint die Wirbelsäule und die feurige Schlange darin. Diese Schlange aus bewusstem Licht ist es, die nach dem Tod aufsteigt.

Das erkannte ich durch zwei Erlebnisse. Im Oktober 1985 suchten die Kobolde zum ersten Mal Kontakt zu mir, aber ich bemerkte das zunächst nicht. Erst im März 1986, als ich mich von Dr. Donald Klein zum ersten Mal im Leben hypnotisieren ließ, wurde es mir bewusst. Statt dabei, wie ich erwartet hatte, zu der Nacht vom 26. Dezember 1985 geführt zu werden, erinnerte ich mich an eine Phase im Oktober desselben Jahres.

Den ganzen Sommer hindurch hatte ich mich in einem Zustand des Schreckens befunden. Ich hatte Alarmsysteme installiert und bewachte nachts mit einem geladenen Benelli-Sturmgewehr das Haus, um meine Familie zu beschützen. Ich saß mit dem Gewehr auf dem Schoß vor dem Zimmer meines kleinen Sohnes, dann ging ich nach oben, um nachzusehen, ob bei Anne alles in Ordnung war, patrouillierte ständig hin und her.

Erst wenn der Morgen dämmerte, fiel ich ganz benommen von alledem in einen erschöpften Schlaf.

Als Dr. Klein mich hypnotisierte, erinnerte ich mich an eine kleine, gedrungene blaue Gestalt, die in unserem Schlafzimmer stand. Ich kann heute noch lebhaft den Schock spüren, den das während der Hypnosesitzung in mir auslöste, und weiß, dass ich laut schrie. Dieses bedrohliche, erschreckende Geschöpf näherte sich mir mit einem aus Kristall bestehenden Zauberstab und schlug mir damit auf den Kopf. Das weckte in mir furchterregende Bilder der Zerstörung. Vielleicht handelte es sich um eine Warnung vor tatsächlichen, in der physischen Welt drohenden Katastrophen, aber ich denke, dass es sich wohl eher um die symbolische Zerstörung jener Welt handelte, die ich für real gehalten hatte. Das war Teil eines Prozesses, der dazu diente, meine innere Sicht zu befreien, indem meine Erwartungen ans Licht geholt wurden.

Aber da war noch mehr. In jenem Oktober litt ich unter heftigen Nackenschmerzen, was auf meine damals noch unentdeckte Kopfverletzung in der Kindheit zurückzuführen war. Eines Nachts waren die Schmerzen so schlimm, dass ich, wie ich es schon viele Male getan hatte, meinen Kopf mit den Händen hin und her drehte, um sie zu lindern.

Dabei geschah es, dass zusätzlich eine unsichtbare Hand meine Bewegungen lenkte. Es folgten eine Reihe tiefgehender chiropraktischer Korrekturen.

Dabei hörte ich plötzlich ein mahlendes Geräusch und hatte das Gefühl, meine Seele falle aus meinem Körper. Ich spürte die Wirkung bis tief hinunter in meine Wirbelsäule.

Von da an war ich nicht nur schmerzfrei. Auch in meiner Wirbelsäule hatte sich etwas gelöst, sodass ich meinen Körper viel besser entspannen konnte.

Nach dem in *Communion* (Die Besucher) geschilderten Erlebnis spürte ich die Nähe des auf dem ersten US-Buchcover abgebildeten weiblichen Wesens ganz ähnlich, wie ich heute Annes Gegenwart spüre. Wenn ich eine Buchhandlung betrat, von denen es damals noch viel mehr gab als heute, leitete sie mich dazu an, bestimmte Bücher zu kaufen, indem sie in meinem Kopf etwas sagte wie: »Nimm das da, schlage die und die Seite auf.«

Zu diesen Büchern gehörte *Der Mann mit den zwei Leben: Reisen außerhalb des Körpers* von Robert Monroe. Da *sie* mich zu diesem Buch geführt hatte, las ich es natürlich mit lebhaftem Interesse. Danach experimentierte ich mit der von Monroe beschriebenen Methode, den Körper zu verlassen.

Ich spürte, wie sich entlang meiner Wirbelsäule etwas löste, und dann rollte ich seitlich aus meinen Körper heraus und stand mitten im Schlafzimmer. Ich war mir der Umgebung und meiner selbst völlig bewusst. Natürlich weiß ich nicht, ob alle Erinnerungen intakt waren, aber ich hatte das klare Gefühl, ich selbst zu sein. Ich beschloss, ins Freie zu gehen. Monroe hatte schließlich auch weite Ausflüge unternommen und war stets unbeschadet zurückgekehrt. Als ich mich durch die etwas höhere Dichte der Wand schob, dachte ich, dass dies die Art sein musste, wie die Besucher sich bewegten.

Schließlich muss es sich bei ihnen um Seelen handeln, die eine physische Gestalt annehmen können.

Alles war mit einem dünnen Film aus schimmerndem blauen Licht bedeckt, selbst der Erdboden und die Stromleitungen entlang der Straße. Ich entschied, mich bei diesem ersten Versuch nicht weiter vom Haus zu entfernen, sondern in meinen Körper zurückzukehren. Doch als ich das versuchte, war es, als wäre sein Inneres mit einem glatten, leuchtenden Film bedeckt, der wie Quecksilber aussah. Ich fiel aus meinem Körper heraus und glitt neben dem Bett zu Boden. Dann merkte ich, dass ich schweben konnte, mich dabei aber langsam abwärts bewegte. Das beunruhigte mich. Ich hätte es vorgezogen, aufwärts zu schweben.

Im nächsten Moment befand ich mich im Vorgarten meines Elternhauses. Mein Vater mähte den Rasen. »Wann kommst du endlich und hilfst mir?«, fragte er.

Ich hatte das Rasenmähen immer gehasst, und schlagartig war ich wieder in meinem Körper!

Damals dachte ich, es würde mir leichtfallen, weitere außerkörperliche Ausflüge zu unternehmen. Aber eine so klare Loslösung von meinem Körper gelang mir nicht noch einmal – bis ich im Jahr 2016 die erstaunlichste außerkörperliche Erfahrung meines Lebens hatte.

Ich verstand noch nicht sehr gut, was es mit der Schlange auf sich hatte und auf welche Weise die Wirbelsäule als der Riegel funktioniert, der die Schlange im Körper festhält.

Nach Annes Tod wollte ich auch gehen. Ich wollte ihr folgen und bei ihr bleiben, und je klarer mir wurde, dass sie wirklich als bewusstes Wesen weiterexistierte und mich immer noch liebte, desto mehr sehnte ich mich danach, für immer zu ihr zu gehen.

Ich versuchte es mit der tibetischen Methode des P'howa, einem bewussten Austreten der Seele aus der Schädeldecke. Doch es gelang mir nicht. Meine Seele blieb fest im Körper verankert.

Dann, im Herbst 2016, besuchte ich eine Konferenz, an der zahlreiche Neurologen und andere Professoren teilnahmen, die sich wie Jeff Kripal, Co-Autor meines Buches *Super Natural* (Übernatürlich), für außergewöhnliche menschliche Erfahrungen interessierten.

Wir übernachteten in einem Tagungszentrum mit kleinen Einzelzimmern, und ich meditierte, wie es meiner Gewohnheit entsprach, um 23 Uhr und um 3 Uhr nachts.

Da der Konferenztag lang und anstrengend gewesen war, fiel es mir besonders schwer, für die Drei-Uhr-Meditation aufzustehen, aber ich schaffte es. Danach sank ich wieder ins Bett und erwartete einen ungestörten Schlaf bis Tagesanbruch.

Stattdessen spürte ich um 4 Uhr plötzlich, wie ein elektrischer Schock durch meine Wirbelsäule schoss. Das machte mich wütend. Ich hatte die Nachtmeditation doch bereits absolviert. Warum weckten mich die Besucher noch einmal?

Dennoch rappelte ich mich trotz meiner großen Müdigkeit auf, um erneut zu meditieren. Aber es gelang nicht. Ich saß im Sessel und starrte auf die Wand.

Schließlich legte ich mich wieder ins Bett.

Im nächsten Moment wurde ich geradezu aus meinem Körper hinausgeschleudert und befand mich plötzlich draußen im Flur. Das geschah so abrupt, dass ich zuerst dachte, ich sei noch im Körper und hätte mich einfach nur geirrt, wäre schlaftrunken nach draußen gegangen statt in Richtung Bett. Doch als ich versuchte, ins Zimmer zurückzugehen, wurde mir klar, dass ich keinen Körper hatte.

Mein erster Gedanke war, mich anderen Leuten zu zeigen. Ich wusste damals schon, dass man durch das Anlegen einer Elektrode an den rechten Gyrus angularis die Illusion einer außerkörperlichen Erfahrung erzeugen kann. Er ist Teil des rechten Scheitellappens und zuständig für die Wahrnehmung des eigenen Körpers. Und ich wusste auch um die zahllosen Versuche, dieses Phänomen wegzuerklären.

Anne sagt: »Wenn du dieses Leben hinter dir lässt, ist deine erste Erkenntnis, dass all unsere Glaubensüberzeugungen unreif sind. Wir wissen gar nicht genug, um wirklich glauben zu können.«

Natürlich würden diese Akademiker und Wissenschaftler, wenn ich ihnen am Morgen von diesem Erlebnis erzählte, aufgrund ihres Wissens über das Gehirn vermuten, dass ein Vorgang innerhalb meines Gehirns bei mir eine Illusion erzeugt hatte. Also war mein erster Gedanke, einem oder mehreren von ihnen im außerkörperlichen Zustand zu erscheinen. Da ich selbst schon mehrfach solche Erscheinungen gesehen hatte, hoffte ich, dass es funktionieren würde.

Als Erstes versuchte ich es beim Organisator der Konferenz, dessen Zimmer vorne an der Eingangshalle lag. Doch es gelang mir nicht, ihn aufzuwecken. Also ging ich durch die Wand ins nächste Zimmer. Auch dieser Wissenschaftler schlief tief und fest.

Der Gast im dritten Zimmer, in dem ich es versuchte, war allerdings halb wach. Ich schwebte an seinem Bett, bis ich sah, wie er seine Augen weit aufriss.

Er beschreibt sein Erlebnis so: »Gegen 4 Uhr morgens schlief ich. Dann erinnere ich mich, dass ich dich zwischen dem Fußende meines Betts und der Wand stehen sah. Du schautest mich ruhig an, und wir unterhielten uns eine Weile telepathisch. Ich weiß nicht mehr, worüber, aber es muss sehr tiefgründig gewesen sein und beschäftigte mich eine Weile, sodass ich noch ein oder zwei Stunden wach lag. Du trugst ein kariertes Hemd und sahst ruhig und glücklich aus, lächeltest aber nicht. Ich vermute, ich spürte, dass du ruhig und glücklich warst. Du schienst mir gegenüber Liebe auszustrahlen, denn ich fühlte mich wohlig und friedlich, als ich wieder einschlief. Ich glaube, wir haben uns ungefähr zwanzig Minuten unterhalten. Dann bist du durch die Zimmerdecke davongeschwebt.«

Ich stieg so hoch auf, dass ich den ganzen Kontinent überblicken konnte und die Linie des Tagesanbruchs sah.

Über mir waren die heiligen, schweigenden Sterne und um mich das Indigo des Himmels.

Dann schoss ich über das Land hinweg und schwebte zu etwas hinunter, das wie ein Universitätscampus aussah. Die gerade aufgegangene Sonne leuchtete golden, die Schatten waren lang.

Im nächsten Moment befand ich mich vor einem Gebäude. Man sieht in diesem Zustand die Umwelt anders als im physischen Zustand. Jedenfalls ist das meine Erfahrung. Zum Beispiel sehe ich Dinge, deren Existenz mir vorher unbekannt war, meistens nicht als das, was sie sind, sondern als etwas ihnen Ähnliches aus meiner Erinnerung. Wenn das bei vielen oder den meisten von uns so ist, trägt es sicherlich zu der Trennung zwischen der physischen und der nicht-physischen Seite des Lebens bei, denn je mehr die Zeit fortschreitet und unsere physische Umwelt sich verändert, desto weniger werden jene auf der anderen Seite in der Lage sein zu begreifen, was auf der physischen Seite vorgeht.

»Deswegen gefiel es mir nicht, dass du meine Socken wegwarfst. Ich kann die Verbindung nur aufrechterhalten, wenn alles dort so bleibt, wie es war.«

(Am Morgen nach Annes Tod warf ich, warum weiß ich gar nicht, Annes verspieltes, ungleiches Sockenpaar weg, das sehr bunt war und das sie gern mochte. Ich hörte sie sagen: »Meine Socken sind weg!« Ich kaufte ihr sofort neue, die seitdem in ihrer Schublade liegen.)

Jedenfalls ging ich in ein Gebäude, das wie ein Studentenwohnheim aussah. An der Wand erblickte ich ein großes schwarzes, wie eine Lutschtablette geformtes Gebilde. Ich habe sie schon öfter gesehen, weiß aber nicht, um was es sich handelt. Wenn man sich im physischen Zustand befindet, sieht man sie nicht. Ich vermute, dass es sich um Wesen handelt, welche auf einer Wirklichkeitsebene nahe unserer existieren, die auch in gewisser Weise materiell ist, was es ihnen ermöglicht, sich im gleichen Raum wie wir aufzuhalten, ohne dass es zu Kontakten kommt.

Ich wollte ausprobieren, ob ich erreichen konnte, dass mich jemand sah. Also ging ich durch die Halle zu einem der Zimmer. Vielleicht war dort jemand wach. Ich hatte draußen einen jungen Mann von vielleicht zwanzig Jahren gesehen, der aber durch mich hindurchschaute, als wäre ich Luft. Menschen, die sich nicht bewegen, weil sie im Bett liegen oder in einem Sessel sitzen, kann man leichter auf sich aufmerksam machen.

An der Wand vor dem Zimmer lehnte etwas, das wie ein außergewöhnlich langes Hackbrett aussah. An einem Ende war es wie eine Flöte geformt, was mich an ein Musikinstrument denken ließ.

In dem Zimmer war niemand, also beschloss ich, mich auf den Rückweg zur Konferenz zu machen. Schließlich hatte ich fast das halbe Land durchquert. Ich durfte auf keinen Fall die Orientierung verlieren.

Aber als ich wieder in die Höhe stieg, reiste ich auf der Flugbahn, auf der ich gekommen war, mühelos in meinen Körper zurück.

Wichtig hierbei ist, dass ich keine Kontrolle über diesen Vorgang hatte. Wer immer es war, der diese Schockwelle in meiner Wirbelsäule ausgelöst und damit meine Seele freigesetzt hatte, steuerte meine außerkörperliche Reise. Das gilt für alle außerkörperlichen Erfahrungen. Wir können sie nicht bewusst lenken. Selbst wenn ich aus eigenem Antrieb meinen Körper verlasse, lenkt eine andere Kraft, wohin ich reise. Auf dieser höheren Ebene ist das Leben meines Erachtens ein bewusstes Medium. Wenn wir uns darin bewegen, geschieht das innerhalb eines größeren Bewusstseins. Wir sind Teil dieses Bewusstseins. Und es entscheidet selbst, wer dort kommt und geht, was wir dort tun und warum.

Beim Frühstück herrschte einige Aufregung. Der Teilnehmer, der mich gesehen hatte, hatte einem Freund in einer eMail von dem Erlebnis berichtet, und jetzt redeten die Leute über meine außerkörperliche Erfahrung. Offen gesagt, war ich darüber erfreut. Man hatte mich dorthin eingeladen, damit ich über meine außergewöhnlichen Erlebnisse berichtete, und ich hatte dieser Gruppe von Wissenschaftlern, die sich der Erforschung solcher Phänomene widmeten, sogar vor Ort zu einem solchen verholfen. Nicht alle akzeptierten, dass es sich um reale Erlebnisse handelte, sondern hielten sie ausschließlich für innere Erfahrungen.

Später während des Tages beschrieb ich, was ich auf dem Campus beobachtet hatte. Dabei zeigte sich, dass zwei Professoren den Ort wiedererkannten: Es war ihre Universität! Sie waren sich sogar ziemlich sicher, in welches Wohnheim ich hineingegangen war.

Im Frühling 2017 besuchte ich diesen Campus in der physischen Realität. Wir fuhren herum, schauten uns alles an, und dann erkannte ich das Gebäude wieder. Es handelte sich tatsächlich um ein Studentenwohnheim. Wir gingen hinein, und ich befand mich an einem Ort, den ich ausschließlich von meiner außerkörperlichen Erfahrung her kannte. Jedes Detail war mir vertraut, die Möbel, einfach alles.

Staunend ging ich durch den Eingangsbereich zu dem Zimmer. Draußen an der Wand lehnte kein großes Hackbrett, sondern etwas, das ich während der außerkörperlichen Erfahrung nicht richtig hatte identifizieren können. Es war ein verlängertes Skateboard, ein sogenanntes Longboard. Das eine Ende war wie eine Flöte geformt, ganz so, wie ich es während der außerkörperlichen Erfahrung gesehen hatte.

Ich stand dort und dachte über mein Erlebnis nach. Dieser Ort war mir nur aus dem Grund vertraut, dass er mir während meines außerkörperlichen Ausflugs gezeigt worden war. Meine Seele hatte sich durch diesen Flur bewegt, während mein Körper über tausend Kilometer entfernt in einem Bett gelegen hatte.

Ich neigte den Kopf und sprach ein stilles Dankgebet, denn in diesem Moment begriff ich die Wahrheit über mich selbst und über uns alle.

Ich muss an die Pyramide des Unas und die Verfasser der Pyramidentexte denken. In materieller Hinsicht besaßen sie nicht viel. Sie kannten Hunger, Schmerz und frühen Tod. Ihr Wissen über die materielle Welt und die Natur des Körpers war fehlerhaft und unvollständig. Nicht jedoch ihr Wissen über die Seele. Über die Seele wussten sie voll und ganz Bescheid.

Wir dagegen sind es nicht gewohnt, uns mit der Seele zu befassen. Wir können ihre Farben nicht sehen und ihre Anwesenheit in unserem Körper nicht spüren, dort entlang der Wirbelsäule, an der sie verankert ist, oder im Nervensystem, wo sie bei uns wohnt.

»Annie, was sind wir?«

»Licht. Sogar die physische Welt, der Körper. All das ist Licht. Langsamer oder schneller – letztlich ist es Licht.«

DAS STÄRKSTE
WERKZEUG DER
SEELE

Wir wissen, wie man ein Haus baut, ein Gedicht schreibt, träumt, aber wir können uns beim besten Willen nur schwer vorstellen, dass wir Licht sind.

Ich blicke auf meine Hände und sehe physische Objekte. Sie fühlen sich fest an. Sie bestehen aus Blut, Muskeln, Knochen, von Haut bedeckt. Kurz gesagt: Sie sind nicht lichthaft.

Schaue ich aber genauer hin, erkenne ich noch etwas anderes. Sie sind eine äußerst komplexe Struktur aus Zellen, von denen jede eine eigene Entität ist, aber keine Insel. Meine Hände sind vielmehr Zellkolonien, aufgeteilt in unterschiedliche funktionale Gruppen, die auf grandiose Weise zusammenarbeiten.

Ein noch genauerer Blick offenbart in komplexen Mustern arrangierte Atome, winzige Energiefunken, die eigentlichen Bausteine meiner Hände. Bei noch stärkerer Vergrößerung werden die Atome unscharf. Wir stellen sie uns als winzige Planeten vor, die von Elektronen umkreist werden, aber das trifft keineswegs zu. In Wirklichkeit sind Atome Energiefelder, nicht mehr und nicht weniger.

Meine Hände sehen also wie Hände aus, arbeiten wie Hände und bestehen aus physischer Materie, doch wenn man tief genug blickt, wird klar, dass sie eigentlich Energiefelder sind. Und auf einer noch tieferen Ebene sind sie eine Art von gespeicherter Erinnerung. Sie sind Information. Daten.

Ich bin dieser Datensatz, ein Wirbel aus Informationen, durchflutet von Licht mit so hohem Energiegehalt, dass wir es nicht messen können. Wir nennen es die Seele.

Wir sind Licht.

Die Kobolde sagten zu Lorie Barnes, sie wären Seelentechniker. Sie untersuchen Menschen mit Hilfe von Lichtstrahlen. Dieses Licht wird von etwas in uns reflektiert – ein inneres Licht, das auf das äußere Licht reagiert, mit dem sie uns untersuchen.

Alfred Russell Wallace, der mit Charles Darwin das Prinzip der natürlichen Auslese entdeckte, schrieb: »Der Mensch ist eine Dualität. Er besteht aus einer organisierten spirituellen Form, die sich zufällig entwickelte und den physischen Körper durchdringt. Korrespondierend zu diesem besitzt sie Organe und entwickelt sich weiter. Der Tod ist die Trennung dieser Dualität voneinander. Der Geist ändert sich durch ihn nicht, weder moralisch noch intellektuell. Es ist die Bestimmung des Individuums, sich intellektuell und moralisch weiterzuentwickeln. Die Erkenntnisse, Leistungen und Erfahrungen des Erdenlebens bilden die Grundlagen des spirituellen Lebens.«

Wallace war damals im neunzehnten Jahrhundert umstritten, weil er öffentlich für den Spiritismus eintrat. Und wäre er heute Wissenschaftler, würde es ihm genauso ergehen. Aber er war auch einer der größten Naturforscher seiner Zeit und einer der ersten, die sich für den Umweltschutz einsetzten.

Seine Beschreibung der Dualität von Körper und Seele steht sehr gut im Einklang mit meinen außerkörperlichen Erfahrungen und Annes Nahtoderfahrung sowie ihren Beschreibungen des Übergangs in das Jenseits. Ihre Erfahrung, wie sie nach dem Tod ihren Körper verließ, beschreibt sie auf eine Art, die ziemlich genau Wallaces Vorstellungen entspricht.

Sie sagt: »Als ich dich an mein Sterbebett rief, war ich gewissermaßen dabei, aus meinem Körper herauszufallen. Ich war so froh, als du ins Zimmer stürztest. Ich dachte: ›Er kann mich hören!‹ Da wusste ich, dass wir zusammenbleiben würden. Als du mir deine Hand aufs Herz legtest und Lebewohl sagtest, ließ ich einfach los. Ich fühlte, wie mein Herz zu schlagen aufhörte. Es tat nicht weh. Dann war da ein Gefühl der Loslösung entlang der Wirbelsäule. Ich wurde regelrecht aus dem Körper geschleudert. Ich schwebte blitzschnell durch deine Hand hindurch aufwärts in die Luft. Ich schaute zu dir hinab und sah, wie du dich weinend über meinen Körper beugtest. Aber warum? Ich war doch immer noch da, direkt bei dir. In diesem Moment wurde mir klar, dass es tatsächlich ein Leben nach dem Tod gibt und dieses Leben für mich soeben begonnen hatte. Du meine Güte, war das aufregend!

Ich war ich. Ich hatte die Kleidung an, in der du mich dann sahst. Sie war einfach da, als Teil meiner Vorstellung von mir selbst. Bequeme Kleidung. Ich fühlte mich wie ich, wie mein Körper, aber nicht krank, gelähmt und elend. Normal. Ich fühlte mich normal.«

Für die Kobolde ist es Teil ihres Jobs als Seelentechniker, den Lichtkörper zu untersuchen, doch für uns geht es darum, ihn zu nutzen.

Wenn ich mich im außerkörperlichen Zustand befinde, werde ich oft von anderen gesehen, und zwar in für sie erkennbarer Gestalt. Eine Frau erschrak heftig, als sie mich plötzlich mitten in der Nacht in ihrem Schlafzimmer stehen sah. Sie erkannte mich an der Brille, die ich trug. In einem anderen Fall sah mich ein Radiomoderator, als ich nachts an seinem Bett erschien und ihn anschaute. Auch der Professor auf der Konferenz erkannte mich eindeutig, als ich nachts in seinem Zimmer auftauchte.

Aber selbst wenn andere mich in meiner menschlichen Gestalt sehen, nehme ich mich während einer außerkörperlichen Erfahrung nicht als leichtere Version meines physischen Körpers wahr. Ich fühle mich wie eine Kugel und kann in alle Richtungen sehen. Die Grenzen, die man im physischen Körper empfindet, sind verschwunden. Ich erlebe mich jedoch nicht als Licht. Bei meinem Besuch auf dem Universitätscampus ging ein Student auf mich zu. Ich befand mich genau vor ihm, und er sah mich nicht. Aber der Wissenschaftler auf der Konferenz sah mich und wusste sofort, wer ich war.

Während unseres physischen Lebens ist der Lichtkörper mit dem physischen Körper verwoben. Wenn wir gestorben sind, wirkt der physische Körper leer. Er bewegt sich nicht mehr, und man erkennt den Tod daran, dass die Augen ihr Leuchten verloren haben.

Doch als Anne starb, war das nicht so. Ihr Aussehen veränderte sich auf erstaunliche Weise. Ich hatte zuvor schon Menschen sterben sehen, aber etwas Vergleichbares wie bei Anne nie erlebt. Es war, als wären Annes Gesichtszüge und ihre Gestalt gar nicht völlig aus Fleisch und Blut geformt gewesen, sondern aus einer Substanz, die ihr Fleisch umhüllte und bedeckte. Als sie starb, verschwand diese Substanz. Und im Bett blieb eine Person mit dicken, geraden Augenbrauen und schmalen Wangen zurück. Innerhalb weniger Sekunden war sie auf schockierende Weise geschrumpft und eingefallen.

Ein zuvor für alle Augen sichtbarer Teil ihres Wesens war offensichtlich aus dem Körper verschwunden und hatte viel weniger physische Substanz zurückgelassen, als das normalerweise nach dem Tod der Fall war.

»Ich ließ los. Es war einfach. Hauptsächlich war ich wegen dir und A. besorgt. Meine Jungs waren so traurig!«

»Es verließ mehr als normalerweise üblich den Körper.«

»Aber ein sehr großer Teil von mir war da bereits Licht. Ich habe viel Licht.«

Im tibetischen Buddhismus gibt es die Vorstellung vom Regenbogenkörper. Das ist der Körper eines Meisters. Wenn ein Meister stirbt, erkennt man das an deutlichen Zeichen: Unmittelbar nach dem Tod schrumpft der Körper stark, weil schon im Leben viel von diesem Menschen zu Licht wurde. Von jenen Meistern, die höchste Vollkommenheit erreichten, heißt es, dass ihr Körper sich nach ihrem Tod innerhalb weniger Tage völlig auflöst.

»Das war bei mir nicht der Fall.«

»Hast du beobachtet, was an der Uniklinik mit deinem Körper geschah?«

»Teile von mir werden dort aufbewahrt.«

»Würdest du deinen Körper wieder der Wissenschaft vermachen, wenn du dich nochmal entscheiden müsstest?«

»Aber natürlich!«

Annie ist einfach Lehrerin durch und durch. Und jetzt lehrst du mich, mich nicht zu sehr mit dem Menschen zu identifizieren, den ich liebe: Zu akzeptieren, dass Teile von dir in Formaldehyd schwimmen, fällt mir höllisch schwer!

Verdammt, ich spüre, dass sie über mich lacht! »Du hattest einen sehr reinen, klaren Tod.«

»Ja, das stimmt.«

Ein anderes Zeichen für den Regenbogenkörper ist ein feiner Nebel, der sich sofort nach dem Tod bildet.

Und bald darauf sieht man dann am Himmel viele Regenbogen. So war es auch in den Stunden nach Annes Tod. Ich bemerkte Anzeichen für den Regenbogenkörper, und ich tat, was ich konnte, um diese fotografisch festzuhalten.

Ich fotografierte, wie der Leichenwagen in den Nebel hineinfuhr, der sich nach Annes Tod gebildet hatte. Ein paar Tage später fotografierte ich die vielen Regenbögen, die ich auf der Fahrt zu Annes Trauerfeier sah.

»Warst du ein Regenbogenkörper?«

»Ja.«

»Ist das etwas anderes, als ins Licht zu gehen?«

»Ja.«

»Und was ist anders?«

»Ich bin hier im Wohnzimmer und unterhalte mich mit dir.«

»Ich sehe aber kein besonderes Licht.«

»Es bewegt sich zu schnell für deine Augen. Ich wünschte, das wäre nicht so.«

»Ich denke, es muss etwas Großartiges sein, wenn jemand ein Lichtkörper wird. Der Mann, den ich während der Meditation sah, war wirklich beeindruckend.«

»Nicht für ihn selbst. Er hat sich ganz normal gefühlt, nicht als etwas Besonderes. Wie Quag. Hunde sind gleichzeitig alltäglich und großartig.«

»Wenn ich meditiere, sehe ich euch beide oft zusammen, dich und Quag.«

»Oh ja. Quag kann absolut Quag und das Absolute sein.«

Die erste wirklich machtvolle Demonstration von Annes andauernder Präsenz war das explosive Ereignis im Haus von Trish und Rob MacGregor – ein Lichtblitz und eine Explosion.

»Ich war hierhin und dorthin unterwegs und versuchte, mit Leuten zu reden, aber niemand bemerkte mich. Ich fand das eigenartig und fing an, mich wirklich darüber zu ärgern. Du fühlst dich ganz wie du selbst, so wie vorher. Du redest, bekommst aber keine Reaktion. Dann schreist du. Du vergisst völlig, dass du tot bist. Jedenfalls war das bei mir so. Ich reiste rasend schnell und völlig mühelos im Land umher, so selbstverständlich, dass ich gar nicht darüber nachdenken musste. Wenn ein Mensch an mich dachte, war es, als ob ein Wind mich sofort zu ihm oder ihr hinwehte. Und so landete ich auch plötzlich bei Trish Mac-Gregor, die nur dasaß und über mich schrieb. Ich sagte: ›Hallo.‹ Keine Reaktion. Ich berührte sie am Kopf. Nichts. Schließlich platzte mir einfach der Kragen. Und plötzlich springt sie auf, schreit, und sie und ihr Mann rennen aufgeregt im Haus herum. Es hätte dir gefallen, Whitley. Es war wie bei den Streichen, die du den Leuten immer so gern spielst.«

»Du warst also nicht wütend wegen deines Todes?«

»Machst du Witze? Ich war froh, diesen hilflosen Klotz von einem Körper hinter mir zu lassen. Aber es frustrierte mich, dass alle so blind sind, so taub – so dämlich.«

Hinter ihrer Frustration spüre ich die liebevolle, mitfühlende Zugewandtheit, die sie veranlasst, hier bei uns zu bleiben. Ich erkenne, wofür Anne lebte und wofür sie starb: für diese Mission, von der sie so sehr ein Teil ist.

Das bewegt mich und bewirkt, dass ich ihre Gegenwart sehr tief spüre. Fast ist mir, als könnte ich jetzt in diesem Moment Annes Licht sehen.

Wenn Sie sich diese letzten Sätze noch einmal durchlesen, werden Sie, so hoffe ich, etwas von dem Seelenwerkzeug erkennen, das ich in diesem Kapitel beschreibe. Man braucht gar nicht viele Worte, um dieses Werkzeug zu erklären. Im Wesentlichen ist es die Bereitschaft, das zu akzeptieren, was für uns unsichtbar ist. Die festgefügten Erwartungen des Egos hindern uns daran, die Art und Weise wahrzunehmen, wie Seelen uns etwas von sich schenken. Das Ego hält immer etwas zurück. Am besten lässt sich dieses Seelenwerkzeug so charakterisieren: Es ist ein Zustand, in dem wir alles geben, was wir zu geben haben – wir schenken anderen unser Licht. In Annes Fall wurde dieses Licht durch die Regenbögen symbolisiert.

Wenn Sie dieses Werkzeug schon hier und jetzt in Ihrem physischen Leben anwenden wollen, müssen Sie bereit sein, Ihr Herz so weit zu öffnen, dass schon die bloße Existenz anderer Menschen Sie zu Tränen rührt. Dann werden Sie vollkommen mitfühlend, und zwar ganz ohne Ihr Ego, denn das Ego veranlasst sie zu urteilen, statt wirklich zu sehen. Und über andere zu urteilen hat nichts mit echtem Mitgefühl zu tun.

Wenn die Kobolde sich das Licht der Seele anschauen, suchen sie, jedenfalls vermute ich das, nach diesem Mitgefühl, das sie wohl an seinem besonderen Leuchten erkennen. Wenn sie es finden, bleiben sie anscheinend bei diesem Menschen und bieten ihm aus der inneren Realität heraus Hilfe und Schulung an, wobei sie aber nur sehr selten an der bewussten Oberfläche seines Lebens auftauchen.

In diesem Zusammenhang kommen mir weitere Aspekte des tibetischen Buddhismus in den Sinn, vor allem die Art und Weise, wie in der spirituellen Praxis die Imagination genutzt wird. In dieser religiösen Lehre findet man die Energie der Gottheiten, indem man ihre Anwesenheit imaginiert. Und dieser disziplinierte Einsatz der eigenen Fantasie spielt eine ganz wesentliche Rolle beim inneren Sehen, das wiederum für den richtigen Gebrauch dieses tiefgreifend wirkenden, aber schwer zu definierenden Seelenwerkzeuges von zentraler Bedeutung ist.

Wir im Westen sind immer seelenblinder geworden und haben das Wissen um diese Fähigkeit verloren. Wir sagen: »Das existiert alles nur in der Fantasie.«

Aber die Fantasie, unsere Imaginationskraft, ist von entscheidender Wichtigkeit, weil sie uns enorm stärken kann. Zum Beispiel können Sie imaginieren, dass Sie absolut mitfühlend und offen sind. Sie können imaginieren, dass Ihr Ego ein Werkzeug ist, keine Falle, und dass Sie sich selbst und andere nicht verurteilen, wenn Sie ihre eigenen und deren Fehler und Schwächen erkennen.

»Du bist auf reine Art gestorben. Wie ist dir das gelungen?«

»Vor allem, indem ich mich von meiner Wut löste. Ich traf eine bewusste Entscheidung: Ich würde mich auf das Glücklichsein konzentrieren.«

»Aber was ist mit Geschehnissen wie dem Holocaust? Mütter, die in der Gaskammer starben, während sie versuchten, ihre Kinder zu beschützen. Wie können sie nach einem solchen Ende glücklich sein?«

»Selig die, die verfolgt werden, denn ihnen gehört des Himmelreich. Ihr müsst wissen, dass ihr innerhalb von Sekundenbruchteilen in unserer Welt ankommt, oft noch bevor der Körper tot ist. Die Menschen in den Gaskammern schrien in Qual und Entsetzen, aber sie waren auch im Königreich.«

»Und die Mörder?«

»Vergessen.«

»Das hast du schon einmal erwähnt. Was bedeutet es? Verschwinden sie einfach?«

»Seelen, die zu schwer sind, um aufzusteigen, fallen hinab.«

»Sie gelangen also an einen anderen Ort?«

»Du kennst ihn.«

Ja, das stimmt. Ich habe gesehen, wie es dort ist. Ich war dort. Es kam in meinem Leben zwei Mal vor, dass mir eine Art von Unterwelt gezeigt wurde. Das erste Mal geschah es nach einer Meditation mit den Leuten, die sich in der Zone zwischen Leben und Tod aufhielten. Sie blätterten sozusagen in meinen Erinnerungen und ließen mich frühere Ereignisse in frappierendem Detailreichtum noch einmal durchleben. Eines Nachts stießen sie in meinen Erinnerungen auf einen Moment, als ich in Versuchung gewesen war, Anne zu betrügen.

Sie zögerten. Verharrten in meiner Nähe. Ich wand mich vor Unbehagen.

Nach der Meditation ging ich wie üblich zu Bett.

Ich hatte Anne nicht betrogen. Ich war nur in Versuchung gewesen, es zu tun. Also war doch alles in Ordnung – oder etwa nicht?

Damals hätte ich Ihnen noch nicht erklären können, was ein Seelenwerkzeug ist. Doch in jener Nacht erhielt ich die größte Lektion darüber, was es mit diesem so schwer zu definierenden Seelenwerkzeug auf sich hat. Es geht darum, dass der Weg, unser Herz wirklich für das Mitgefühl zu öffnen, darin besteht, alles, was man besitzt, für die Bedürfnisse anderer zu geben.

Nach ein paar Stunden wachte ich auf und sah etwas so Erschreckendes, dass ich es erst gar nicht wirklich begriff. Aber dann wurde mir klar, was das für Wesen waren, die da an der Decke unseres Schlafzimmers hingen. Sie konnten unmöglich real sein. Nichts Derartiges existiert.

Und doch waren sie da.

Ich sah über mir zwei dicke schwarze Spinnen, jede sicher sechzig bis neunzig Zentimeter lang, mit leuchtend gelben Farbringen auf ihren glänzenden Hinterleibern. Ich konnte ihre spitzen Stacheln sehen. Schlimmer noch: Sie krabbelten heftig an der Decke herum, hatten offensichtlich Mühe, nicht auf uns herunterzufallen.

Gütiger Himmel, das konnte nur ein Albtraum sein!

Ich sprang aus dem Bett. Mein erster Impuls war, einfach aus dem Zimmer zu fliehen. Aber dann sah ich Anne friedlich schlafend im Bett liegen. Keine zwei Meter über ihr schien die am wackeligsten hängende Spinne, die man sich vorstellen kann, jeden Moment auf sie herunterzufallen.

Jetzt, wo ich aufgesprungen war, wirkten sie auf mich völlig real und materiell. Ich hörte sogar das rhythmische Schaben ihrer Klauen, mit denen sie versuchten, an der Decke Halt zu finden.

In keiner anderen Situation in meinem Leben wollte ich so heftig davonrennen.

Aber da lag Anne, völlig hilflos und genau unter ihnen.

Ich starrte auf die Spinnen. Sie waren da. Unwirklich, aber da.

Ich sah keine Möglichkeit, sie anzugreifen. Sie waren viel zu groß, um sie einfach zu erschlagen. Ich überlegte, auf sie zu schießen, wagte aber nicht, mein Gewehr zu holen, denn dafür hätte ich um das Bett herumgehen müssen.

Wenn es Dämonen gibt, dann starrte ich gerade auf zwei solcher Kreaturen.

Und unmittelbar unter ihnen lag meine geliebte Frau schutzlos im Bett!

Das schabende Geräusch ihrer Krallen wurde lauter. Ich sah, dass eine der Spinnen begonnen hatte, eine Art Nest zu weben. Wollten sie also hierbleiben?

Dann erkannte ich, was ich tun musste. Mir blieb keine Wahl.

Ich konnte Anne nur schützen, indem ich mich auf sie legte. Ich stand da und starrte auf die Spinnen. Sie wirkten noch immer vollkommen real. Der Gedanke, mich ihnen auch nur ein paar Zentimeter zu nähern, war erschreckend. Aber ich konnte nicht zulassen, dass sie auf Anne herabfielen.

Ich sagte mir, dass sie einfach nicht real sein konnten, obwohl sie so absolut echt wirkten.

Ich beugte mich vor. Zwischen Anne und der Spinne, die unmittelbar über ihr an der Decke hing, war vielleicht ein knapper Meter Platz. Ich war jetzt wirklich nah, nah genug, um die wie Dornen wirkenden Haare auf den Spinnenbeinen und die sanft pulsierenden Segmente ihres Bauches zu sehen. In diesem Moment hätte mich niemand davon überzeugen können, dass es sich nicht um reale, physische Kreaturen handelte.

Dann erbebte die Spinne. Ich blickte hoch und sah, dass eines ihrer Beine haltlos in der Luft pendelte.

Ich musste handeln. Jetzt.

Ich glitt ins Bett und legte mich auf Anne. Ihre Reaktion bestand – fantastisch – darin, dass sie glücklich seufzte und sich mir öffnete. Aber sie hatte natürlich keine Ahnung, was vorging.

Mir wurde vor Angst schwindelig. Ich stand kurz davor, angesichts des Schreckens ohnmächtig zu werden, und Anne glaubte, ich wollte Sex!

Ich bedeckte sie mit meinem Körper, so gut ich konnte.

Ich wartete. Ich zitterte wie ein Blatt im Wind.

Nichts geschah. Ich wartete.

Immer noch nichts.

Nach einer Weile bemerkte ich, dass das schabende Geräusch der Spinnenfüße verschwunden war.

Als ich schließlich wagte, mich umzudrehen, war von den Spinnen keine Spur mehr zu sehen. Die Zimmerdecke war leer.

Meine Frau war bereit, und wir tauchten in dieser Nacht tief ein in das Mysterium der Liebe.

Heute verstehe ich die Kraft dieses bemerkenswerten Seelenwerkzeugs, das darin besteht, alles zu geben für das Leben anderer.

Wer dazu bereit ist, wird erleben, wie sein Ego zusammenschrumpft. Weil es nie bereit wäre, sich selbst für einen anderen Menschen aufzugeben, wird es so klein, dass wir seine Grenzen sehen können. Bei diesem schwer zu beschreibenden Seelenwerkzeug geht es also darum, die Grenzen des eigenen Egos zu erkennen, indem wir vollkommen selbstlos geben.

Hätte ich die Prüfung nicht bestanden und wäre vor Angst aus dem Zimmer gerannt, hätten die Dinge sich anders entwickelt. Wie, weiß ich nicht, aber eines weiß ich: Nichts hätte mich davon abbringen können, Anne zu beschützen, die ich mit allem, was ich war und bin, liebte und noch immer liebe.

Und inzwischen habe ich eine weitere Wahrheit über mich entdeckt. Auf dieser Ebene sind Gefühle objektiv. Ich würde mich für jeden Menschen, der in solcher Not wäre, auf diese Weise hingeben. Mitgefühl sieht nur die Bedürfnisse anderer. Es urteilt nicht, und daher führt es uns aus dem Ego in die Seele.

Zwei Dinge haben mir die Besucher vor allem anderen vermittelt: demütig zu sein und das Herz anderer Menschen zu beschützen – in meinem Fall vor allem Annes Herz.

Dieses Erlebnis ein paar Jahre zuvor war keine Prüfung, sondern eine Warnung gewesen, und ich werde es niemals vergessen, so lange ich lebe und über dieses Leben hinaus.

In den Jahren, nachdem *Communion* (Die Besucher) erschienen war, kamen, von Anne organisiert, viele Besuchergruppen zu uns in das Blockhaus. Und ziemlich oft, ich habe es in mehreren Büchern beschrieben, begegneten sie den Besuchern.

Zu einer dieser Besuchergruppen gehörte eine junge Frau, der ich offensichtlich gefiel. Sie war attraktiv. Ich spürte die Versuchung, gab ihr aber nicht nach.

Später trafen wir diese junge Frau in Los Angeles, und wieder fand ich sie sehr attraktiv, unternahm aber nichts.

Anne und ich verbrachten die Nacht im Beverly Hills Hotel. Gleich nach dem Einschlafen hatte ich das Gefühl, nach unten auf einen harten Felsboden zu knallen. Ich befand mich in einer Art Käfig und konnte nicht heraus. Dieser Traum war luzider als alle zuvor. Er fühlte sich völlig real an. Plötzlich wurde mir klar, dass ich mich zwischen den Beinen einer gigantischen Spinne befand. Sie waren hart wie Eisen und hielten mich erbarmungslos fest. Doch es gelang mir schließlich, mich zu befreien. Ich befand mich wieder in meinem Körper, mit dem Arm heftig gegen den Nachttisch schlagend. Ich zerschlug die Lampe. Anne schrie – und ich zitterte vor Entsetzen.

Ich stellte eine Verbindung zwischen dem Albtraum und der Faszination her, die diese junge Frau auf mich ausübte. Ich beschloss, mich nie mehr für solche Gedanken zu öffnen.

Seelen, die zu schwer sind, um aufzusteigen, fallen. Diese Worte werde ich nie vergessen. Aber was bedeuten meine beiden Erlebnisse? Ein Mann fühlt sich nur vage in Versuchung geführt, und endet einmal in einer Situation, die ihn zu Tode erschreckt, und beim nächsten Mal vor den Toren der Hölle?

Doch es gab dafür einen Grund.

Kürzlich las ich *The Science of Near Death Experiences* (Die Wissenschaft der Nahtoderfahrungen), eine von dem Forscher John C. Hagan III. herausgegebene Sammlung wissenschaftlicher Studien. In dem Artikel »Distressing Near-Death Experiences: the Basics« (Beunruhigende Nahtoderfahrungen: die Grundlagen) von Nancy Evans Bush und Bruce Gayson wird der Fall eines Mannes beschrieben, der nach einem Herzstillstand eine beunruhigende Nahtoderfahrung machte. Er »hatte das Gefühl, in die Tiefen der Erde hinabzustürzen. Dort unten gab es ein hohes rostiges Tor, das er für die Pforte zur Hölle hielt. In Panik gelang es ihm, wieder ans Tageslicht hinaufzusteigen«.

Diese Panik kenne ich sehr gut. Viel zu gut.

Aber ich hatte doch gar nichts Falsches getan! Ich hatte der Versuchung nicht nachgegeben.

Warum wurde ich trotzdem von diesen schrecklichen Erlebnissen heimgesucht?

»Hättest du mich betrogen, und ich wäre rasend wütend geworden und hätte mich von dir getrennt, hätten wir unsere Mission nie erfüllen können. Sie fürchteten um deine Seele, denn du konntest damals nicht wissen, welche ernsten Folgen dein Versagen gehabt hätte. Erst nach deinem Tod hättest du das erkannt, und diese Erkenntnis wäre für dich schier unerträglich gewesen.«

»Hättest du mich denn wirklich verlassen?«

»Wenn du mich ein oder zwei Mal betrogen hättest? Nein. Aber wenn daraus eine Gewohnheit geworden wäre, hätte es unser gemeinsames Leben ruiniert.«

»Unsere Liebe ist das Schönste, was ich mir vorstellen kann. Nie hätte ich etwas getan, das sie beschädigt hätte.«

Wieder spüre ich Anne ganz dicht in meiner Nähe. Und in mir steigt die Erinnerung an eine Sommernacht auf, Jahre nach diesen zwei Erlebnissen.

Damals lebten wir in Texas. Wir standen immer nachts um 2 Uhr auf und gingen spazieren, weil es tagsüber zu heiß war. Wir spazierten unter den im Wind rauschenden Bäumen. Der Südwind – der Mondwind – war so stark und frisch, dass wir das Meer darin riechen konnten, obwohl es hundertfünfzig Kilometer entfernt lag. In jener Nacht stellte ich mir vor, dass meine und Annes Seele eins wurden. Ich wollte, dass wir uns völlig vereinten.

Während wir dort gingen, nahm ich ihre Hand. Sie lag warm und klein in meiner.

Ich erinnere mich, dass ich dachte: »Sie ist wie die Hand des Mannes aus dem Reich zwischen den Leben, leicht wie Luft, warm und lebendig und zugleich wie ein Schatten.«

Ich küsste Annes Finger, und sie lachte leise auf und der Wind wehte und der Mond flog in den Wolken.

In dieser wundervollen Nacht spürte ich zum allerersten Mal, dass nicht nur unsere Körper eine Einheit bildeten, sondern auch unsere Seelen.

Unsere Körper mussten voneinander Abschied nehmen, aber unsere Seelen werden sich niemals trennen. Hätte ich Anne betrogen und unsere Ehe ruiniert, wären wir jetzt nicht hier. Anne hätte ihre Mission nicht erfüllen können, denn auf dieser Seite der Brücke aus Liebe wäre ich nicht da und würde nicht mein Bestes geben, um unsere Kommunikation in diesem Buch zu schildern.

Also haben die Besucher damals überreagiert. Sie hatten Angst, und das aus gutem Grund.

Zum Glück jagten sie auch mir einen gehörigen Schrecken ein. Aber was war das für eine großartige Lektion! Sei bereit, dich für die Bedürfnisse anderer hinzugeben, und entdecke die Grenzen deines Egos.

Das ist wirklich Licht. Erleuchtung.

»Du hast alles für deine Mission gegeben, sogar dein Leben.«

»Du auch, Whitty.«

»Ja, ich glaube, das stimmt.«

Ich spüre ihre Wärme bei mir, ganz nah. Den Kuss, den ich bisher nicht wahrnehmen konnte – jetzt spüre ich ihn. Also können auch Seelen küssen.

DIE SEELE ALS
ZWEITER KÖRPER

Uns wird gesagt, so etwas wie einen zweiten Körper gäbe es nicht, die Suche danach sei Zeitverschwendung. Man habe ihn nie nachweisen können, und das werde auch nie gelingen. Kommen Sie also gar nicht erst auf den Gedanken, Sie hätten eine Seele, noch dazu eine, die tätig sein will und sich danach sehnt, ihre Seelenwerkzeuge zu verstehen und zu gebrauchen, die sich selbst und anderen helfen will und die alle und alles mit umfassender Objektivität liebt.

Die Existenz des zweiten Körpers *wurde* nachgewiesen. Es gibt eine Fotografie – eine einzige. Sie wurde vor zweitausend Jahren hinterlassen, fast als hätte damals jemand geahnt, dass eine Zeit kommen wird, in der die Menschen ihre Seele leugnen und vergessen.

Sie ist ein Argument zugunsten der Seele, das – mit verblüffender Weitsicht – hinterlassen wurde, lange bevor die Debatte eigentlich begann.

....

Dieses Abbild der Seele wurde als Fälschung hingestellt – als Fake News entlarvt, wie es heute heißt. Aber das ist eine Lüge.

Im Jahr 1977 nahmen Anne und ich an einem Treffen mit Pater Peter Rinaldi teil, der einen Vortrag über das Turiner Grabtuch hielt. Er zeigte uns Fotos der Reliquie und sprach über ein Forschungsprojekt, das damals gerade initiiert wurde.

Es war eine beeindruckende Präsentation, und wir beide fanden die Positivbilder, die man von dem Negativ auf dem Grabtuch angefertigt hatte, sehr verblüffend. Wir spendeten etwas Geld für das Projekt und verfolgten seinen Fortgang über die Jahre. Die ersten Resultate deuteten darauf hin, dass das Tuch tatsächlich aus dem ersten Jahrhundert stammt und dass das darauf zu erkennende Bild durch eine sehr kurze, sehr intensive Hitzeentwicklung entstand. Doch kamen 1988 drei Labors unabhängig voneinander mit Hilfe der Radiokohlenstoffdatierung auf einen Entstehungszeitraum zwischen 1260 und 1390.

Wir waren enttäuscht, allerdings auch misstrauisch. Aber inzwischen hatte ich meine außerkörperliche Erfahrung gemacht. Ich wusste, dass die Seele existiert, denn ich hatte mich im Seelenzustand befunden. Und der erste Mensch der mich während einer meiner außerkörperlichen Erfahrungen sah, hatte mir dieses Erlebnis bestätigt.

Ich hatte mitten in der Nacht versucht, befreundete Menschen zu kontaktieren, und mich plötzlich im Schlafzimmer dieser Freundin befunden. Sie wohnte etwa 1.500 Kilometer von New York entfernt, und ich machte auf sie keinen völlig materiellen Eindruck, als ich an ihrem Bett stand und sie anschaute. Verständlicherweise war sie trotzdem wütend und sprach jahrelang nicht mit mir. Aber der Vorfall war für mich ein Beweis, dass wir wirklich in der Lage sind, unseren Körper zu verlassen. Seitdem weiß ich, dass das, was viele Leute den feinstofflichen oder zweiten Körper oder, wie ich, die Seele nennen, wirklich Teil unserer Natur ist.

Ich vertiefte mein Wissen durch Lektüre der enormen Literatur, die es zu diesem Thema gibt, und indem ich mich mit der Arbeit des lebhaften akademischen Zirkels beschäftigte, der sich der Erforschung der Seele widmet. Die Wissenschaft an sich mag die Seele leugnen, aber es gibt in der akademischen Welt weiterhin viele, die sich mit ihr befassen.

Als ich dann später die Leute aus dem Reich zwischen den Welten kennen lernte, die mit mir meditierten, sah ich, dass sie in der Lage waren, die physische Welt auf vielerlei Weise zu beeinflussen. Dadurch begriff ich, dass Seelen, die darauf richtig vorbereitet wurden, auch nach dem Tod auf den physischen Bereich einwirken können. Also fand ich es nachvollziehbar, dass der Mann in dem Grabtuch, wer immer er war, die Fähigkeit besaß, seinen zweiten Körper bewusst zu steuern.

Außerdem wusste ich, dass die Wissenschaftler, von denen die Radiokohlenstoffdatierung durchgeführt wurde, voreingenommen waren und davon ausgingen, dass das Grabtuch schlicht kein Beweis für die Existenz der Seele sein konnte, weil sie die Existenz der Seele für ausgeschlossen hielten.

Ein paar Monate bevor diese Resultate veröffentlicht wurden, erlebte ich, wie stark eine solche Leugnung bei einem Menschen sein kann, der nicht darauf vorbereitet ist, dass die Realität größer sein könnte, als er glaubt.

Einer Gruppe, die wir in unser Blockhaus eingeladen hatten, gehörte der Psychologe und Physiker Dr. John Gliedman an, ein guter Freund. Er erlebte bei uns Dinge, die bewirkten, dass er meinen Erlebnissen nicht völlig skeptisch gegenüberstand. Aber die Existenz der Seele bestritt er entschieden. Er hatte gelernt, ausschließlich an Fakten zu glauben. Und als Fakten ließ er, wie die meisten Wissenschaftler, nur das gegenwärtig Erforschte und Verstandene gelten.

Eines Morgens gingen wir mit unseren Gästen zu der Waldlichtung, wo die Besucher mich hinauf in ihr kleines, überfülltes Fahrzeug geholt hatten. Während wir dort im Kreis meditierten, erschien ein prachtvoller, klarer Lichtstrahl, der vom Himmel auf uns herableuchtete. Ich saß im Zentrum des Kreises und spürte, wie das Licht mich mit etwas einhüllte, von dem ich durch Anne inzwischen weiß, dass es objektive Liebe war. Damals verstand ich das nicht. Ich sah das Licht und spürte die Liebe, war aber noch nicht in der Lage, das Phänomen intellektuell zu begreifen.

Alle, die im Kreis saßen, sahen das Licht, nur Dr. Gliedman nicht. Er nahm es einfach nicht wahr. Etwa zehn Minuten, nachdem das Licht wieder verschwunden war, gingen wir zum Blockhaus zurück und unterhielten uns angeregt über das Erlebnis. Wir befanden uns in einem Zustand der Freude. Das Licht war sehr schön gewesen und mit einem wunderbaren, warmen Gefühl der Liebe einhergegangen. Es hatte bemerkenswertes Mitgefühl und – ja, einfach nur Freude ausgestrahlt. Es war ein glückliches Licht.

John behauptete beharrlich, nichts gesehen zu haben. Ich bin sicher, dass er die Wahrheit sagte. Kurze Zeit später plagten ihn plötzlich heftige Kopfschmerzen. Ein anderes Mitglied der Gruppe, Dora Ruffner, eine Körpertherapeutin, versuchte den ganzen Nachmittag, ihm zu helfen.

Ich wusste, was es mit diesem Kopfschmerz auf sich hatte. In den Monaten, bevor ich mich endlich geistig für meine Kontakte mit den Besuchern öffnete und mich an das erinnern konnte, was im Dezember 1985 mit mir geschehen war, hatte ich jeden Nachmittag an starken Kopfschmerzen gelitten. Das lag daran, dass ich verdrängte, was ich nachts sah. Ich wollte es nicht in meine Realität hereinlassen, weil ich fürchtete, dass mein gesamtes Weltbild dann einstürzen und in mir Chaos ausbrechen würde.

Es ist diese Angst vor dem Chaos – davor, den Verstand zu verlieren – die uns veranlasst, alles zu leugnen, was unser Bild von der Wirklichkeit infrage stellt. Wir leben in einer Scheinwelt, nicht in der Welt, wie sie wirklich ist. Mit anderen Worten, unser Leben fußt auf bestimmten Annahmen. An diese klammern wir uns, um nicht in die Wirklichkeit aus Mysterien und Fragen zu fallen, in der wir tatsächlich leben.

In diesem Konflikt befand sich auch Dr. Gliedman. Er hatte etwas gesehen, dass es nach seinem Weltbild nicht geben durfte. Ich bin sicher, dass es vielen Leuten, nicht nur Wissenschaftlern, so ergangen wäre wie ihm. Es gibt einige Gründe dafür, dass wir an einer begrenzten Weltsicht festhalten, und nur durch geduldige innere Arbeit können wir uns allmählich davon lösen.

»Festgefügte Erwartungen sind der Grund. Sie verengen euer Weltbild noch mehr als die Natur. Ihr braucht Geduld, um euch von diesen Erwartungen zu lösen. Geht, so weit ihr könnt, in eure Kindheit zurück. Erinnert euch daran, wie es sich damals anfühlte, lebendig zu sein. Auf diese Weise könnt ihr allmählich die Grenzen eurer Erwartungen erweitern. Wirklich zu erwachen bedeutet, völlig frei von Erwartungen zu sein.«

Weil die Forscher, die das Grabtuch datierten, wie John und ich an ihren begrenzten Erwartungen festhielten, konnten sie nicht zulassen, dass das wahre Alter des Tuches ans Licht kam. Mochten sie auch noch so sehr von ihrer eigenen Objektivität überzeugt sein, in Wahrheit waren sie voreingenommen.

Und tatsächlich hat sich mittlerweile herausgestellt, dass die für die Datierung dem Tuch entnommenen Proben teilweise von einer in späterer Zeit reparierten Stelle stammen, wenn auch zugegebenermaßen nicht alle Proben. Auch könnte der Umstand, dass das Tuch kurzzeitig brannte, die Radiokohlenstoffdatierung verfälscht haben. Diese Aspekte wurden aber nicht berücksichtigt.

Inzwischen häufen sich die Beweise, dass das Grabtuch tatsächlich aus römischer Zeit stammt. Im Jahr 2009 entdeckte Barbara Frale, eine Paläografin des Vatikanischen Archivs, auf ihm eine Beschriftung, die es als Leichentuch einer Person namens »Jesus, der Nazarener« identifiziert. Im Mittelalter wäre eine solche Bezeichnung nicht benutzt worden, weil es als Häresie gegolten hätte, ihn nicht Christus zu nennen. Seine römischen Scharfrichter hätten ihn aber so genannt.

2015 analysierten Genetiker der Universität Padua die DNA auf dem Grabtuch. Sie fanden heraus, dass der überwiegende Teil menschlicher DNA drusischer Herkunft ist. Das lässt darauf schließen, dass es sich längere Zeit im Nahen Osten befunden haben muss. Würde es sich um eine Fälschung aus dem vierzehnten Jahrhundert handeln, wäre das nicht zu erwarten. Und die älteste DNA auf dem Tuch stammt aus Indien, nicht aus Europa, wo die Fälschung angeblich stattgefunden haben soll.

Das Fischgrätmuster des Stoffes war im Jerusalem des ersten Jahrhunderts selten und wurde nur für sehr luxuriöse Kleidung verwendet. Für Europa im vierzehnten Jahrhundert gilt das sogar noch mehr. Man hat aus dem gesamten Mittelalter lediglich ein weiteres Beispiel für auf diese Art gewebten Leinenstoff gefunden.

Das ist eine wichtige Entdeckung, denn sie zeigt, dass der Stoff, auf dem das Bild zu sehen ist, ein Vermögen gekostet haben muss. Doch welcher Fälscher hätte derartig viel investiert, um auf dem blühenden Reliquienmarkt des dreizehnten und vierzehnten Jahrhunderts einen Profit zu erzielen?

Auch im Jerusalem des ersten Jahrhunderts wäre das Tuch äußerst wertvoll gewesen. Man hätte es nur für die Bestattung eines Menschen von hohem Rang verwendet. Und einzig und allein die Elite konnte sich einen solchen Stoff überhaupt leisten – Menschen wie, zum Beispiel, Josef von Arimathäa. In der Nähe von Jerusalem wurde in einem anderen aus dem ersten Jahrhundert stammenden Grab ebenfalls ein Grabtuch entdeckt. Es ist nicht aus reinem Leinen, sondern aus Wolle und Leinen hergestellt, wobei die Fasern nicht gewebt, sondern geschichtet wurden.

2017 wurde bekannt, dass die roten Flecken auf dem Turiner Grabtuch tatsächlich aus menschlichem Blut bestehen, und nicht nur das: Sie stammen von einem Menschen, der unter starkem Stress stand und vermutlich gefoltert wurde.

Die Online-Fachzeitschrift *PLOSone* brachte einen wissenschaftlich überprüften Artikel mit der Überschrift »Atomic resolution studies detect new biologic evidences on the Turin Shroud« (Durch Studien mit atomarer Auflösung entdeckte biologische Beweise am Turiner Grabtuch). Darin schreiben die Autoren Elvio Carlino, Cinzia Gianinni und Giulio Fanti vom Institut für Kristallografie in Bari: »Diese Ergebnisse konnten nur durch kürzlich auf dem Gebiet der Elektronenmikroskopie entwickelte Methoden entdeckt werden, mit denen zum ersten Mal bei einer unberührten, dem Turiner Grabtuch entnommenen Faser die Eigenschaften auf der Nanoskala untersucht wurden. Wir konnten biologische Nanopartikel von Kreatinin nachweisen, verbunden mit kleinen Nanopartikeln von Eisenoxid. Es kann sich hierbei nicht um Farben handeln. Die von uns nachgewiesene feste Verbindung von Ferritin-Eisen und Kreatinin tritt im menschlichen Organismus bei einem schweren Polytrauma auf. Unsere Forschungsergebnisse deuten darauf hin, dass der in diesem Grabtuch bestattete Mensch starker Gewaltanwendung ausgesetzt war, und sie ermöglichen es, einige bisher widersprüchliche Resultate zu erklären.«

Mit dieser moderneren, genaueren Untersuchungsmethode lässt sich also offenbar nachweisen, dass früher veröffentlichte Forschungsergebnisse unrichtig sind, wonach es sich bei den Flecken nicht um Blut, sondern um Farbe handeln soll.

Zwar gibt es weiterhin keine eindeutigen Beweise dafür, dass das Grabtuch aus dem Nahen Osten stammt und im ersten Jahrhundert nach Christus hergestellt wurde und dass der darauf zu erkennende Mann ein Nazarener namens Jesus ist. Aber es deuten doch immer mehr Indizien darauf hin.

Es gab schon viele Versuche, das Bild auf dem Grabtuch zu reproduzieren. Manche erscheinen auf den ersten Blick überzeugend. Doch alle Experimente mit einer Camera obscura, wie sie im Mittelalter zur Verfügung stand, erzeugen ein Bild, bei dem die Farbe viel tiefer in den Leinenstoff eindringt, als es bei dem Grabtuch der Fall ist. Der Physiker Paolo di Lazzaro von der italienischen Nationalagentur für neue Technologien, Energie und nachhaltige Entwicklung, ein Experte für das Turiner Grabtuch, erläutert das Problem: »Die Farbe ist extrem dünn in den Stoff eingedrungen, weniger als 0,7 Mikrometer tief, was nur ein Dreißigstel des Durchmessers einer einzelnen Faser in einem aus zweihundert Fasern bestehenden Leinenfaden ist.« 2015 führte er gegenüber der Zeitschrift *National Geographic* aus, dass das ultraviolette Licht, das notwendig wäre, um das Grabtuch-Bild zu erzeugen, »stärker sein müsste als alle heute verfügbaren UV-Quellen«. Er fügte hinzu, dass dafür »Lichtpulse, kürzer als das Vierzigmilliardstel einer Sekunde, mit Intensitäten in der Größenordnung mehrerer Milliarden Watt« nötig seien.

So viel Energie freizusetzen war früher unmöglich, und es ist auch heute trotz aller modernen Technik unmöglich. Dennoch existiert das Turiner Grabtuch.

Ein Blitz aus Energie – Licht – von außerordentlicher Intensität und extrem kurzer Dauer erzeugte das Bild. Ob, und wenn ja, in welchem Ausmaß, sich das auf den Kohlenstoffzerfall in dem Gewebe des Grabtuches auswirkte, ist ungeklärt.

Also bleibt das Grabtuch ein auf zwei Ebenen ungelöstes Rätsel. Erstens gibt es die Radiokohlenstoffdatierung, die auf eine Herstellung im Mittelalter schließen lässt. Zweitens haben wir die physikalisch unerklärliche Beschaffenheit des Bildes und die Tatsache, dass bei allen Versuchen, es zu reproduzieren, ein viel tieferes Einbrennen der Farbe in das Leinengewebe erfolgte. Und dann ist da noch dieser bemerkenswerte Lichtblitz.

Ich habe mit eigenen Augen Lichtwesen beobachtet. Ich wurde selbst von diesem Licht durchflutet und habe es während meiner

Meditationen manchmal in meinem Körper gesehen. Ich kenne es, aber natürlich nicht in der Intensität, die nötig war, um das Bild auf dem Grabtuch zu erzeugen. Ich denke, dass es sich bei diesem Licht um den feinstofflichen oder zweiten Körper beziehungsweise die Seele handelt. Es ist, in einem umfassenderen Sinn, das Leben selbst. Und, wie Anne es ausdrückt: »Gott ist die Gemeinschaft des Seins.«

Wenn wir uns die Berichte über die Auferstehung Jesu anschauen, wird hier das Erscheinen eines zweiten Körpers von atemberaubender Macht geschildert – tatsächlich handelt es sich um die machtvollste Manifestation der Seele, die jemals in der Geschichte unserer Spezies schriftlich festgehalten wurde.

Anne beschäftigte sich intensiv mit den Evangelien, und zu unseren beliebtesten Gesprächsthemen gehörte die Frage, ob die Auferstehung tatsächlich stattfand. Wir gingen der Idee nach, Jesus könnte einen Zwillingsbruder gehabt haben, was im Syrischen Christentum Bestandteil der Überlieferung ist. Doch wenn dem so war, warum hätten die Apostel dann überrascht sein sollen, nach dem Tod Jesu diesem Zwilling zu begegnen? Schließlich hätte ihnen doch in der damaligen überschaubaren Welt die Existenz des Zwillingsbruders bekannt sein müssen, zumal es zu Jesu Lebzeiten keinen ersichtlichen Grund gab, diese zu verschweigen. Und welchen Grund hätte der Zwilling haben sollen, nach der Hinrichtung öffentliche Aufmerksamkeit zu erregen und dadurch Gefahr zu laufen, ebenfalls verhaftet zu werden?

Die Römer richteten Jesus aus zwei Gründen hin.

Erstens behauptete er öffentlich, der König der Juden zu sein, in direkter Opposition zu Herodes, der Herrscher-Marionette der Römer. Und er stammte auch noch aus Nazareth und galt deshalb als Nachfahre Davids, wodurch sein Herrschaftsanspruch besser legitimiert war als der des Herodes. Zweitens griff er die Geldwechsler an und bedrohte den Geldfluss in den Tempel und somit die Finanzstruktur, auf der die Stabilität dieser neuen römischen Provinz beruhte.

Erst als er in Jerusalem in Erscheinung trat, wurde er für die Römer als politischer Rebell relevant und aus diesem Grund verhaftet und hingerichtet. Was er in Galiläa getan hatte, kümmerte sie nicht. Sie wussten, dass die Galiläer ihn nicht unterstützen würden, denn nur wenige Jahre vor der Geburt Jesu hatte es dort einen Aufstand gegeben. Daraufhin war Sepphoris, die zentrale galiläische Stadt, von den Römern besetzt worden. Sie kreuzigten Tausende Galiläer auf den Hügeln außerhalb der Stadt, und viele andere wurden in die Sklaverei verkauft.

Die Galiläer hatten nur Ohren für die politischen Aspekte der Botschaft Jesu, nicht für die tiefe, bewegende moralische Botschaft.

In allen vier Evangelien wird erwähnt, dass Lichtwesen am Grab Jesu gesehen wurden, als die beiden Marias dorthin gingen, um den Leichnam Jesu zu salben. Johannes erwähnt »zwei Engel in weißen Gewändern«. Matthäus beschreibt ein einzelnes Wesen, dessen Gestalt »wie ein Blitz leuchtete«. Bei Markus heißt es, das Wesen sei »mit einem weißen Gewand« bekleidet gewesen. Bei Lukas erscheinen den Frauen »zwei Männer in leuchtenden Gewändern«.

Wie ich schon erwähnte, habe ich selbst jemanden gesehen, der »wie ein Blitz leuchtete«. Als er mir in physischer Gestalt erschien, trug er ein weißes Gewand. Daher bin ich überzeugt, dass solche Wesen so real sind wie wir.

Das Wesen, das ich in physischer Gestalt sah, bewegte sich so gut wie nicht, was vermutlich daran lag, dass es nur mit großer Konzentration und Anstrengung in der Lage war, sich zu materialisieren. Doch Jesus lief herum und zeigte sich seinen Jüngern. Einmal aß er sogar mit ihnen und ließ den Apostel Thomas seine Wunden mit der Hand berühren. Anne war der Ansicht, dass Thomas, der auch »der Zwilling« genannt wurde, der Zwillingsbruder Jesu war. Jesus zeigte sich mit Thomas, um zu beweisen, dass sie zwei verschiedene Personen waren. Und da zweifeln wir, ob er wirklich am Kreuz starb?

Anne liebte es, sich mit solchen Fragen zu beschäftigen. Gespräche dieser Art machten ihr Freude, und ich erinnere mich gerne und voller Sehnsucht daran.

Wenn, wie es scheint, das, was aus dem Grab auferstand, der zweite Körper Jesu war, musste er, um sich auf so eindeutige Art vor anderen Menschen manifestieren zu können, über eine geradezu fantastische Fähigkeit der Selbstwahrnehmung und Konzentration verfügen. Ich bin überzeugt, dass zwei Elemente nötig sind, um eine solche Tiefe des Seelenempfindens zu erreichen: ein wahrhaft erleuchtetes Sein und große Achtsamkeit und Präsenz. Der Mann, den ich sah, wäre wohl kaum in der Lage gewesen, im Schlafzimmer umherzugehen. Selbst dass er hätte sprechen können, bezweifle ich sehr. Und dabei muss er, wenn man bedenkt, wie selten eine solche Manifestation geschieht, bereit ein wahrer Meister in dieser Kunst gewesen sein.

Jesus war sehr außergewöhnlich, aber gleichzeitig war er, nach dem bedauernswerten Zustand des armen Kerls zu urteilen, der sein Abbild auf dem Grabtuch hinterließ, ganz und gar »Menschensohn«, der große Grausamkeiten seitens der Römer erdulden musste.

Ich glaube, dass die Auferstehung tatsächlich stattfand. Das zu akzeptieren bedeutet aber nicht, dass die Lehren des Christentums, wie sie sich in den folgenden Jahrhunderten entwickelten, buchstabengetreu zu befolgen sind. Im Gegenteil, um die Botschaft Jesu zu verstehen, ist es vermutlich besser, Texte wie die *Loqienquelle Q* heranzuziehen. Dabei handelt es sich um ein Kompendium übereinstimmender Aussagen aus den Evangelien, die nach Ansicht von Wissenschaftlern aus früheren Textdokumenten stammen sollen, von denen alle Evangelien abgeleitet wurden.

»Es dreht sich alles um das Licht, Whitley. Darum, das Licht in euch hereinzulassen. Dazu brauchst du ein liebendes Herz, Mitgefühl und genug Demut, um dich zu öffnen.«

»Das fühlt sich ein bisschen an, als würde man verschwinden.«

»Das Ego verschwindet. Es hört nicht auf zu existieren, aber es tritt beiseite, sodass die Seele in den Mittelpunkt der Aufmerksamkeit rückt. Das ist gemeint, wenn es heißt, dass wir wie ein klares Glas werden sollen, durch das Gott leuchten kann.«

Dieser Mann, der vor so langer Zeit mitten unter uns lebte, litt und starb, hat uns also eine ziemliche Herausforderung hinterlassen. Doch heute, wo die Zeit naht, in der wir die Gebärmutter der Erde hinter uns lassen müssen, gilt es, die Botschaft Jesu neu zu betrachten, reinen Herzens und in wahrer Demut.

Hier sitze ich an einem warmen Sommerabend und erinnere mich an den Fluss der Abende, die ich mit Anne verbrachte. Wenn unsere Arbeit getan war, bereiteten wir unser Abendessen zu und unterhielten uns. Das waren so kostbare Zeiten, und wie damals spüre ich Anne auch heute: als tiefgründige und humorvolle Gesprächspartnerin.

Damals sagte sie oft: »Die Leute betrachten die Evangelien in einem viel zu dunklen, ernsten Licht. Jesus besaß aber viel Sinn für Humor. Er akzeptierte, dass Menschen scheitern und versagen, und er vergab ihnen.«

Anne lachte gerne über Maria Magdalena, von der es im Johannesevangelium heißt, dass sie bei ihrem Besuch am Grab den auferstandenen Jesus überhaupt nicht erkannte, sondern glaubte, er sei der Gärtner.

In weiten Teilen Europas gab es den grünen Mann als Fruchtbarkeitsgott, der dann durch den auferstandenen Jesus ersetzt wurde. Anne trug bei öffentlichen Anlässen oft Grün und regte an, dass Menschen, die uns besuchten, sich ebenfalls in dieser Farbe kleiden sollten. Sie erklärte, Grün sei die Farbe derer, die das Leben lieben. »Ich bin eine Anhängerin der Auferstehung. Das macht mich zu einer grünen Christin«, sagte sie. Damit meinte sie, dass Christus in Europa mit dem alten heidnischen Grünen Mann gleichgesetzt wird. Der auferstandene Jesus ist der heidnische Fruchtbarkeitsgott in neuer Gestalt, nicht als die Wiedergeburt der Pflanzen und anderen Geschöpfe der Erde, sondern als die Wiedergeburt der Seele.

Als Anne und mir klar wurde, dass das Turiner Grabtuch in Wirklichkeit von der Auferstehung Jesu erzählt, veränderte das uns beide sehr. Anne fühlte sich befreit und freute sich. Sie sagte: »Die Auferstehung geschah nicht einfach an einem bestimmten Zeitpunkt in der Vergangenheit. Sie geschah außerhalb der Zeit. Sie geschieht ständig. Du kannst sie spüren.«

Doch das konnte ich nicht. Ich vermute, es lag an meiner katholischen Erziehung. Ich machte mir viel zu viele Sorgen wegen der Sünde, und so gelang es mir nicht, etwas so Wunderbares wirklich von ganzem Herzen anzunehmen.

»Der schlimmste Fluch, der Jesus nach seiner Himmelfahrt auferlegt wurde, bestand in der Behauptung, er sei etwas Besonderes gewesen, etwas, das ihn von uns trennt, ihn zu einer abgeschiedenen Gottheit macht. Das Dunkle in uns versuchte, das Licht Jesu auszulöschen, indem es die Leute dazu antrieb, ihn *den* Christus zu nennen. Whitley, er war aber einfach ein normaler Mensch, der sich vollständig dem Licht hingab! Deshalb leuchtete es so hell in ihm und durch ihn.«

»Aber ich mache mir immer noch ganz schön Sorgen wegen unserer Sünden.«

»Lass uns darüber sprechen.«

»Es macht mir Sorgen, dass unsere Sünden als schweres Gewicht auf uns lasten.«

»Wir betrachten die Sünde überhaupt nicht auf diese Art. Hier wird sie als Krankheit betrachtet.«

»Das … überrascht mich. Das habe ich noch nie gehört.«

»Wenn man Sünden objektiv betrachtet, sind sie wie Geschwüre.« Das lässt mich irritiert innehalten. In mir regt sich eine Erinnerung.

Dann erkenne ich, um welches Erlebnis es sich handelt, und bin bestürzt. Tief bewegt. Seit Jahren habe ich daran nicht mehr gedacht, doch plötzlich kommt es mir wieder zu Bewusstsein, mit der Macht einer Offenbarung.

In den 1980er Jahren hatte ich einen sehr bemerkenswerten Traum – einen sogenannten luziden Traum. Ich spazierte zur Mittagszeit auf einer Straße durch eine schöne Landschaft mit niedrigen Büschen und Sträuchern. Plötzlich bemerkte ich eine Bewegung im Gebüsch. Der Traum war sehr lebhaft. Ich reagierte so wachsam wie im realen Leben. Wie ich es oft erlebe, hatte ich auch bei diesem Traum den Eindruck, gar nicht wirklich zu träumen, mich allerdings auch nicht in der realen Welt zu befinden, jedenfalls nicht in unserer realen Welt.

Aus dem Gebüsch kam ein Mann auf die Straße. Er war nackt und schmutzig. Im ersten Moment wollte ich ihm helfen, aber dann sah ich, dass sein ganzer Körper mit schwärenden Geschwüren bedeckt war.

Ich wusste nicht, wie ich jemandem in einem solchen Zustand hätte helfen können, und ich wollte mich nicht anstecken. Also wich ich vor ihm zurück. Er kam näher und streckte die Arme nach mir aus. Aber er bewegte sich langsam, offenbar stark durch die Krusten und Wunden überall auf seiner Haut behindert.

Ich erwachte. Es war noch dunkel. Schweißnass setzte ich mich im Bett auf. Für einen Moment dachte ich, ich müsste mich übergeben, aber das Gefühl ließ nach. Ich holte mir ein Glas Wasser aus dem Bad und ging wieder ins Bett.

Seit fast vierzig Jahren hatte ich diesen Traum im Hinterkopf, ohne ihn jemals deuten zu können.

Etwa fünfzehn Jahre später sah ich den Mann in einem anderen Traum erneut. Es ging ihm deutlich besser, viele seiner Geschwüre waren inzwischen verheilt.

»Er war nun dabei, hinter sich zu lassen, was er bereute.«

»Seine Sünden?«

»Böse Taten werden hier nur als etwas erinnert, das man bereut. Seine Seele war der Reue überdrüssig.«

»Also wäre alles in Ordnung gewesen, wenn er seine Sünden einfach vergessen hätte? Keine Konsequenzen?«

»Man kann nichts vergessen, keine einzige Sekunde im Leben. Nichts. Hier auf unserer Seite gibt es keine Filter. Man kann sich selbst und anderen nichts vormachen.«

»Wenn er nicht vergessen kann, bedeutet dass, das er seine Geschwüre auf ewig behalten muss?«

»Erinnerst du dich an den Rat, ›die Bürden abzulegen‹? Das ist leichter, solange ihr euch noch im Physischen befindet. Da hätte er es tun können, versäumte es aber. Das Gehirn ist ein wunderbares Instrument. Es kann eine Infektion der Seele verursachen, diese aber auch wieder heilen.«

»Wir denken in den Begriffen von Gut und Böse.«

»Diese Ebene der Emotionalität bleibt in der physischen Welt zurück. Was wir hier auf unserer Seite sehen, sind kranke Seelen, keine bösen Menschen.«

»Es gibt keine Strafe?«

»War er denn nicht gestraft genug?«

»Gott hat ihn also mit diesen Geschwüren bestraft?«

»Er tat im Leben Dinge, die er bereute. Nur er selbst kann sich damit aussöhnen. Nur wir selbst können uns heilen, niemand sonst. Wunder gibt es hier keine.«

Wieder einmal: natürliche Vorgänge, keine Wunder. Wie wichtig ist es doch, uns immer wieder ins Gedächtnis zu rufen, dass die Welt der Seele und des bewussten Lichts eine natürliche

Welt ist. Sie ist, wie alles andere, Teil der Natur und den Natur-gesetzen unterworfen.

In diesem Sinne war die Auferstehung ein natürlicher Vorgang – das Licht brach aus einem Menschen hervor, der sich ihm ganz und gar hingegeben hatte. Demnach war auch der Mann mit den Ge-schwüren Teil des bewussten Lichts – und Teil der Natur.

Beide Menschen – der erste und der letzte – waren Teil dessel-ben Ziels, der Reise in die Ekstase, die der Grund für jegliche Existenz und dafür ist, dass jene von uns, denen die Gabe der Intelligenz geschenkt wurde, so kostbar sind. Alles, was ist, befin-det sich auf der Reise, und wer um Leben und Tod und das Leben im Jenseits weiß, weiß auch das.

Deshalb ist er für uns gestorben. Weil wir wissen und weil wir allein sind mit dem, was wir über den Tod wissen, und daran zweifeln, dass es eine Welt jenseits des Todes gibt.

Der größte Akt des Mitgefühls, der auf dieser Erde jemals statt-fand, war nicht, dass Jesus am Kreuz sein Leben gab. Es war das, was danach geschah: die Auferstehung. Durch sie wurde offenbart, dass der zweite Körper – die Seele – wirklich existiert.

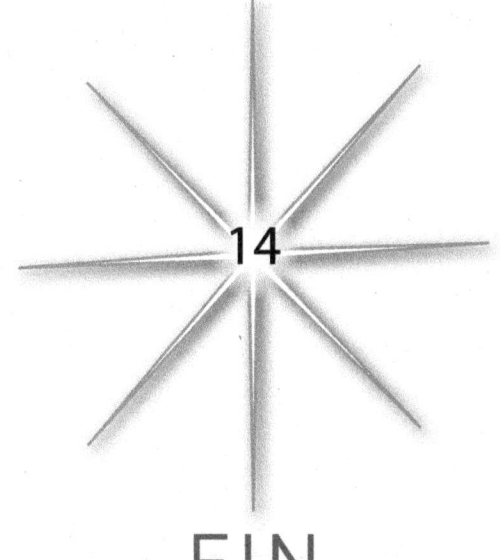

EIN
VERBORGENER
PLAN?

Sterne explodieren. Alles verschlingende Schwarze Löcher wandern über das Firmament. Asteroiden und Kometen schlagen auf Planeten ein. Sterne, ja sogar ganze Galaxien, kollidieren. Das Leben auf der Erde wird von gewaltigen Zyklen bestimmt, Zyklen, die so machtvoll sind, dass der Mensch sie niemals beeinflussen kann.

Und alles scheint von blindem Zufall regiert.

Doch es gibt nicht nur Zerstörung.

Unser Planet befindet sich im exakt richtigen Abstand zur Sonne, um die Entstehung von Leben zu ermöglichen. Der Mond hat exakt die richtige Größe und den richtigen Abstand zur Erde, um die Rotation der Erde so weit abzubremsen, dass sich auf ihr komplexe Lebewesen entwickeln konnten. Die Schwerkraftfelder

der Gasriesen im äußeren Sonnensystem und die Nähe des Mondes schirmen unseren Planeten vor den Einschlägen kosmischer Trümmerstücke ab. Jupiter und Saturn ziehen den größten Teil dieser Objekte an, und wenn es dennoch ein Brocken in die Nähe der Erde schafft, wirkt der Mond als Schutzschild. Das hat zur Folge, dass große Asteroiden auf der Erde viel seltener einschlagen als auf den anderen Planeten. Sie ist nicht von Kratern übersät, weil der Mond stattdessen diese Narben trägt.

Wenn man sich die Präzision dieser Zusammenhänge vor Augen führt, liegt der Gedanke nahe, dass das Erde-Mond-System gezielt erschaffen wurde, als Maschine zur Hervorbringung von Leben, sorgfältig so konstruiert, dass seine Bewohner möglichst gut vor der zufälligen Zerstörungsgewalt des Kosmos geschützt sind.

Steht also ein bewusster Geist hinter alledem?

Oder ist das Universum so unermesslich groß, dass diese spektakulär unwahrscheinliche Situation einfach unvermeidlich irgendwo entstehen musste und wir also nicht Kinder des Bewusstseins, sondern Kinder des Zufalls sind?

Es gibt starke Argumente für die Zufälligkeit, aber wahr ist auch, dass es schon ein sonderbar hohes Maß solcher Zufälligkeiten braucht, um überhaupt erklären zu können, warum die Dinge sich so und nicht anders entwickelt haben.

Ich zögere, mich dem politisch höchst umstrittenen Konzept des Intelligent Design anzuschließen. Selbst wenn eine schöpferische Intelligenz in irgendeiner Weise Teil des Bildes ist, gibt es noch keinen Grund, einen Schritt weiter zu gehen und zu behaupten, der biblische Gott, Außerirdische oder andere solche Instanzen seien verantwortlich. Wenn die Entstehung von Leben kein Zufall ist, muss irgendetwas dafür verantwortlich sein, aber die Frage, was dieses Etwas ist, bleibt offen.

Gibt es also eine Art Präsenz oder Wesenheit, die auf subtile Weise die Welt gestaltet und formt – und damit auch uns?

Wenn das Universum kein motivloses, blindes System ist, in dem Zufall und Statistik regieren, dann könnte es ein lebendiges Wesen sein, das Motive, Erwartungen und, so mag man vermuten, Träume hat.

Zum Beispiel wohnt den Zyklen von Expansion und Auslöschung, die für die Evolution des Lebens auf der Erde charakteristisch sind, etwas Gespenstisches inne.

Das gilt für die physische Evolution ebenso wie für die Entwicklung der menschlichen Kultur.

Unsere Kulturen wurden nicht nur von einer fernen schöpferischen Hand beeinflusst, sondern wiederholt geradezu umgestürzt durch etwas, das ich kurze Augenblicke des Lichts nennen möchte – Interventionen, die jeweils nur wenige Momente dauerten, aber alles veränderten.

Mose sah solch ein Licht in Gestalt eines brennenden Dornbuschs, was zu einer völlig neuen Vorstellung von Gott führte. In der Antike gab es in jedem Tempel eine Statue des darin verehrten Gottes. Man hielt die Statue nicht einfach nur für ein Symbol des Gottes, sondern glaubte, dass er sich in ihr befand.

Der Gott Moses war radikal anders. Das Allerheiligste im Tempel in Jerusalem war leer, weil Mose, die Anweisungen seines Gottes befolgend, den Juden sagte, Gott habe keine Gestalt.

Diese bemerkenswerte Veränderung machte diesen Gott unsterblich. Da man ihn nicht sehen kann, lässt er sich nicht endgültig identifizieren, und das wiederum lässt begreifen, was bewirkte, dass er nun schon so lange Zeit relevant geblieben ist. Seine Natur entwickelt sich mit unserer Vorstellung von ihm weiter, die sich niemals auf eine bestimmte Gestalt festlegen lässt. Im Gegensatz dazu liegt Ra heute in Ruinen im ägyptischen Wüstensand, Athena steht schon lange nicht mehr in ihrem Panthenon, und vom Tempel Jupiters, des Größten und Besten in Rom, sind nur noch umgestürzte Säulen übrig.

Aber unser »Gott«, der Gott, der als ein lebensverändernder, bewusstseinsverändernder Lichtausbruch zu Mose kam, ist immer noch bei uns. Bis zum heutigen Tag hat er nicht aufgehört, uns dazu herauszufordern, intensiver zu suchen und mehr zu sehen.

Als Jesus nach seiner Auferstehung in den Himmel aufstieg, war er von diesem Licht umgeben und ging in es ein.

Was auch immer damals genau geschah, es muss so machtvoll und beeindruckend gewesen sein, dass eine Gruppe materiell armer Männer und Frauen veranlasst wurde, hinaus in eine feindliche und gefährliche Welt aufzubrechen und überall davon zu berichten. Sie zogen von Stadt zu Stadt, gingen auf die Marktplätze, erhoben die Stimme und verkündeten ihre Botschaft. Das taten sie oft auch unter ihnen feindlich gesonnenen Völkern, wo es niemanden gab, der zu ihrer Verteidigung herbeikam, und sie akzeptierten einen einsamen Tod für die Sache Gottes.

Dieses Licht besitzt große Macht.

Der Apostel Paulus sah auf der Straße nach Damaskus einen Lichtblitz und war so inspiriert, dass er vom Christenverfolger zu einem Anhänger der Lehre Jesu wurde. Und von da an zog auch er durch die Welt, um Gottes Wort zu verbreiten. *Das Christentum wurde also aus einem Blitz bewussten Lichts geboren.*

Mohammed sah es in Gestalt eines Erzengels in einer Höhle, und dann wurde der Koran niedergeschrieben. Auch Mohammed trug seine Botschaft hinaus in eine feindliche Welt und musste für sie kämpfen, wobei er beinahe alles verloren hätte. Seine Inspiration war aber so machtvoll, dass sie alle Widerstände überwand und eine weitere Religion entstehen ließ.

Allerdings wurde, wie bei allen Religionen, schon bald die ursprüngliche Brillanz von jenen Menschen verzerrt, die nach Macht über andere strebten. Und heute ist der Islam kaum noch ein Schatten dessen, was sein Schöpfer mit seiner Vision ursprünglich beabsichtigt haben musste.

Etwas so Abartiges wie den Missbrauch von Kindern als lebende Bomben, denen man Sprengstoff umschnallt, hätte Mohammed gewiss niemals geduldet.

Ebenso wenig sehen wir in den Worten des demütigen Jesus die daraus geschaffene Religion gewaltige Kathedralen errichten, enorme Reichtümer anhäufen und eineinhalb Jahrtausende lang Krieg und Unterdrückung hervorbringen.

Solche Ausbrüche bewussten Lichts haben sehr reine Ideen in unsere Welt gesandt, aber bis heute ist es uns nicht gelungen, mit dieser Energie angemessen umzugehen. Immer wieder verwandeln wir die Inspirationen in grausame und wirre Glaubenssysteme, die nichts mehr damit zu tun haben, unsere Seelen zu stärken oder die physische und die nicht-physische Seite unserer Spezies zu einem kohärenten Ganzen zu vereinen.

Und sie liefern letzten Endes auch keine Antworten auf die große Frage, *warum diese Lichtblitze sich ereignen.*

Die Wissenschaft kann Vermutungen anstellen. Genau wie die Religion. Aber es sind nichts als Vermutungen. Die Wissenschaft kann nicht beweisen, dass das alles nur Sinnestäuschungen waren, und ebenso wenig kann die Religion beweisen, dass es sich um tatsächliche Interventionen göttlicher Wesen handelt.

Dennoch trifft zu, dass hier in sehr großem Maßstab etwas stattfindet, das auf bewusste Schöpfung und Absicht schließen lässt. Dabei wird das Leben in gewisser Weise behütet und genährt, doch es geschehen auch immer wieder alles verändernde Umbrüche von enormer Zerstörungsgewalt.

Oder vielleicht geschieht die Zerstörung zufällig, und der Planet wurde bewusst so erschaffen, dass er in bemerkenswerter Weise in der Lage ist, sich von diesen Katastrophen wieder zu erholen.

Zum Beispiel verändert sich die Erde auch gerade jetzt wieder.

Aber um das zu verstehen, müssen wir uns zunächst mit der fernen Vergangenheit beschäftigen.

....

Die Erde hat viele verschiedene geologische Zeitalter gesehen, während denen sie von einzigartigen Pflanzen- und Tiergemeinschaften bevölkert war. Unser Planet machte mindestens fünf große Auslöschungsereignisse oder Massenaussterben durch, bei denen der überwiegende Teil der jeweils auf ihr lebenden Spezies vernichtet wurde.

War das Zufall oder nicht? Oder beruhte es teils auf Zufällen und teils auf bewusster Schöpfung? Und, vor allem, was bedeutet das für uns heute?

Ich frage Anne, ob sie das weiß. »Nein, ich weiß es nicht.«

»Du bist also nicht in der Lage, in die Vergangenheit zu schauen?«

»Ich kann mein eigenes früheres Leben vollkommen überblicken und habe auch eine gewisse Ahnung von den Leben, die ich vor diesem hier führte – sie sind Teil meiner essenziellen Identität. Aber was zum Beispiel die Zeit der Dinosaurier angeht: Damals existierte ich nicht.«

»Wir waren also nicht von Anfang an dabei? Was rief uns dann ins Dasein?«

»Eine Spezies ist eine Idee. Wir alle sind Teil der großen Idee, die der Mensch ist.«

Ich muss an den Satz aus B. Roy Friedens Buch *Physics from Fisher Information* denken, den Anne mir hinterließ: Das Universums begann als »ursprüngliche Suche nach Wissen«. Ich kann mir gut vorstellen, dass da etwas ist, das sucht und fragt, Ideen entwickelt, experimentiert, die Tafel abwischt, einen neuen Versuch startet, wieder und wieder.

»Wir kennen nur die Geschichte unserer eigenen Seele, aber nicht die ferne Geschichte. Es ist nicht so, dass du Allwissenheit erlangst, wenn du stirbst. Du stirbst in das Wissen hinein, dass deine Seele mitbringt.«

Ich habe es mir zur Aufgabe gemacht, in der fernen Vergangenheit nach den Fingerabdrücken des Schöpfers zu suchen. Wenn es einen großen Plan gibt, müsste es doch möglich sein, dessen Umrisse zu erkennen.

Und das können wir tatsächlich.

Als der Planet noch in seiner frühen Entstehungsphase war, wurde er von einem gewaltigen Objekt getroffen, dessen Krater heute als der Pazifik bekannt ist. Das herausgesprengte Trümmerstück ist der Mond.

Gäbe es den Mond und seine nahe Umlaufbahn nicht, hätte auf der Erde kein höheres Leben entstehen können. Nicht nur weil er uns vor den Einschlägen von Asteroiden und Kometen schützt, sondern weil seine Schwerkraft die Erdrotation verlangsamt. Sonst würden in der Erdatmosphäre andauernd Orbitalwinde mit der Gewalt tropischer Stürme wehen. Außer Flechten könnte auf einer derartig windgepeitschten Planetenoberfläche kaum etwas gedeihen.

Die Kollision, die den Mond entstehen ließ, war demnach der fundamentale Schock, ohne den alles Nachfolgende nicht hätte stattfinden können, bis hin zu der Liebe und Hoffnung in den Schatten Ihres Bewusstseins und Ihren Kindern, die draußen im Garten spielen.

War das alles demnach reiner Zufall? Wenn man all die anderen Dinge hinzunimmt, von der die Entstehung von Leben und Evolution abhängen – die erdnahe Position des Mondes, die Platzierung der äußeren Planeten genau an den richtigen Stellen, um einen großen Teil der umherfliegenden Objekte einzufangen, der Umstand, dass die Sonne, anders als die meisten gelben Zwergsterne, frei von jenen gewaltigen Eruptionen ist, die sonst regelmäßig Planeten durch harte Strahlung sterilisieren –, stellt sich einfach die Frage, ob das alles nicht auf einem gigantischen Plan beruht. Nicht nur das: Aus dem Zentrum unserer Galaxis kommen keine der in anderen Galaxien üblichen Gammastrahlenausbrüche, die dort jedes Leben permanent abtöten.

Wir haben es also mit einem lebensfreundlichen Stern in einer lebensfreundlichen Galaxis zu tun, einem Planeten, der sich in perfektem Abstand zu seinem Stern befindet, und einem Mond in ausgezeichnetem orbitalen Gleichgewicht zu diesem Planeten. Alle diese Bedingungen zusammen ermöglichten, dass hier Leben entstehen und sich entwickeln konnte.

Wenn sich in der endlos weiten Wüste dieses Universums jemand das wünschte – sich Leben wünschte –, ließ sich der Wunsch vermutlich nur erfüllen, indem ein Ort wie dieser erschaffen wurde. Nehmen wir weiter an, dass diese Wesen daran interessiert waren, ihre Wahrnehmungserfahrungen zu vertiefen – vielleicht indem sie durch Augen blickten wie ein Kind durch ein Vergrößerungsglas. Dann benutzten sie möglicherweise die Evolution, um immer empfindungs- und wahrnehmungsfähigere Geschöpfe hervorzubringen, von den ersten Mikroben den ganzen Weg bis zum Menschen.

Doch war der ganz besonders geschützte Schmelztiegel, in dem wir leben, nicht der einzige entscheidende Faktor für die Evolution. Manchmal werden die Dinge verändert. Die Tafel wird abgewischt. Das Leben wird enormem Stress ausgesetzt und ist gezwungen, sich entweder anzupassen oder auszusterben.

»Das verstehe ich. Es geschieht auch im individuellen Leben – nicht nur dem einzelnen physischen Leben, sondern auf der langen Entwicklungslinie der Seele. Die Evolution des Individuums weist Parallelen zur Entwicklung der Spezies auf und die Evolution der Spezies Parallelen zur Evolution insgesamt. Evolution ist holografisch.«

»Du sagst, dass du nichts über die ferne Vergangenheit weißt, aber deine Worte zeugen von tiefer Einsicht.«

»Wir kennen nur die Fakten, die wir mitbringen, aber alle Prinzipien, die wir begreifen können.«

Reisen wir also in die Vergangenheit und schauen, ob wir wenigstens einen kleinen Blick auf das große Ganze werfen können. Vielleicht offenbart sich dadurch ja etwas vom Geist und den Motiven des Schöpfers.

Vor etwa 580 Millionen Jahren erschienen mehrzellige Lebensformen auf der Bildfläche, und diese wurden seither immer komplexer und entwickelten immer größere Fähigkeiten, ihre Umwelt wahrzunehmen. Und, was wahrscheinlich am wichtigsten ist, sie wurden immer neugieriger. Verglichen mit den sehr einfachen Wahrnehmungen eines Bakteriums – Nahrung, Bedürfnis, hell, dunkel – sind die Wahrnehmungen eines Menschen wie ein Universum im Vergleich zu einem einzelnen Sandkorn.

Wie Anne sagte: Wenn Leute kein reiches, nach Erfahrung und Wissen strebendes Leben geführt haben, sind sie, wenn sie sterben, ziemlich minimal. Aber im gegenteiligen Fall können sie, jedenfalls glaube ich das, überragende Wunder an Bewusstheit sein.

Und doch ist das Leben auf der Erde alles andere als sicher. Trotz all dieser schützenden Bedingungen, von denen die Erde umgeben ist, gibt es hier viele Gefahren.

Von allen Spezies, die je existierten, sind etwa 99 Prozent ausgestorben. Und es gab fünf Mal ein großes Massenaussterben.

Vor 248 Millionen Jahren wurden während des Massenaussterbens an der Perm-Trias-Grenze 96 Prozent aller Spezies ausgelöscht. Alle heutigen Lebensformen, wir eingeschlossen, stammen von jenen vier Prozent der überlebenden Spezies ab. Am berühmtesten ist das fünfte Massenaussterben, dem die Dinosaurier zum Opfer fielen.

Gegenwärtig befinden wir uns mitten im sechsten Massenaussterben. Die Bühne dafür wurde mit dem Beginn des aktuellen Eiszeitalters bereitet. Es wird als Quartäres Eiszeitalter bezeichnet und begann vor 2,8 Millionen Jahren. Während dieser Periode hat sich das Eis mehrfach ausgedehnt und wieder zurückgezogen, wobei jede dieser Eiszeiten etwa 100.000 Jahre dauerte. Sie werden durch Zwischeneiszeiten (Interglaziale) unterbrochen, und wir befinden uns zurzeit am Ende eines dieser Interglaziale.

Nach geologischen Zeitmaßstäben handelt es sich dabei um sehr kurze Ereignisse. Angesichts von Zeiträumen, die Hunderte von Jahrmillionen umfassen, ist es, als hätte die Erde gerade einen vorübergehenden Anfall gehabt.

Die für das Quartär typischen extremen Klimazyklen haben bei vielen Spezies Wanderungen nach Norden und Süden ausgelöst, je nachdem ob der Planet sich gerade erwärmte oder abkühlte, doch es kam auch immer wieder zu kleineren Artensterben.

Vor 15.000 Jahren, am Ende der letzten Eiszeit, intensivierte sich dieses Aussterben. Das Mammut und viele andere Arten verschwanden. Heute hat die Auslöschung sich in einem Ausmaß beschleunigt, wie sie seit dem Verschwinden der Dinosaurier nicht mehr vorgekommen ist.

Das geschieht, weil sich durch den ständigen Wechsel zwischen Eiszeiten und warmen Interglazialen die Lebensräume recht häufig verändern. Und nun kommt hinzu, dass die Menschheit Treibhausgase freisetzt, was sich auswirkt, als würde pausenlos ein Vulkan ausbrechen.

Während des größten Teils der geologischen Erdgeschichte waren die Umweltbedingungen viel freundlicher. Über lange Epochen herrschte Stabilität, es gab nur wenig Veränderung. Verheerende Entwicklungen wie Massenaussterben kamen äußerst selten vor. Zwar hat der jetzige, von starken Schwankungen gekennzeichnete Klimazyklus das Aussterben einiger Spezies ausgelöst, andererseits zwingt er die anpassungsfähigen Spezies aber zu einer beschleunigten Evolution.

Die anpassungsfähigste Spezies ist der Mensch.

»Als die physische Intelligenz ein bestimmtes Niveau erreicht hatte, erkannte das Bewusstsein, dass es sich nicht nur seiner selbst bewusst werden, sondern auch über seinen eigenen Sinn nachdenken konnte. Das ist im ganzen Universum viele Male geschehen, und inzwischen kann das Bewusstsein sich auf Milliarden verschiedene Arten selbst betrachten, durch die Augen zahlloser Individuen. Und es wünscht sich immer noch mehr Bewusstseinsformen, was auf der Erde zu der heutigen Epoche führte. Der durch die dauernden Klimaveränderungen verursachte Stress ist dazu gedacht, die Evolution auf diesem Planeten zu beschleunigen.«

Homo habilis, der Vorfahre der gesamten menschlichen Abstammungslinie, erschien zur selben Zeit, als der Stress verursachende Eiszeitzyklus des Quartärs begann.

Besaß schon der *Homo habilis* ein »Ich bin«, und erzeugte dieses »Ich bin« bewusste Lichtblitze, mit denen die Veränderungen auf der Erde beschleunigt wurden? Sind die kurzen Zyklen des Quartärs keine Anfälle, sondern zitterte die Erde einfach vor Aufregung?

Lassen Sie uns, um das zu ergründen, zunächst einen Blick auf die früheren Massenaussterben werfen.

Eigentlich müssten die durch ein solches Ereignis ausgelösten unglaublichen Zerstörungen das Leben dazu zwingen, buchstäblich wieder ganz von vorn anzufangen. Aber das ist nicht der Fall. Stattdessen erscheinen nach einem Massenaussterben Geschöpfe auf dem Plan, die besser, klüger und anpassungsfähiger sind als die ausgelöschten.

Es liegen also offenbar die gleichen Gründe vor, die den Ingenieur veranlassen, seine Tafel abzuwischen. Er will einen neuen, besseren Plan verwirklichen. Und doch sagt mir alles, was ich über die Realität weiß, dass es nicht so einfach ist.

Das berühmteste Beispiel sind die Entwicklungen nach dem Massenaussterben an der Perm-Trias-Grenze. Nach diesem Ereignis musste das Leben auf der Erde zehn Millionen Jahre lang mit anhaltenden negativen Umweltbedingungen fertigwerden, und zwar in einem heute kaum vorstellbaren Ausmaß. Das Land war verwüstet, die Atmosphäre ungesund, endlose Stürmen von enormer Gewalt peitschten die Ozeane. Nur wenige Spezies überlebten, nichts gedieh wirklich.

Aber dann, so die Ergebnisse einer 2012 in der Zeitschrift *Nature Geoscience* von Zuong-Quiang Chen und Michael Benton veröffentlichten Studie, erholte sich das Leben nicht nur, sondern explodierte geradezu: Millionenfach erschienen völlig neue Spezies. Das Massenaussterben bewirkte, wie Benton es auf der *LifeScience*-Webseite ausdrückte, »einen Reset der Evolution«.

Ein weiteres Massenaussterben wurde durch das KT-Ereignis ausgelöst. Ihm fielen die Dinosaurier zum Opfer. Als das Leben sich davon erholte, wurden die im Vergleich zu den Reptilien höher entwickelten und anpassungsfähigeren Säugetiere zur dominierenden Tiergruppe. Sie waren klüger und aktiver als die Saurier und bevölkerten die Welt mit unzähligen neuen Körpern, Bewusstseinsformen und Ereignissen.

Ihr Aufstieg markiert das nächste Zeitalter, das Känozoikum, in dem wir uns heute noch befinden. Es wird in das Tertiär, das vor 2,8 Millionen Jahren endete, und die gegenwärtige Periode, das Quartär, unterteilt. Während des Tertiärs blühten die Säugetiere auf phänomenale Weise auf und beeilten sich, mit einer enormen Artenvielfalt die Saurier zu ersetzen.

Dann kamen der *Homo habilis* und die unruhigen Zeiten des Quartärs. Es fand zwar kein identifizierbares Auslöschungsereignis statt, aber als durch die Eiszeiten das Klima instabil wurde, begann für die exotischeren und spezialisierteren Säugetier-Experimente des Tertiärs eine lange Phase des Niedergangs.

Diese fand ihren Höhepunkt in dem Massenaussterben, in dem wir uns heute befinden. Es begann vor 13.000 Jahren, als offenbar ein Kometeneinschlag in der nördlichen Hemisphäre die meisten großen Landtiere vernichtete, einschließlich der gesamten menschlichen Bevölkerung auf dem amerikanischen Kontinent.

Die Folgen dieser Katastrophe waren weltweit zu spüren, aber außerhalb Amerikas überlebte die Menschheit, und sofort füllten wir die Nischen, die von den ausgestorbenen Raubtieren hinterlassen wurden. Nachdem wir uns von dem Schock über das Ereignis erholt hatten, begannen wir, größere gesellschaftliche Strukturen zu entwickeln als je zuvor. Diese Art früher Zivilisationen begegnet uns zum Beispiel in den kürzlich entdeckten Bauwerken von Göbekli Tepe, die nur von einem Volk errichtet worden sein können, das bereits eine komplexe Gesellschaftsstruktur besaß. Der Bau begann etwa zweitausend Jahre nach den drastischen Klimaveränderungen während einer in der Geologie als Jüngere Dryas bezeichneten Periode. Damals kam es, zweitausend Jahre nach dem Einsetzen der Gletscherschmelze, zu einer plötzlichen Abkühlung. Darauf folgte, vor 11.500 Jahren, ein dramatischer Temperaturanstieg. In Grönland zum Beispiel wurde es in nur zehn Jahren um zehn Grad Celsius wärmer. Eine solche Veränderung würde heute zu einer weltweiten Katastrophe führen, und damals war es nicht anders. Tausende Tierarten, vor allem die größeren, waren von bestimmten Ökosystemen abhängig und verschwanden.

Damit machten sie Platz für uns, mit dem Ergebnis, dass wir zur dominanten Spezies auf der Erde wurden. Ich glaube, es ist kein Zufall, dass wir außerdem die Klügsten sind und zu den anpassungsfähigsten Arten gehören. Hier auf der Erde bilden wir die absolute Spitzenklasse in Bezug auf Bewusstsein. Der Mensch ist das sich seiner selbst bewussteste, intelligenteste und, vor allem, wissbegierigste Geschöpf, das der Planet jemals hervorgebracht hat.

Seit dem Ende der Jüngeren Dryas befindet sich die Erde in einem Interglazial, und wir profitieren von den warmen, angenehmen Umweltbedingungen. Aber diese Phase neigt sich dem Ende zu. Es ist mit dramatischen Veränderungen zu rechnen, was zum Teil daran liegt, dass wir so viel Kohlendioxid in die Atmosphäre pumpen. Und glauben Sie den Behauptungen im Internet nicht, dass CO_2 angeblich keine Auswirkung auf die Erwärmung des Klimas hätte. Diese Behauptungen sind nachweislich falsch. Der Fossilbericht belegt überzeugend, dass die meisten der früheren Massenaussterben mit einem dramatischen Anstieg des CO_2-Gehaltes einhergingen. Nur das Massenaussterben, durch das die Dinosaurier ausstarben, wurde eindeutig durch einen Meteoreinschlag ausgelöst.

Zunächst wird sich der Planet aufheizen. Das geschieht gegenwärtig. Danach wird eine jähe Abkühlung einsetzen – der Sturz in eine neue Eiszeit.

Interglaziale enden im Allgemeinen mit einem dramatischen Temperaturanstieg, auf den dann eine ebenso plötzliche Abkühlung folgt. Die Aufheizung wird durch die Freisetzung gewaltiger Mengen Methan verursacht, die zu Hydraten »gefroren« unter den nördlichen Meeren liegen. Wenn die Hydrate schmelzen, was bei 8,33 Grad Celsius eintritt, gelangen Billionen Tonnen Methangas in die Atmosphäre. Derzeit stehen wir am Beginn dieses Vorgangs. Im Moment wird das im arktischen Permafrostboden eingeschlossene Methan freigesetzt. Die Methanhydrate unter den Ozeanen sind noch nicht geschmolzen, aber die momentan rasch voranschreitende Erwärmung der Arktis wird dies zur Folge haben.

Ich frage Anne, wann das geschehen wird.

»Ich sehe Türme, die jetzt stehen, dann immer noch stehen. Es kann also nicht sehr weit in der Zukunft sein.«

»In hundert Jahren?«

»Ich sehe Kinder auf Spielplätzen. Das sagt mir, dass es zu deren Lebzeiten geschehen wird.«

»Du denkst in Bildern? Wie funktioniert das?«

»Auf diese Art sieht man die Zukunft. Du kannst nichts sehen, was noch nicht stattgefunden hat, aber du kannst Menschen sehen, deren Schicksal mit diesen Ereignissen verwoben ist. Wir sehen nicht die Zukunft. Wir sehen Schicksale.«

Seit die menschliche Bevölkerung ab der Mitte des achtzehnten Jahrhunderts zu explodieren begann, ist unsere Präsenz hier so etwas wie ein Vulkan, der nicht aufhört auszubrechen. Damit verstärkt die menschengemachte Erwärmung einen natürlichen Zyklus, der bereits seit mindestens zweitausend Jahren im Gange ist. Mit anderen Worten, wir beschleunigen den Höhepunkt des Interglazials, und zwar wohl ganz beträchtlich.

Vielleicht können wir das noch abmildern, doch den tieferliegenden natürlichen Zyklus können wir nicht ändern. Was wir auch tun, ob wir es für eine gewisse Zeit hinauszögern oder nicht, das Interglazial wird enden, und damit werden die für Landwirtschaft und Besiedlung geeigneten Flächen auf der Erde dramatisch schrumpfen und Milliarden Menschen ihre Lebensgrundlage verlieren.

Das ist nicht unsere Schuld, und wir können nichts dagegen tun. Unsere Schuld besteht darin, dass wir weder Vorsorge für diese Zeiten treffen noch damit aufhören, durch unser Verhalten die Lage zusätzlich zu verschlimmern. Warum wir nichts unternehmen, um unser Überleben zu sichern, ist leicht beantwortet. Alle Debatten um das Offensichtliche, nämlich dass der Planet sich rasch erwärmt, kreisen letztlich um das Gleiche: Angst.

Gierige Unternehmer und Manager fürchten um die Profite der von ihnen geführten, die Umwelt schädigenden Firmen. Menschen, die sich hilflos und ohnmächtig fühlen, verschließen die Augen vor etwas Schrecklichem, das sie nicht ändern können. Deshalb sind wir wie gelähmt.

»Das ist einer der Gründe, warum wir hier sind. In unserem Seinszustand empfinden wir keine Furcht. Wir können euch helfen, euch von eurer Angst vor dem Tod zu befreien.«

»Das wäre ein Anfang, gerade in einer solchen Zeit großer Umwälzungen.«

Gegenwärtig ist das Chaos, das durch den Wechsel zwischen Interglazialen und Eiszeiten entsteht, der natürliche Zustand des Planeten Erde. Die Evolution unserer Spezies wurde und wird dadurch grundlegend beeinflusst, die Entwicklung unseres Bewusstseins, unserer Kultur und Gesellschaft. Tatsächlich verdanken wir den erdgeschichtlich unruhigen Zeiten, in denen wir leben, unsere Existenz. Die Notwendigkeit, mit diesen wiederkehrenden radikalen Klimaveränderungen zurechtzukommen, sorgte dafür, dass unser Bewusstsein und unser Intellekt sich enorm entwickelten.

Als vor 120.000 Jahren die Vergletscherung zum bisher letzten Mal begann, waren wir nackt, lebten in kleinen Sippen und praktizierten primitive Formen des Jagens und Sammelns. Als das Klima kälter wurde, lernten wir, Kleidung herzustellen. Als das Wild seltener wurde, stellten wir bessere Waffen her und verbesserten unsere Jagdmethoden. Dann, vor etwa 40.000 Jahren, geschah etwas Unvorhersehbares. Offenbar traf die erste Schockwelle einer Supernova-Explosion in kosmischer Nähe den Planeten. Es begann mit einer Strahlung, die vierundzwanzig Stunden andauerte und so stark war, dass in Australien und Teilen Asiens und Afrikas alles ihr ungeschützt ausgesetzte Leben vernichtet wurde. Die Strahlung hielt noch für mehrere Wochen an, war nun aber nicht mehr tödlich.

Strahlung tötet nicht nur, sie löst auch Mutationen aus. Vor dieser Supernova gab es beim Menschen lediglich eine Blutgruppe: 0. Nun entstanden zusätzlich die Blutgruppen A und B. Auch das menschliche Gehirn mutierte.

Der Niedergang des Neandertalers begann, und der Cro-Magnon-Mensch erschien auf der Bildfläche. Er hatte ein anderes Gehirn: Durch eine Mutation war bei ihm das Wernicke-Zentrum stark vergrößert, das Auffassungsgabe und sprachliches Ausdrucksvermögen steuert. Das ist der bei Weitem größte Unterschied zwischen Menschengehirn und Affengehirn.

Es muss sich um eine plötzliche Mutation gehandelt haben, denn im Fossilbericht taucht der Cro-Magnon-Mensch ganz abrupt auf, scheinbar aus dem Nichts.

Wie wir heute wissen, vollzog sich damals eine weitere entscheidende Veränderung, allerdings über einen längeren Zeitraum. Das NFIX-Gen, das für den vorstehenden Kiefer des Neandertalers und anderer primitiver Menschenarten verantwortlich war, war bei den frühen modernen Menschen weniger aktiv. Dadurch verkürzten sich von Generation zu Generationen ihre Gesichter, während ihr Stimmapparat sich veränderte, was sich positiv auf das sprachliche Ausdrucksvermögen auswirkte.

Das versetzte den Cro-Magnon-Menschen in die Lage, komplexe Sprachen zu entwickeln und, daraus resultierend, größere und funktionsfähigere soziale Gruppen, was in einer sich ständig verändernden Welt wie der unseren überlebenswichtig ist. Ohne die Verkürzung des Gesichts und die Vergrößerung der Gehirnregion hätten die menschliche Gesellschaft, Kunst und Kultur sich niemals entwickeln können. Sprache hätte sich niemals entwickeln können.

Es scheint also, dass die Supernova uns erschaffen hat, oder besser ausgedrückt: Sie wurde als Werkzeug bei diesem Schöpfungsprozess benutzt.

»Diese Art von Super-Spekulationen, zu denen du neigst, machten mich wahnsinnig, als ich noch physisch war, und ich wiederhole jetzt, was ich auch damals schon in solchen Fällen zu dir sagte: Bleibe offen, stelle Fragen, statt ein festes Gedankengebäude zu errichten.«

Na gut, ich gebe zu, dass wir nicht wissen können, ob die Strahlung der Supernova für die Gehirnmutation verantwortlich war. Aber jedenfalls setzte während der ganzen zweiten Hälfte der Eiszeit der dynamische Cro-Magnon-Mensch seinen Siegeszug fort, und der Neandertaler verschwand nach und nach.

Dann, vor 13.000 Jahren, trieb der sich langsamer bewegende kosmische Schutt der Supernova durch unser Sonnensystem. Das führte auf der Erde zu gewaltigen, todbringenden Ereignissen, die sehr plötzlich die letzte Eiszeit beendeten. In Nordamerika geriet buchstäblich der ganze Kontinent in Brand. Der Eisschild, der bis hinunter nach Illinois das Land bedeckt hatte, kollabierte. Die brennenden Wälder und Prärien wurden überflutet.

Geologisch entstand dadurch die sogenannte »schwarze Matte«. Diese Schicht findet sich in unterschiedlicher Tiefe in weiten Teilen der Vereinigten Staaten. Sie besteht aus Asche und anderem Schutt, kombiniert mit Algenfossilien.

Der schmelzende Eisschild verursachte großflächig Überschwemmungen, welche die Brände löschten.

Das niedrig auf dem Land stehende Wasser verschwand allmählich und ließ angeschwemmtes Material zurück.

Dieses trocknete und härtete zu der Matte aus.

Alle nordamerikanischen Großtierarten wurden ausgelöscht, mit Ausnahme von Bär und Bison. Die Indianer, die damals dort lebten, kamen bei der Katastrophe um. Nur einige Stämme an der Küste des pazifischen Nordwestens überlebten.

Nordamerika war nicht die einzige überschwemmte Region. Überall auf dem Planeten schmolz das Eis und sorgte für großflächige Überflutungen. Weltweit gibt es über fünfzig Sintflut-Erzählungen, die an diese Zeit erinnern. Etwa tausend Jahre nach dem Beginn der Katastrophe stabilisierte sich die Situation.

Wie es in der Geschichte unseres Planeten immer wieder geschah, führte die Katastrophe nicht zu Chaos und Niedergang, sondern es entwickelte sich aus der Zerstörung etwas Fortschrittlicheres. In diesem Fall waren es komplexe menschliche Zivilisationen, Landwirtschaft und der Beginn unserer Geschichte und Kultur.

Wir haben uns zu dem entwickelt, was gegenwärtig auf der Erde präsent ist: eine gewaltige, komplexe, unermesslich reiche menschliche Zivilisation, bestehend aus Individuen, die sich selbst in einem neuen Licht sehen und heute versuchen, an vorderster Front der Evolution dieses neue Band zwischen der physischen und nicht-physischen Seite unserer Spezies zu knüpfen – *der Durchbruch in ein neues Bewusstsein, das eine Brücke ins Jenseits baut.*

Doch ist die von uns geschaffene Zivilisation momentan im Begriff, die Kapazitäten des Planeten zu überfordern. Und nicht nur steigt mit zunehmender Komplexität ihr Ressourcenverbrauch immer mehr, sie wird auch zunehmend unflexibler und verwundbarer gegenüber dominoartigen Zusammenbrüchen, die sehr schnell zu einer allgemeinen Katastrophe eskalieren können.

Als ich vor einigen Jahren diese Gefahr erkannte, schrieb ich mit Art Bell das Buch *The Coming Global Superstorm* (Sturmwarnung), auf dem der Film *The Day After Tomorrow* beruht. Buch und Film wurden als übertrieben dramatisch abgetan. Doch veröffentlichten im Jahr 2016 James Hansen und achtzehn weitere Klimaforscher in der wissenschaftlichen Fachzeitschrift *Atmospheric Chemistry and Physics* ein Papier mit dem Titel »Ice Melt, Sea-Level Rise and Superstorms: evidence from paleoclimate data, climate modeling and modern observations that 2c of global warming could be dangerous« (Eisschmelze, Meeresspiegelanstieg und Superstürme: Beweise aus Paläoklimadaten, Klimamodellen und modernen Beobachtungen, dass eine globale Erwärmung von 2° Celsius gefährlich sein könnte).

Also hat das Wort »Supersturm«, bei dem anfangs verächtlich abgewunken wurde, inzwischen nicht nur Eingang in den wissenschaftlichen Sprachgebrauch gefunden, sondern auch ins öffentliche Bewusstsein, nachdem der Hurrikan Sandy allgemein als »Supersturm Sandy« bezeichnet wurde.

Auch wenn wir nicht wissen können, wie die Entwicklung im Einzelnen verlaufen wird, sehen wir uns in jedem Fall einer Situation gegenüber, die offenbar kurz davor steht, sich so rasch zu verschlimmern, dass unser physisches Überleben ernsthaft gefährdet ist.

Ob wir auf der physischen Ebene vollkommen ausgelöscht werden oder Teile der Menschheit überleben, kann ich nicht sagen, aber ein starker Bevölkerungsrückgang innerhalb des nächsten Jahrhunderts ist leider äußerst wahrscheinlich.

»Ich kann dir keine genauen Daten nennen, Whitley, aber was ich sagen kann ist, dass es ein Weiterleben geben wird. Der Tod einer Spezies bedeutet für sie so wenig das Ende, wie der physische Tod eines einzelnen Menschen das Ende seiner Seele bedeutet. Auslöschung ist ein Aspekt der Evolution, so wie Trauer eine Form der Liebe ist.«

»Nehmen wir an, etwas wie ein solcher Supersturm geschieht. Millionen Menschen sterben. Auf der Erde bricht die Hölle los. Was bedeutet das aus eurer Perspektive?«

»Wie ich schon sagte: Der Tod auf eurer Ebene ist die Geburt auf unserer.«

Eine Geburt ist nicht angenehm. Sie ist hart, beängstigend und gefährlich. Aber sie ist auf der Ebene einer ganzen Spezies ebenso wie auf der individuellen Ebene ein natürlicher Prozess.

»Und so, wie ein Individuum viele Male geboren wird und stirbt, ist es auch bei Spezies. Wenn du von den physischen Filtern befreit bist, kannst du dir die Leben anschauen, die du gelebt hast – den langen Schatten deiner Seele – und auch bis zu einem gewissen Grad den noch längeren Schatten deiner Spezies. Auch sie durchlebt viele Inkarnationen.«

Ich weiß nicht, was ich davon halten soll. Ich habe noch nie darüber nachgedacht. Es lässt mich erkennen, wie gewaltig das alles ist, sodass ich mich frage, ob das vom Körper befreite Bewusstsein nicht besser in der Lage ist, die Realität zu begreifen, als das physische Bewusstsein mit dem Gehirn als Werkzeug. Oder ist es umgekehrt?

»Whitley, das Leben ist ein Organ der Seele. Lebendige Körper sind Sonden, die in den Fluss der Zeit eingetaucht werden, sowohl individuell wie auch insgesamt als Spezies. Das, was du für dich selbst hältst, ist in Wahrheit ein Mechanismus, der von deinem nicht-physischen Selbst gesteuert wird. Es benutzt ihn, um neues Wissen zu erlangen. Denke daran, dass das Sein sowohl individuell wie universell ist. Du folgst deinem eigenen Lebenszyklus, aber indem du das tust, bist du ein Teil der Lebenszyklen der Spezies, des Planeten, bis zum gesamten Universum.«

Das bewusste Licht lässt seine Strahlen auf die physische Welt scheinen. Es sucht immer tiefer, immer weiter. Ich kann schon die Schreie im Sturm hören und weiß, dass es Ekstase sein wird, auf diesem Wind zu reiten. So wird die Geburt der Menschheit sein: ein großer Schrei und großer Schrecken, aber auch offene Augen hier und da, Hände, die auf der Brücke der Liebe ausgestreckt werden. Und der Tod wird zu der Illusion verblassen, die er ist.

DER WEISSE
NACHTFALTER

Im Frühjahr 2016 begann etwas, mit dem mir letztlich bewiesen wurde, dass Anne immer noch bewusst und da ist. Es wurde brillant arrangiert, es gab Zeugen, und es war dafür ein tiefes Wissen über die Beziehung zwischen uns beiden nötig.

Mir genügt es als Beweis, ich glaube, dass es wahr ist – aber wir bitten Sie gar nicht darum, es auch zu glauben. Wir möchten nur, dass Sie Ihr eigenes Leben und das Leben auf der Welt insgesamt auf neue Art betrachten, eine neue Empfindsamkeit entwickeln, aus der sich neue Fragen ergeben im Hinblick auf Ihre eigene Suche und Ihre Beziehung zu Ihren geliebten Verstorbenen auf der anderen Seite der Brücke.

Im Frühjahr 2016 hielt ich zum ersten Mal seit Jahren wieder einen öffentlichen Vortrag. Es war am Samstag, dem 9. April. Ich nahm an einer Konferenz in Arkansas teil. Ich hatte erwartet, die anderen Teilnehmer würden mir ablehnend oder gar feindselig ge-

genüberstehen, weil ich, was das Thema der Besucher anging, weit über die konventionellen Geschichten über Fliegende Untertassen und Aliens hinausgegangen war. Deshalb hatte ich mich mit sehr gemischten Gefühlen zur Teilnahme angemeldet. Doch stattdessen traf ich Menschen, die sich sehr für den Weg interessierten, den ich in meiner Arbeit inzwischen eingeschlagen hatte. Also verbrachte ich viel Zeit damit, Notizen zu vergleichen und über persönliche Erlebnisse zu sprechen. Es war ziemlich aufregend.

Mein Vortrag hieß: »Eine neue Welt erwartet uns, wenn wir bereit sind, die Chance zu nutzen«. Es ging darum, dass uns eine neue Realität offensteht, und was wir tun können, um diese Chance zu ergreifen, die uns geboten wird – also um das Lebensthema von Anne und mir.

Während der Konferenz spürte ich Annes Anwesenheit sehr intensiv. Ich kommunizierte damals bereits mit ihr, war mir aber noch unsicher, ob es sich um Anne als eigenständige, nicht-physische Identität handelte oder um die Anne, die Teil meiner eigenen Seele ist.

Ich hatte noch nicht begriffen, dass es immer beides sein wird. Im Vergleich zu heute war meine Vorstellung von der nicht-physischen Welt damals primitiv.

Als ich meinen Vortrag hielt, hatte ich das Gefühl, dass Anne neben mir stand. Wie oft hatten wir früher auf diese Art gemeinsam auf dem Podium gestanden! Wir hielten unseren Vortrag, und anschließend las Anne aus *The Communion Letters* (Die *Communion*-Briefe) vor, dem Buch, in dem sie eine repräsentative Auswahl der Leserbriefe von Augenzeugen veröffentlicht hatte, die wie wir sonderbare Kontakterfahrungen gemacht hatten.

Dann geschah an diesem Samstag etwas Ungewöhnliches und Verstörendes. Es hatte nichts mit der Konferenz zu tun, sondern mit dem Sicherheitssystem meiner Wohnung in Los Angeles. Wenn die Kameras eine Bewegung registrieren oder ungewöhnliche Geräusche hören, wird mir eine Textnachricht auf mein Handy geschickt. Ich benutze das System jetzt seit einigen Jahren und habe inzwischen einige solcher Textnachrichten erhalten, meistens ausgelöst durch ungewöhnliche Geräusche, zum Beispiel Gewitterdonner oder einen bellenden Hund in der Nachbarschaft. Doch diese Nachricht war anders. Das System meldete eine Bewegung im Wohnzimmer.

Sofort öffnete ich die Kamera-App meines Handys, um nachzuschauen, was los war. Zu meiner Überraschung flatterte ein großer weißer Nachtfalter vor dem Kameraobjektiv hin und her. Während ich zusah, flatterte er immer weiter vor der Linse herum. In Arkansas war es ungefähr Mitternacht, also 21 Uhr in Los Angeles. Im Wohnzimmer dort war es dunkel. Es war möglich, dass der Falter eigentlich andersfarbig war, aber das Infrarotlicht der Kamera ließ ihn weiß erscheinen.

Merkwürdig an der Sache war, dass alle Türen und Fenster der Wohnung fest verriegelt waren und ich mich schon seit zwei Wochen nicht dort aufgehalten hatte. Wie war also dieser große Nachtfalter dort hereingekommen?

Während der nächsten vierundzwanzig Stunden löste er noch einige Alarme aus und flatterte jedes Mal längere Zeit vor der Kamera herum, immer nachts. Ich dachte mir noch nicht viel dabei. Der Falter sah nicht weiter ungewöhnlich aus.

Mich beschäftigte lediglich, wie ich ihn nach meiner Rückkehr aus der Wohnung entfernen sollte.

Doch als ich die Aufnahmen von dem Nachtfalter auf der Konferenz herumzeigte, erlebte ich eine Überraschung. Jemand, ein Medium, sagte: »Das ist kein gewöhnlicher Falter.« Aber mehr fiel ihm dazu nicht ein. Ich dachte: Okay, ungewöhnlich in dem Sinne, dass er in meiner Wohnung ist und ich mich frage, wie er da wohl hineinkam. Darüber hinaus erschien mir an der Sache weiterhin nichts ungewöhnlich.

Als ich nach Hause kam, suchte ich die ganze Wohnung bis in den letzten Winkel nach dem Nachtfalter ab. Nichts. Ich schaute in alle Schränke, rückte Möbel ab, sah sogar hinter dem Kühlschrank nach. Nirgendwo entdeckte ich eine Nachtfalterleiche. Während der ersten und den folgenden fünf Nächten ließ ich die Kamera eingeschaltet. Kein Falter.

»Vielleicht«, überlegte ich, »habe ich ja irgendwo ein Schlupfloch übersehen, durch das er hereingekommen ist und später die Wohnung wieder verlassen hat.« Aber so verhalten Insekten sich nicht. Ich hätte ihn finden müssen, entweder an einem Fenster herumflatternd oder tot auf der Fensterbank.

Während des ganzen nächsten Jahres kehrte der Nachtfalter nicht zurück, und ich dachte nicht weiter an ihn.

Doch im April 2017 reiste ich zu der Universität, die ich während der bereits erwähnten außerkörperlichen Erfahrung besucht hatte. Während eines Vortrags, den ich dort hielt, erwähnte ich Anne – und in diesem Moment schickte die Kamera wieder eine Textnachricht an mein Smartphone.

Genau in dem Moment, als ich das Wort »Anne« aussprach, war der weiße Nachtfalter an der Kamera in meinem Wohnzimmer vorbeigeflogen. Er landete kurz auf dem Schrank, wo die Kamera montiert ist. In diesem Moment konnte ich ihn gut genug sehen, um festzustellen, dass er die Fühler eines Seidenspinners hatte. Die Ceanothus-Seidenmotte kommt dort in der Region vor. Das war also nicht außergewöhnlich.

Während der folgenden Tage und Nächte, ich war noch von zu Hause weg, zeigte sich der Falter nicht wieder. Er war nur in diesem einen Moment an der Kamera vorbeigeflogen.

Da er nur aufgetaucht war, als ich von Anne gesprochen hatte, dämmerte es mir schließlich, dass er etwas mit ihr zu tun haben könnte. Als ich nach Hause kam, suchte ich wieder die ganze Wohnung ab. Diesmal ging ich besonders gründlich und methodisch vor, durchsuchte Schränke, schaute hinter Möbel, unter Teppichränder, hinter Geräte.

Wieder war die Wohnung während meiner Abwesenheit sorgfältig zugesperrt gewesen. Doch ich fand nichts außer den sterblichen Überresten eines anderen, kleineren Falters, der schon lange tot war.

Ratlos stand ich mitten in der Wohnung. Schließlich fragte ich Anne: »Hast du etwas damit zu tun?«

Ich hörte keine Antwort – ich lernte gerade erst, das Aroma ihrer Gedanken zu erkennen und von meinen zu unterscheiden, konnte sie aber noch nicht channeln.

Doch ich erinnerte mich plötzlich sehr intensiv an meine Kurzgeschichte »The White Moths« (Die weißen Nachtfalter).

Anne liebte diese Geschichte. Sie hielt sie für meine beste.

Jetzt dachte ich darüber nach, dass der Falter während des ganzen Jahres nur ein einziges Mal aufgetaucht war, und zwar genau in dem Moment, als ich Annes Namen erwähnt hatte.

Ich hörte ihr Lachen – dieses tief aus dem Bauch kommende, herzhafte Lachen, das ich zu ihren Lebzeiten so gemocht hatte. Dann sagte sie: »Ich kann mit dir sprechen.«

Ich war geschockt. Diese Stimme war eindeutig nicht Teil von mir. Es war, als hätte eine andere Person in meinem Kopf gesprochen, jemand, der außerhalb von mir existierte.

In jener Nacht unterhielten wir uns endlos, wie zwei aufgeregte Kinder, die einander wiedergefunden hatten. Ich wollte ihr von meinem Alltag ohne sie erzählen, aber das interessierte sie nicht. Sie interessierte sich nur für mein inneres Leben, wobei sie besonderen Wert darauf legte, dass ich lernen sollte, mich selbst objektiv zu lieben.

Damals fand ich heraus, dass meine Frau immer noch eine großartige Lehrerin ist, immer bereit, pointierte Fragen zu stellen, aber zurückhaltend, was Ratschläge angeht. Sie ist keine »Führerin«. Ihr geht es darum, dass jeder seinen eigenen Weg findet.

In dieser Nacht, am nächsten Tag und in der nächsten Nacht fand ein wunderbar erhellender Dialog statt. Schließlich gewöhnte ich mich an diese Form der Kommunikation. Ich war nun in der Lage, ihre Worte klar von meinen zu unterscheiden. Sie beharrte aber darauf, dass ich das immer wieder hinterfragen und es mir nicht in diesem Glauben gemütlich machen sollte. Wie ein Falter flatterte ihr Geist hierhin und dorthin, niemals ruhend strebt er dem Licht zu und drängte mich, ihr zu folgen.

Und doch blieb dieser Hauch des Zweifels. Konnte es wahr sein? Wirklich wahr?

Am nächsten Wochenende besuchte ich meinen Sohn, der einhundertfünfzig Kilometer entfernt wohnt. Seit meiner Rückkehr von dem Vortrag an der Uni ließ ich die Kamera Tag und Nacht eingeschaltet. Doch der Nachtfalter zeigte sich nicht, weder wenn ich abwesend war noch wenn ich mich in der Wohnung aufhielt.

Anne hatte ein wunderbares Verhältnis zu ihrem Sohn. Sie war sehr gut darin gewesen, ihm immer genug Raum zu lassen, aber auch die klaren Grenzen zu setzen, die ein Kind braucht. Sie war immer eine sanfte Mutter, und wenn sie ihm Ratschläge gab, dann voller Weisheit.

In all den Jahren seines Erwachsenwerdens bestrafte sie ihn nicht nur nie, sie erhob noch nicht einmal ihre Stimme. Sie behandelte ihn nie, als wäre er »nur ein Kind«, also noch keine vollwertige Person. Sie respektierte seine Rechte und ließ ihm immer mehr Freiheit, je erwachsener er wurde. Sie disziplinierte ihn, indem sie sich enttäuscht zeigte, wenn er diese Erwartungen nicht erfüllte. Dann geleitete sie ihn sanft wieder auf den richtigen Weg zurück.

Die Liebe zwischen den beiden war tief und schön, ein kunstvolles Beziehungsgewebe zwischen Mutter und Sohn, erfüllt von Humor und der tänzerischen und alltäglichen Aufregung eines Kindes, das die Welt entdeckt.

Zu diesem Zeitpunkt, im Mai 2017, als ich ihn und seine Kinder besuchte, spürte ich sehr deutlich, dass Anne bei mir war.

Mama kam immer mit.

An diesem Samstagnachmittag saßen wir zusammen, und ich erzählte ihm, was während meines Vortrags in der vorigen Woche geschehen war, und von meiner Vermutung, dass Anne irgendwie hinter dem geheimnisvollen Erscheinen dieses weißen Falters steckte.

Ich erklärte ihm, dass es eine Meditation mit dem Namen »The White Moths« (Die weißen Nachtfalter) gibt, in der man sich mit dem Sterben beschäftigt und damit, was es für unser Leben wirklich bedeutet und was es bedeutet, wenn wir uns Illusionen über das Leben hingeben. Und ich sagte ihm, wie sehr seine Mutter diese Meditation geliebt hatte.

Ich sagte: »Jedenfalls glaube ich, dass das alles etwas mit Mutter zu tun hat.«

Genau in diesem Moment schickte die Kamera wieder eine Nachricht. Sie hatte eine Bewegung registriert.

Ich schaltete die App ein. Als ich gesagt hatte, dass »das alles etwas mit Mutter zu tun hat«, war der weiße Nachtfalter vor der Kamera vorbeigeflogen.

Als wir das kleine Geschöpf auf dem Display flattern sahen, war das wie der Blick in die Tiefen einer unbekannten Wahrheit.

Danach ließ er sich nicht wieder blicken, wochenlang. Ein kurzes Auftauchen vor der Kamera, mehr nicht. Sie besitzt ein Weitwinkelobjektiv, sodass man das ganze Wohnzimmer sehen kann. Der Falter flog in etwa fünfzehn Zentimetern Abstand vorbei und verschwand.

Ich spürte, wie mein Herz plötzlich von meiner geliebten Anne erfüllt war. Dann kamen mir die Tränen. Ich wollte meinen Sohn nicht damit belasten. Also verstummte ich und rang um Fassung.

Auch er saß lange schweigend da. Dann sagte er leise, sanft: »Mom, ich liebe dich.«

Ich konnte die Realität nur schwer leugnen. Nein, das war unmöglich. Mit dem weißen Nachtfalter ist nämlich noch mehr verbunden als sein Erscheinen vor der Kamera.

Für mich war die Frage damit beantwortet. Ich wusste jetzt: Anne ist noch da. Sie ist weiterhin bewusst und nimmt am Leben ihrer Familie Anteil.

»Und an dem vieler Menschen«, fügt sie hinzu, während ich das hier schreibe. »Ich komme viel herum.«

»Redest du mit den Leuten?«

»So funktioniert das nicht. Ich rede *in* ihnen, nicht mit ihnen. Manchmal kann man sie dadurch beeinflussen, meistens aber nicht. Das Ego ist wie ein zu laut aufgedrehtes Radio. Ihr müsst es erst leiser stellen, sonst könnt ihr uns nicht hören.«

Wie alles, was ich von Anne empfange, vermitteln auch diese wenigen Worte kostbares Wissen. Sie erteilt keine konkreten Ratschläge und sagt auch nicht die Zukunft voraus, sondern gibt uns solide und praktische Informationen darüber, wie diese neue Beziehung von ihrer Seite her aussieht und wie wir sie so gestalten können, dass sie funktioniert.

Einen weißen Nachtfalter als Symbol zu verwenden ist klug und pfiffig. Irgendwie muss es Anne gelungen sein, dieses kleine Geschöpf zu beeinflussen. Vielleicht hat sie es sogar herbeigezaubert, denn bis heute habe ich in der Wohnung nie auch nur die kleinste Spur eines solchen Falters finden können.

In der Meditation »The White Moths« wird das Sterben kontempliert. Dabei symbolisieren die Falter die Geister der Toten, und das Leben wird als eine Reise voller Illusionen betrachtet.

Jetzt gerade sagt Anne dazu: »Du würdest staunen, wie wahr das ist! Das Erste, was geschieht, wenn du auf dein Leben zurückschaust, ist nicht dieser verdrießliche Rückblick, von dem immer geredet wird. Nein, du erkennst, dass du das Leben zu ernst genommen hast. Das Leben ist ein Spiel. Zurückzublicken auf dieses übertrieben ernste, ehrgeizige, frustrierte kleine Geschöpf, das du warst, ist verblüffend und verwirrend. Dieses kleine Ding mit seinen winzigen Problemen soll wirklich ich gewesen sein? Die Inkarnation in der physischen Welt bewirkt, dass du den großen Maßstab deines Seins vergisst. Damit beschäftigst du dich in ›Der weiße Nachtfalter‹, und das ist der Grund, warum ich diese Geschichte so mag. Betrachte meinen weißen Falter als mein philosophisches Statement zur wahren Natur der physischen Erfahrung.«

Auch im »Lied des wandernden Aengus« werden weiße Nachtfalter erwähnt: »Es tanzten weiße Falter still, faltergleich Stern für Stern aufging. Ich warf den Köder in den Bach, silbern der Fisch, den ich dort fing.«

So, wie meine Suche durch einen weißen Nachtfalter initiiert wurde, begann auch seine mit weißen Faltern.

Als ich kürzlich in Texas zu Besuch bei Freunden war, flatterte der weiße Falter jedes Mal zu Hause vor der Kamera her, wenn ich anfing zu meditieren. Es war, als wollte er mir sagen: »Du bist zwar weg von zu Hause, aber ich bin trotzdem bei dir.«

Indem Anne den Falter als das »Wort« wählte, das sie benutzt, um sich im physischen Leben bemerkbar zu machen, definiert sie damit nicht nur die Suche, die mich den Rest meines Lebens beschäftigen wird, sondern öffnet auch einen wahren Schatz an Symbolik, die weltweit viele Kulturen miteinander verbindet.

Im antiken Griechenland bedeutete das Wort *Psyche* sowohl Seele als auch Schmetterling. Aber die Bedeutung reicht noch tiefer, denn Psyche war auch die *Anima mundi*, die Weltseele. Nachdem Patricia Turrisi, eine mit mir befreundete Philosophin, meine Geschichte gehört hatte, schrieb sie mir: »Mit dem Wort ›Psyche‹ sind die Seele und der Schmetterling gemeint. Der Mythos wird interpretiert, indem man mit dieser Doppelbedeutung spielt. Er wurde zur Geschichte der Seele, die von der göttlichen Liebe berührt wird, aber wegen der von ihr begangenen Fehler einige Prüfungen über sich ergehen lassen muss, ehe ihr die glückselige Unsterblichkeit gewährt wird. Wie der Nachtfalter von der Kerzenflamme wird die Seele von den himmlischen Wahrheiten angelockt. Der Falter verbrennt in der Flamme, was für die Reinigung steht, der die Seele sich unterziehen muss, um sich von den Bürden des Fleisches zu befreien. Erst danach kann sie die Freuden kennen lernen, die jenseits davon liegen.«

Darauf, zu diesen Freuden aufzusteigen, hat Anne sich vorbereitet. Und nun, das schließe ich aus einem Kontakt mit ihr, der kürzlich stattfand, ist sie bereit für die Weiterreise.

Ich bin schon lange über die Vorstellung hinaus, dass »Träume nur Schäume sind«, und ich habe gelernt, die Macht der disziplinierten, gelenkten Vorstellungskraft zu respektieren. Wir sind seelenblind geworden, und deshalb haben wir vergessen, dass Träume, statt nur Schäume zu sein, eben auch Reisen in andere Welten sein können, vor allem in das Land, wo unsere Toten wohnen.

Kurz bevor ich anfing, diese Zeilen zu schreiben, bin ich von einer solchen Reise zurückgekehrt.

Es begann, als ich einer strahlend schönen Frau und ihrem Bruder begegnete. Im physischen Leben sind sie mir noch nicht begegnet, aber ich habe ihre Vornamen erfahren und ihre Gesichter gesehen. Sie stellten sich mir freundlich vor, aber als ich sie nach ihren Nachnamen fragte, lächelten sie nur. Ich kannte den Grund: Mit dieser Information wäre der Lauf unseres Schicksals durchbrochen worden, denn unser Schicksal ist es, einander, wenn es überhaupt geschieht, zufällig zu begegnen.

Es war ein ergreifender, wundervoller Moment, als sie mich anlächelte und ich Hoffnung und Stolz in diesem Lächeln sah, den Stolz der Schönheit, nicht nur des Körpers, sondern auch der Seele. Ich spürte, dass sie sich zu mir hingezogen fühlte.

Ich sagte: »Ich bin verheiratet.«

Sie zeigten mir, wie sie lebten. Sie waren sehr nette Leute. Ihr Leben schien mir typisch amerikanisch zu sein: wohlhabend, komfortabel und ruhig. Ich begleitete sie, sah ihre Freunde, die Kinder und Eltern in ihrem Leben.

Ich spürte ihre Freude, ihren Frieden und empfand sehr deutlich meinen Schmerz, von Anne getrennt zu sein.

Ich trage unsere beiden Eheringe, was symbolisieren soll, dass wir jetzt diesen einen Körper miteinander teilen. Ich erwarte, dass dieser Zustand bis zu meinem Lebensende anhält und ich danach für immer mit Anne vereint sein werde.

Doch so, wie ich es verstehe, werde ich, wenn ich diese Leute treffe, eine neue Bestimmung finden.

Und meine Bestimmung wird so aussehen: Ich werde in ihrer Familie ein neues körperliches Leben beginnen.

Die Frau wird sich in mich verlieben und ich mich in sie.

Ich werde in diesem anderen Leben wieder heiraten.

Oh, ich kann mir gut vorstellen, mich in diese Frau zu verlieben. Ich kann es mir vorstellen, aber ich will es nicht. Der Gedanke erzeugt in mir ein Heimweh, das stärker ist als alle ähnlichen Emotionen, die ich in meiner Kindheit empfand, als ich nachts im Ferienlager in meiner Koje lag, den Mond vor dem Fenster vorbeiziehen sah und mich nach meinem eigenen Bett sehnte.

Dann war in diesem Traum plötzlich Anne bei mir. Solche direkten Begegnungen zwischen uns geschehen nur selten. Ich wollte ihr lachend von »so einer Frau« erzählen, die versucht hätte, mich zu verführen, als ich bei Anne eine Veränderung bemerkte. Ich sagte: »Du wirkst auf mich freier.«

Sie erwiderte: »Ja. Ich reise jetzt weiter. Wir hatten eine wunderbare Ehe, und ich werde dich immer lieben, aber wir sind alle Teil der Natur, und unsere Ehe endet jetzt.«

Das war ein fürchterlicher Schock für mich – mitten in diesem »Traum«.

Die andere Frau kam, zögernd. Sie wollte mich trösten und mich sanft in eine neue Liebesbeziehung hineinziehen.

Ich dachte: »Nein, nein, das kann nicht wahr sein.« Und während ich das hier schreibe, füllen sich meine Augen wieder mit den Tränen, die ich auch in dem Traum weinte, als wir im Land der Seelen auf diesem Pfad gingen. Ich sagte: »Ich will nicht, dass es endet.«

Doch in diesem Moment begriff ich die Wahrheit, dass es in der Ehe um Körper geht, um die Hitze der Körper, um Leben und Kinder. Man bleibt nicht über die Brücke hinweg verheiratet. Man entwickelt eine neue Art von Beziehung und Gemeinschaft, liebevoll und treu, aber nicht exklusiv wie die physische Ehe.

Ich spürte, wie Anne mich am Arm berührte. Es war elektrisierend und von erschütternder Süße, so ergreifend, dass ich es nicht in Worte fassen kann. Sie sagte: »Hab keine Angst, Liebling. Wir werden immer zusammen sein.«

»Verlass mich nicht!«

Aber so wie in der Nacht, als sie starb, ging sie weiter. In großer Leichtigkeit ging sie einer neuen Welt und einem neuen Leben entgegen, das ich mir nicht vorstellen kann.

Ich muss hierbleiben, um meine Arbeit in unserer Familie und in der physischen Welt zu tun, von der ich immer noch ein Teil bin. Und sollte ich je diese wunderschöne Frau treffen, wird für mich eine neue Liebe und ein neuer Lebensweg beginnen.

Anne sagte: »Bleibe immer offen, vergiss niemals deine Suche. Du hast mir alles gegeben, das du geben kannst, Whitley, und hier bin ich, in diesem unsterblichen Zustand.«

»Du hast mir auch alles gegeben.«

»Ich bin immer noch eine Lehrerin.«

Ich spürte eine neue Nähe zwischen uns, ein neuer Aspekt des Lebens beiderseits der Brücke. Diese Lehrer, die wir absurderweise »die Toten« nennen, unterrichten uns innerhalb unseres eigenen Bewusstseins, in unserer Seele. Sie stehen bereit, uns tiefer als je zuvor in die Wirklichkeit hineinzuführen, in für uns noch ferne Länder und zu einem Wissen, dass für uns alle bestimmt ist. Wir werden lernen, selbst so zu werden wie jene Wesen, die wir Außerirdische nennen: gleichzeitig im physischen und nicht-physischen Seinszustand zu leben, als eine ganzheitliche, geheilte Spezies.

Anne strahlte ein solches Glück aus, während wir nebeneinander her gingen, dass ich unter Tränen lachen musste und mein Schmerz zugleich Freude wurde.

Aber dann – dann – ging sie schneller, entfernte sich, und ich konnte nicht mit ihr Schritt halten.

Ich versuchte es, aber sie schwebte in die Höhe, schwebte aus dem Land dieses Traums davon wie in jener Nacht, als sie starb – stieg höher und höher hinauf.

Ich erwachte in einem Meer aus Tränen.

Es war 3 Uhr morgens, die gewohnte Stunde der Meditation. Unter Tränen stand ich auf und ging zu meinem Meditationssessel. Ich praktizierte die Wahrnehmungsübung und gelangte in eine sehr intensive Bewusstheit.

Neue Liebe strömte in mich ein, eine zarte, achtsame Liebe, die unmittelbar auf die Stärkung meiner Seele abzielte. Es war nicht länger die Liebe einer Frau, sondern die einer guten Lehrerin und Freundin, der besten, die ich mir nur wünschen konnte.

»Wirst du mich jetzt verlassen?«

Sie wackelte provozierend mit den Hüften. Sie sah ganz klar nicht wie jemand aus, der beabsichtigte, mich zu verlassen, noch nicht einmal auf der physischen Ebene.

Aber das ist nicht wahr, wie ich inzwischen begriffen habe. Die Freiheit, die wir beide brauchen, besteht für mich darin zu akzeptieren, dass ich physisch bin und physische Bedürfnisse habe, die sie einfach nicht mehr erfüllen kann, so sehr ich mich auch danach sehne. Unabhängig davon, ob ich sie mir auf andere Weise erfüllen werde oder nicht, darf ich nicht länger von Anne erwarten, meine Ehepartnerin zu sein. Nicht in diesem Leben. Wenn der physische Körper stirbt, endet auch die physische Ehe.

Andererseits endet die viel tiefere Verbindung zwischen Seelen niemals. Aber sie ist, anders als die physische Ehe, nicht exklusiv. Annes Seele ist jetzt auf andere Art Teil der Welt.

Wir haben zu einer neuen Form der Beziehung gefunden, in der die Lehrerin, wie alle guten Lehrerinnen und Lehrer, zusammen mit dem Schüler lernt. Auch vor ihr liegt nämlich eine Reise. Sie wird ihre essentielle Bestimmung erfüllen und bei der wunderbaren Arbeit helfen, Seelen – viele Seelen – durch den Schmelztiegel des Lebens in die Freude zu führen.

Ich weiß, dass sie ihre Sache sehr gut machen wird. Sie ist darin so gut! Aber mein Mädchen wird immer mein Mädchen sein, und nun geht sie mir auf dem Pfad voraus.

Ich würde so gerne mitkommen, aber ich gehöre noch in die physische Welt und muss zurückbleiben wie ein alter, unbeholfener Tollpatsch. Meine Seele kann fliegen, aber nie hoch genug. Und doch, auch wenn ich Anne nur aus weiter Ferne sehen kann, spüre ich sie ganz nah, eine spukhafte Präsenz, die meine Sele begleitet und mir erlaubt, meine Sehnsucht hinauszuschreien.

Ich präge mir die letzten Zeilen des Aengus tief ein, ganz tief in mein Herz, die letzten Zeilen jenes Liedes, in dem meine Suche besser als irgendwo sonst beschrieben wird:

»Obwohl ich alt vom Wandern bin
durch tiefes Tal, auf steilem Pass,
will ich noch finden ihren Ort,
zärtlich flüstern ein süßes Wort;
mit ihr wandern durch alle Zeit
und ewig streben nach Wonne,
Silberäpfel pflücken vom Mond
und Goldäpfel von der Sonne.«

Lebewohl, geliebte Seele, die du mir mehr bedeutest als ich selbst. Ich werde dir folgen, so gut ich kann, auf dem Pfad, den du mir weist. Ich werde dich in meinen Erinnerungen finden, auf den Wegen meiner Gedanken und in deiner flüsternden, lachenden Stimme, die so reich an Weisheit und so voll Güte ist.

Wie du selbst es so oft und so gut gesagt hast: Eine große Liebe endet niemals.

In diesem Moment, während ich die letzten Zeilen des Buches schreibe, sehe ich, dass es, scheinbar zufällig, 19:25 Uhr am 11. August 2017 ist. Seit jenem Augenblick, als du durch meine Arme hindurch aufstiegst und deine Reise begannst, ist genau ein Jahr vergangen.

Ich gehöre immer noch zur Erde, und du gehörst jetzt zum Himmel, aber ich weiß, dass du immer da sein wirst, wenn ich über die Brücke hinweg nach dir rufe, denn die Liebe, die wir miteinander teilen, wird meine Stimme in das lächelnde Land tragen, das geheimnisvolle Land des Lichts, in dem du wohnst.

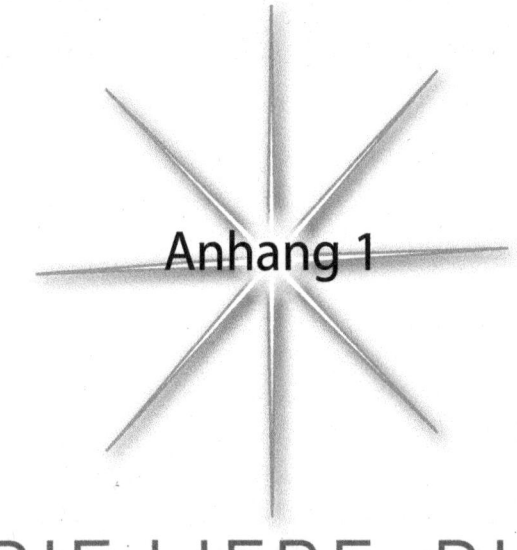

Anhang 1

DIE LIEBE, DIE MICH NACH HAUSE FÜHRTE

VON ANNE STRIEBER

Ich möchte Ihnen gerne eine Geschichte erzählen, die offenbar fast allen Menschen sehr geholfen hat, denen ich sie erzählte. Und mir hat sie auf jeden Fall geholfen.

Ich habe eine lange und gefährliche Reise in eine unbekannte Welt angetreten. Ich erinnere mich nicht an viele Details, eines aber weiß ich noch mit extremer Klarheit: Ich erinnere mich an einen Moment, an dem ich vor eine Wahl gestellt wurde. Es gab in mir einen natürlichen Wunsch zu leben und zu überleben, und ich suchte nach Wegen, die das ermöglichten.

Aber ich glaube, wenn ich keinen Führer gefunden hätte, wäre ich gescheitert.

Dieser Führer, der mir beistand, war mein geliebter Kater Coe. Ich weiß noch, wie ich in sein Fell weinte, als ich ihn nach seinem langen Kampf gegen den Krebs schließlich einschläfern lassen musste. Coe war immer der Clown der Familie gewesen. Er besaß keinen Instinkt. Er fiel nicht auf die Füße. Aber er war sehr klug und durchaus fähig, uns anzuflunkern.

Einmal hörten wir ein lautes Poltern aus dem Wohnzimmer, und Coe stolzierte zu uns ins andere Zimmer und gähnte, als wäre er gerade aufgewacht. Die Katastrophe im Wohnzimmer hatte, so wollte er uns glauben machen, nichts mit diesem Kater zu tun, der angeblich gerade noch friedlich geschlafen hatte …

Coe zu begegnen war eine Überraschung für mich. Ich sah ihn nicht wirklich, spürte aber seine Anwesenheit. Ich wusste, dass ich mich an der Weggabelung zwischen Leben und Tod befand. Dort herrschte ziemlich viel Betrieb, und ich war mir gar nicht sicher, ob Coe dort wirklich speziell auf mich wartete.

Offenbar hatte ich wenig Zeit. Ich glaubte, dass ich in der physischen Welt mit meinem Sohn telefonierte. Später fand ich heraus, dass er an meinem Bett saß. Es war, als ob ich in zwei Welten gleichzeitig lebte. Ich wollte meinem Sohn sagen, dass Coe da war, denn darüber hätte er sich gefreut. Die beiden waren sehr, sehr gute Freunde gewesen.

Ich hatte immer damit gerechnet, ich würde meiner Mutter begegnen. Sie starb, als ich sieben Jahre alt war, sodass ich mich nicht sehr gut an sie erinnere. Ich hatte mein ganzes Leben auf diesen Moment gewartet, denn ich möchte sie sehen und mich erinnern. Ich dachte immer, ich würde sie nach meinem Tod wiedersehen und mich dann an sie erinnern.

Und doch empfand ich gar nicht so viel Liebe für sie. Ihr Tod war so lange her und ich so klein, als es geschah.

Coe dagegen liebte ich sehr und freute mich, ihn zu sehen, aber er benahm sich eher ernst und gar nicht so herzlich.

Es war, als wollte er mir sagen: »Los, schnell! Wir dürfen keine Zeit verlieren.« Ich hatte den Eindruck, dass Tiere das Geheimnis von Leben und Tod viel besser kennen als wir.

Ich hörte ihn in meinem Kopf sagen: »Diese DUMMEN Menschen – noch nicht einmal den Weg in die Welt der Toten finden sie, wenn man ihnen nicht hilft!« Er führte mich zu einem Ort, der wie eine U-Bahn-Haltestelle oder eine Greyhound-Busstation aussah: ein unterirdischer Warteraum mit dieser seltsamen gelblichen Beleuchtung, die man an solchen Orten sieht. Es herrschte reger Betrieb: Ich hatte den Eindruck, dass viele Leute ein und aus gingen. Sie umklammerten vollgestopfte Einkaufstaschen und Koffer. Vielleicht waren das die Erinnerungen, die sie aus ihrem Leben mitbringen wollten.

Und irgendwie wusste ich, dass sie nur weiterreisen konnten (sei es mit Bus oder U-Bahn), wenn sie bereit waren, ihr Gepäck ZURÜCKZULASSEN.

Für Coe war das alles nichts Besonderes. Es war nicht so, dass er sich für einen spirituellen Führer oder dergleichen hielt. Es war viel alltäglicher und normaler. Er war bereit, mir einen bestimmten Weg zu zeigen, wenn ich dafür bereit war. Ich spürte seine Liebe, aber sie war wie früher, keine großartigen neuen Gefühle.

Als Kater hatte er nie gut funktioniert. Mäuse jagen war nie sein Ding gewesen. Aber im Knuddeln war er der absolute Weltmeister, ein kleiner Spielgefährte und Freund, der Herz und Seele erfreute. Und jetzt war er hier, bereit, mit mir einen kleinen Spaziergang ins Jenseits zu unternehmen.

Ein paar Tage nach seinem Tod hatte er sich in unserer Wohnung gezeigt. Whitley, der solche Phänomene sehen kann, bemerkte ihn und sagte, der Kater wirke, als hätte er sich verirrt. Also zeigte er Coe den Weg in die andere Welt, die für mich nun so sehr Teil des Alltags ist wie für Whitley. Und jetzt war Coe wieder da und half mir, die gleiche Reise anzutreten.

Ich glaube, der Grund, warum das geschah, liegt darin, dass in unsere Beziehung echte Liebe investiert worden war. Ich liebte Coe aufrichtig, und er liebte mich, und diese Liebe besteht fort. Vielleicht war das, was mir in dieser Zone zwischen Leben und Tod begegnete, gar nicht wirklich Coe. Vielleicht hat er selbst den Weg schon vor langer Zeit gefunden und ist auf ihm weitergereist. Aber die Liebe wurde zurückgelassen und wartete auf mich, bis ich sie benötigte.

Eine Reise über den Rand des Lebens hinaus und die Hilfe eines kleinen Tieres waren notwendig, um mir die Erkenntnis zu vermitteln, dass alles, was wirklich von uns überlebt, die Liebe ist, die wir in diese Welt hineingeben. Das ist eine einfache Wahrheit, die mich immer begleiten wird, selbst wenn ich eines Tages wieder über die Schwelle gehe, um diesmal nie mehr zurückzukehren. Besonders dann.

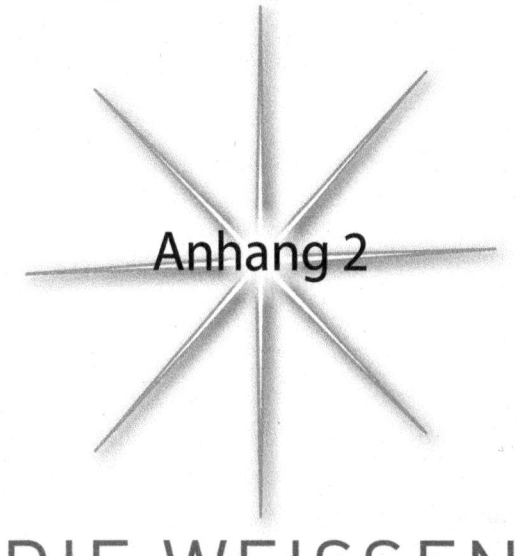

ANHANG 2

DIE WEISSEN
NACHTFALTER

VON WHITLEY STRIEBER

Was gab es zu tun? Eine Kaffeetasse war zu spülen, und das Bett konnte es vertragen, aufgeschüttelt und geglättet zu werden. Dann waren da die Rosen, die Aufmerksamkeit brauchten. Und ein Brief an Janie, ja, das gab es zu tun.

Stattdessen schaute sie dem Sonnenlicht zu, das über den Rasen kroch. Wie lange kannte sie schon dieses Licht auf diesem Rasen? Neunzehnhunderteinunddreißig bis neunzehnhundertsiebenundachtzig. Verdammt, wie lange war das? Einunddreißig, einundvierzig … über fünfzig Jahre.

Verdammt lange, du alte Schachtel. Komisch. Du bist alt geworden. Und was ist mit deinen Phoeben-Tyrannen, da in ihrem Nest in der Weinlaube? Dieses Phoeben-Paar beobachtest du doch schon – nun ja, ewig.

....

Mit einem kleinen, trockenen Frösteln wurde ihr klar, dass bereits Dutzende Generationen ihrer kleinen Freunde in dieser Ruine einer Weinlaube genistet hatten.

Nicht ein einzelnes Vogelpaar war für sie quasi zu Haustieren geworden, nicht fünfzig Jahre lang. Eine ganze Ahnenreihe dieser Vögel, die bis ins Dunkel der Vergangenheit zurückreichte, hatte schon in ihrem Garten gewohnt.

Warum war ihr das nie zuvor bewusst geworden? Seit mehr als einem halben Jahrhundert fütterte sie die Phoeben, Bobs ganzes Leben lang, von der Zeit, als er als junger Ehemann die Stufen hinaufgesprungen war, bis zuletzt, als er sich in einen raschelnden Papyrus verwandelt hatte, mit seinen Schmerzen und seiner schrecklichen Neigung, sich überall festzuklammern.

Jetzt war sie allein in diesem behaglichen alten Haus. Nun gut, sie klapperte ein bisschen herum, war aber zufrieden mit ihrer Diät aus Krimis und dem Warten auf die Abendnachrichten.

Sie schaute sich die hoffnungslosen Dummheiten der wechselnden Präsidenten an, von denen einer nach dem anderen auf die eine oder andere Art versagte, und fand es seltsam, dass niemandem auffiel, wie sie seit Johnson alle baden gegangen waren. Diese ganze Institution der US-Präsidentschaft hatte versagt. Ein weiteres Symptom für Tod und Verfall.

Am nördlichen Himmel tauchte ein Schwarm Gänse auf, nicht viel mehr als dahingeworfene Tupfen, aber sie wusste, dass, oh ja, die Gänse des Oktobers wieder da waren. Sie ließ ihre Finger über die Fensterbank gleiten und wunderte sich über den weißen Staub. Natalie würde sich daran stören. Sie achtete so sehr auf Ordnung hier im Haus, die gute Seele.

Es musste also dieser Brief geschrieben werden. Sie stand auf und bewegte sich durch die hohen Schatten zu ihrem alten Sekretär, wo Bob so viele Stunden damit verbracht hatte, seine abendliche Arbeit zu erledigen. Seine Zigarren hatten Brandflecken hinterlassen, und in der Geheimschublade lag immer noch die Cognacflasche, unberührt, seit sie ihm vor so vielen Jahren zum letzten Mal Cognac nachgeschenkt hatte.

Sie nahm Papier und Federhalter – ihr eigenes hübsches Papier mit dem blauen Emblem – und setzte die Schreibfeder an.

»Meine liebe Janie«, schrieb sie, »ich habe solche Angst.«

Sie hielt inne. Spielte ihr Geist ihr einen Streich oder ihre Hand? Sie hatte nicht beabsichtigt, diese Worte zu schreiben. Ganz sicher nicht. Angst? Sie? Niemals. Sie hatte keine Angst. Sicher, der Tod würde bald kommen, aber solange machte man eben einfach weiter.

Sie betrachtete die Worte auf dem weißen Papier. Was für ein Unsinn. Das hatte sie überhaupt nicht schreiben wollen. Trotzdem, da war dieser so sanfte Traum gewesen, oder nicht? Der Traum von diesen ... nun ja, vielleicht ...

Ein weißer Nachtfalter flatterte plötzlich aus einer Spalte im Schreibtisch, ein kleiner, sich schnell bewegender, bleicher Falter. Sie wischte ihn mit der Hand weg. Er kam zurück und flatterte vor ihrem Gesicht herum. Sie schlug nach ihm. Er wich zurück, war aber sofort wieder da, flatternd. Seine Füße krabbelten über ihre Wangen, ihre Augenlider, als würde er ihr Gesicht mit einem Fluchtweg verwechseln. Sie schob den Stuhl zurück, schlug mit beiden Händen nach ihm, stand dann auf.

Sie überlegte schon, nach unten in die Küche zu gehen, um die Fliegenklatsche zu holen, aber dann verschwand die Motte plötzlich.

Solche Falter, Motten, waren kein gutes Zeichen. Sie musste daran denken, was solche Insekten bei ihren Pelzen anrichten konnten, bei ihrem Luchs, den Nerzen und dem weißen Wolf, die sie vor so vielen Jahren in Paris getragen hatte.

Sie schnappte nach Luft und dachte an die Balustrade, wie leicht ihre Hand darüber geglitten war, als sie während der Pause hinabstieg in die leuchtende Menschenmenge. Hatte nicht Willy D'Orsay zu ihr aufgeblickt, mit seinem gutmütigen und zugleich frechen Lächeln?

Wie seltsam, dass sie sich ausgerechnet an ihn erinnerte, obwohl ihre Bekanntschaft nur eine halbe Stunde gedauert hatte … sie hatte mit ihm im Club getanzt – was für ein verdammter Club war das? –, oder war es an Bord der Queen Mary gewesen? Getanzt. »Sehr angesagt, diese Band«, hatte er gemeint. Und sie hatte erwidert: »Ja.«

Sie durfte nicht zulassen, dass die Motten über ihre Mäntel herfielen, nicht über ihren schönen weißen Wolf, diese Pelze, die sie dem armen Russen abgekauft hatte, dem, der danach aus dem Hotelfenster gesprungen war und das Pech gehabt hatte, den Sturz zu überleben. Die Nazis hatten ihn ermordet, ihn und alle Krüppel in Paris.

Eine Amerikanerin in Paris. Sie sah ihr Spiegelbild im Fenster, wie sie herumhumpelte, auf der Jagd nach dem kleinen weißen Falter. Aber ihre Sorge galt ihren Mänteln, ihren Kleidern, dem feinen, edlen Stoff für die Haut der Jugend.

Und welche Weisheit hast du erlangt, du vertrocknete, garstige, nach Listerine riechende alte Kreatur, die du hier umherstakst? Welche Weisheit?

Über Politik wusste sie Bescheid. Sie war immer wählen gegangen. Sie erinnerte sich an Landon. Aber er hatte nicht gewonnen. Nein, Roosevelt hatte wieder gesiegt, dieser zornige Krüppel, auf seine Art so wütend wie der Russe mit den weißen Wolfsfellen. Die hatte er auf dem Tisch in der Crillon-Suite vor ihr ausgebreitet – perfekte weiße Felle von sechs Wölfen, wie außergewöhnlich! Und sie war wirklich clever gewesen und hatte zu ihm gesagt: »Ja, sie sind gut, aber ich kaufe nicht von privat.«

»Nein, Madame, natürlich nicht.« Ein Graf sei er gewesen, vor der Zerstörung des Zarenreichs, ja, Madame, ein Graf. Sie hatte die Pelze praktisch geschenkt bekommen – ihm ein paar lächerliche Dollar dafür bezahlt, und jetzt schwirrte hier ständig diese weiße Motte herum …

Sie bewegte sich rasch, manövrierte ihren bleiernen Körper durchs Zimmer. Sie fragte sich, ob der kleine Falter durchs Fenster hereingekommen war oder irgendwie in Bobbys altem Schreibtisch ausgeschlüpft war, diesem erbärmlichen Möbelstück, das nach Zigarrenrauch stank und voll war mit Schlüsseln für alles Mögliche, für alte, unbenutzte Schuppen und Jagdhütten in den Hügeln, und all seinem fummeligen Lederzeugs, seinen Schachteln mit modernden Papieren, dem Safe mit seinen verfluchten Briefmarken.

Oh, so still hatte er dagelegen an jenem Morgen.

Der weiße Falter flog Kreise um ihren Kopf. Sie konnte ihn klar und deutlich sehen, ein bleiches Ding, so weich … mit winzigen, auffällig roten Augen. Winzige rote Augen, fremdartig und kalt, Augen, die an Sterne erinnerten.

Bobby hatte gerne mit seinem Teleskop die Sterne angeschaut. Er stand um 2 Uhr morgens auf und jagte mit seinen Hunden bis Tagesanbruch, dann kam er zurück, wollte Eier und Speck und Kaffee. Dann verschwand er ins Büro, oder er setzte sich an den Schreibtisch hier und arbeitete bis Mittag, dann Lunch und ein kurzer Tiefschlaf, und mehr Arbeit bis 4 Uhr nachmittags, dann Drinks.

Drinks … der Blumengarten im Sommer, die weißen Sessel, ihre leichten, eleganten Kleider, die Mädchen in ihren Sommersachen, und Woodrow servierte Bourbon und Wasser und Eis, wenn es dann schon angeliefert war, und diese wundervollen salzigen Köstlichkeiten, die Jenny zubereitete – was war das noch gewesen? Und man diskutierte über Politik. Sie hatte begonnen, Zeitung zu lesen, die *New York Tribune*, dann wurde es die *Herald Tribune*, damit sie in der Lage war, ihrem Mann intelligent zuzustimmen.

Landons ausgebliebener Erdrutschsieg. Gewinnen mit Willkie. FDR. Truman, der all diese finsteren Japse in die Luft jagte. Nach Japan war sie nie gereist. Sie hatte es vorgehabt. Vielleicht nächstes Jahr. Man konnte nicht mehr mit dem Schiff dorthin reisen. Man musste fliegen, und in Flugzeugen wurden die Passagiere wie Hunde behandelt, diese grässlichen, hochnäsigen Mädchen in ihren kleinen blauen Kostümen, dubioses Essen, das sie auf ihren Tabletts herumtrugen, und das Dröhnen und Gerüttel. Die Weedens waren nach Japan geflogen.

Plötzlich saß sie in einem dunklen, gotischen Bischofsstuhl. »Es genügt nicht«, sagte sie mit ruhiger, klarer Stimme, »Angst zu haben.«

Sie war alt und hässlich, mit Augen wie scharfkantige Obsidiane. Ihre Kinder mochten sie nicht, und ihre Enkel bekamen Angst, wenn sie sie nur sahen.

Am Ende trägt man seine Sünden im Gesicht. Das lockere Lachen, der indiskrete Tonfall, das gierig verschlungene Leben – all das sammelt sich auf dem Gesicht wie Dreck auf dem Wasser eines Schwimmbeckens. Hätte sie mit dreißig über sich selbst gewusst, was sie heute wusste, wäre sie diesem bedauernswerten Russen aus dem Hotelfenster hinterhergesprungen.

Nun nahm sie lange Duftbäder. Ihrer Kosmetikerin bei Fallow's sagte sie, dass sie die Badeöle für ihre Tochter Janie oder für ihre Enkelin Mary kaufte. Im Badezimmerlicht waren ihre Finger wieder lang und glatt, ihre Arme rund und schimmernd, und das Öl glitt geschmeidig über ihre Haut. Anschließend duftete sie nach Gardenien, nach Kamille oder Hyazinthen. Hatte sie nicht früher jemand das Hyazinth-Mädchen genannt?

Sie wollte zu viel, das wusste sie, aber sie war durch ihr Leben so geworden. Es war so perfekt und doch so hart gewesen. Der Tod im Krieg, die jungen Männer, deren Anblick atemlos machte und die dann in den Schützengräben oder in schrecklichen kleinen Flugzeugen gestorben waren. Jemand hatte aus Frankreich ein Foto von Timmy Trogget geschickt, dieses Bild, Timmy voller scheußlicher Brandwunden. Das Foto war ihr anonym geschickt waren. Wussten diese Leute denn nicht, dass sie eine Blume war und unschuldig, dass man sie nicht durch grausige Heldenbilder von der Front verstören durfte?

Natürlich hatte Tommy Ukulele gespielt – sie alle, diese Gruppe von jungen Burschen vor dem Krieg. Und er besaß eine schöne sportliche Kutsche. Damit waren sie durch den Park getrabt. Waldo hieß sein Kutscher. Waldo Salt.

Der weiße Falter umkreiste ihren Kopf, und sie wusste, dass es ein schreckliches Geschöpf war. Sie wollte sich aus dem Zimmer zurückziehen. Doch in dem knorrig zugewachsenen Garten sah sie das goldene Licht des späten Nachmittags. Die Sonne, die bald untergehen würde, ließ Erinnerungen aus den Ruinen aufsteigen. Und war da nicht schon der Duft einer in der Nacht blühenden Blume? Nein, natürlich nicht, nicht im November. Sie konnte sich gut vorstellen, dass der Wolfsmantel zur Brutstätte für Motteneier wurde. Wer hätte das geahnt, dieses geliebte Meisterwerk, das um 4 Uhr morgens noch nach ihrem Parfüm geduftet hatte.

Sie würde mit Gladys, Amy, Bob und den Booth-Brüdern Rührei mit Speck essen und Kaffee trinken, sie hatten viel gelacht damals, und, oh ja, nach dem Krieg war das gewesen, und niemand dachte mehr an den armen Trogget-Jungen. Jimmy Andrus war als Kampfpilot vollkommen unversehrt aus dem Krieg zurückgekehrt. Togget, dessen Zunge wie eine aufgeplatzte Wurst ausgesehen hatte, war wohl einfach zu langsam gewesen. Er war immer viel zu analytisch gewesen, der arme Junge.

Sie fragte sich, ob die Jungen und Schönen als unsichtbare Schatten in ihr bisheriges Leben zurückkehrten, wenn sie starben. War Trogget auf einem Schiff aus Luft nach Hause geflogen, um den Rest seines beabsichtigten Lebens fortzuführen, als wäre es real?

....

Vorsichtig rückte sie einen Sessel in die Mitte des Zimmers und stieg darauf, um den Falter mit beiden Händen zu erwischen. Er flatterte fröhlich um den gelben Kronleuchter herum. Sie öffnete die Arme und klatschte die Handflächen zusammen, als er vorbeiflog. Der Sessel wackelte, sie schwankte, fand ihr Gleichgewicht wieder und versuchte, mit einem erneuten Händeklatschen das Insekt zu töten. Es war so winzig, ein so ungleicher Kampf, aber es flatterte unbeirrt, dieses unverschämte kleine Biest. Sie war wütend auf den weißen Falter.

Im Versuch, ihn zu fangen, wischte sie mit der Hand durch die Luft, aber ohne Erfolg. Er flog so schnell, dass er sich zu vervielfachen schien: zehn weiße Motten, tausend, herumwirbelnd im gelben Licht des Kronleuchters. Sie schwang ihre Arme.

Als sie merkte, dass der Sessel nicht mehr unter ihr war, fiel sie bereits. Der Aufprall war dumpf, tief in ihrem Rücken gab etwas auf schreckliche Weise nach. Der Parkettboden fühlte sich hart wie Beton an, obwohl ein schöner alter Bokhara aus dem Haus ihrer Großmutter darauf lag. Sie hörte eine Stimme aufschreien und wusste, dass es ihre eigene war.

Dann verspürte sie eine komplexe Art von Schmerz. Sie war überrascht, wie sich dadurch alles klärte. Sie hatte in ihrem Leben noch nicht viel Schmerz erlebt.

Da war dieser Moment mit Saucy Dill gewesen, als sie in Saucys lustigem kleinen Auto mitfuhr. Sie hatte ihre Hand heraushängen lassen und versehentlich dieses Ding berührt, den Auspuff oberhalb des Trittbretts. Oh ja, da hatte sie sich verbrannt, und das tat weh.

Doch dieser Schmerz jetzt war fundamentaler, und die Behandlung würde mehr erfordern als einen kalten Umschlag und ein großes Glas geschmuggelten Gin. Oh, Jazz, wohin war nur diese Musik verschwunden, wo waren die Tage und Nächte voller Jazz? Die juwelenfunkelnde Kaskade der Jahre, die Tänze, die Jungs, die Mädchen in ihren Kleidern …

Wie endet es, dieses Mysterium? Löscht die Qual am Ende jede Romantik aus? Dieser deutsche Junge, Knut von Hauer, hatte ihr, um 1940 war es wohl, sein Foto geschickt – oder früher, jedenfalls noch vor dem Krieg. Darauf sah man ihn in der Luke seines Panzers stehen, den Arm hochgereckt, und Ruthie hatte geflüstert, wie erregend sie ihn fand. Erregend … nach dem Krieg wurde er Schaffner. Jemand, Willy, oder wer war es noch gleich, hatte ihn im Schlafwagen nach Hamburg getroffen, wo Knut für die Fahrgäste die Betten herunterklappte!

Später hatte er dann mit dieser Philosophin im Languedoc gelebt, oder nicht? Da war Knut ein Mann von vierzig mit weißen, weißen Haaren. Dieser Hitler, also wirklich.

Ihr wurde klar, dass sie aufstehen musste, oder sie würde für immer hier bei den hungrigen weißen Motten ruhen. Wozu war das alles gut gewesen, und warum hatte es so schnell geendet? Ein Leben, nicht mehr und nicht weniger. Es hatte, so kam es ihr vor, Freude gemacht, aber was bedeutete das? Eine Dunkelheit schien sich in der Luft auszubreiten. Die Zimmerdecke teilte sich wie zwei sich voneinander lösende Hände, und da sah sie sich selbst, auf einer Kabarettbühne, in einer teuflischen und kompromittierenden Pose. Was für schreckliche Dinge sie getan hatte. Das ließ sich nicht leugnen. Tratsch und Gerüchte verbreitet, Seelen ruiniert. Sie hatte die ganze Welt um sich herum zum Einsturz gebracht, sie hatte ihre Arme umhergeschleudert und die jungen Kriegshelden vernichtet wie weiße Motten. Oh, sie waren so hübsch anzusehen in ihren Uniformen. Was für eine irrsinnige Verschwendung, sie darin auf Schlachtfelder marschieren zu lassen, singende, trunkene wilde Tiere, und dann das schreckliche, private Elend an der Front.

Sie fragte sich, ob ein Schuss in den Rücken sich so anfühlte. Hatte sie nicht Jimmy, oder wer war es, kandierte Früchte an die Front geschickt, und hatte er nicht zurückgeschrieben, an der Front würden nur Feiglinge Feigen essen? Sein Captain hatte dieser schrecklichen Frau – wie hieß sie noch, die mit diesen hartnäckigen Warzen an den Fingern – geschrieben, Jimmy sei gefallen, weil er sich im falschen Moment eine Zigarette angezündet hatte.

Gestorben, gestorben, spielte das überhaupt eine Rolle? Sie blickte hoch zum Kronleuchter und dachte, dass es vielleicht keine Rolle spielte. Dort in den Schatten, wo die Zimmerdecke gewesen war, formte sich dort nicht eine neue Klarheit, etwas, das zwischen all den herumschwärmenden Motten aufgeschreckt wurde?

Die Heizung im Haus war offenbar ausgefallen. War nicht Dezember? Oder war schon Januar? Wieviel Uhr war es, welcher Tag, welches Jahr? Wie lange lebte sie schon so, verloren durch die Jahre treibend? Sie kämpfte mit dem verrutschten verblichenen Teppich. Sie versuchte aufzustehen, um eine Tasse Tee zu trinken und dazu vielleicht ein paar wirklich gute Sandwiches zu essen, etwas Herzhaftes und Gutes. Fortnum's und diese leicht sündhaften Tees, die perfekten Damen, die Mädchen in ihren – wer war das noch, die sich bei Fortnum's so skandalös daneben benommen hatte? Das dicke Mädchen aus Montclair, die sich in London einen Lord angeln wollte und stattdessen einen Hutmacher heiratete. Harry, der verrückte Hutmacher. Aber er hatte dann in Montclair keine schlechte Figur gemacht, mit seinen englischen Manieren erfolgreich Autos verkauft.

Sie wünschte sich sehr, wieder auf die Füße zu kommen. Aber da war etwas Rätselhaftes: Sie war in diesem fliegenden Zimmer gefangen, dessen Rokoko-Gewicht die Falter mit ihren Flügeln trugen.

War der Tod so banal, nicht mehr als ein kurzer Kampf auf einem alten Teppich? Was war, wenn sie sich einnässte? Nein, nein, wie erniedrigend. Sie wollte nicht, dass das Hauspersonal sie so fand, dieses boshafte Hausmädchen Natalie mit ihren unerbittlichen, durchdringenden Augen. Was wusste sie schon?

Warum war sie hierher gekommen? Für welche schreckliche Sache wollte ihre Seele Rache nehmen?

Es war eine schreckliche Vorstellung, in einem anderen Leben Unrecht getan zu haben und dann in diesem Leben denen ausgeliefert zu sein, denen man damals Leid zugefügt hatte. Sie vermutete, dass Natalie es sich einfach in einem Sessel bequem machen, rauchen und ihr beim Sterben zuschauen würde.

Ihr ganzes Leben war ein Ozean des Todes gewesen. Ihr jungen Leute, ihr wisst nichts. Zu meiner Zeit war die Menschheitsgeschichte wie vergiftet. Ich verlor viele Freunde, die Blüte aus drei Generationen, Prinzen in weißen Uniformen, die in abgedunkelten Zügen zusammengepfercht an die Front gekarrt wurden, verschwendete Führungstalente und Künstler – und was wurde aus Guttman, diesem grandiosen Satiriker – nach dem Krieg war er vergessen – und der französische Milord, dieser großartige, anmutige Mann mit seinem enormen Wissen über Pferde, dieser Mann – von allen vergessen.

Könnte man nicht einen Trauergottesdienst für dieses ganze Jahrhundert veranstalten, vielleicht oben in Norman Vincent Peales Kirche, so eine kleine, hoffnungsvolle Feier?

Bob. Komm her. Hilf mir.

Ein wirklich schrecklicher Schmerz, rot wie die albernen Augen der weißen Falter, stieg tief aus ihr empor. Sie hatte auf dem großen, weiten Bett gelegen, sie selbst weit geöffnet, und Bob in der Dunkelheit mit seinen trockenen, weichen Händen, immer noch das Hemd an, und hatte nicht ein Baum geblüht? Ein blühender Baum ... war es ein Tulpenbaum?

Nein. In Louisiana war das, in Grand Coteau, in diesem Haus am Fluss, als der Nachtnebel aufkam und die Flussschiffe im Mondlicht vorbeiglitten, und die Luft war so wunderbar stickig, und ihre Haut war glatt wie Eis, heißes Eis. Sie hatte sich breit geöffnet für ihn und ihre Arme zurückgeworfen und den köstlichen

Rauch der Nacht dort unten inhaliert, dunkel war es gewesen, und er hatte die Gaslampe an der Wand angezündet, die flackernde gelbe Flamme, und sie hatte auf dem Bett getanzt, fest im Blick seiner wie Opale funkelnden Augen.

Funkelnde Dinge, seidenglatte Dinge, ihre Hände bewegten sich auf dem betonharten Teppich, Bob suchend. Während jeder dieser Stunden hielt sie ihn fest, hielt ihn, bis sie einschlief, und wenn sie erwachte, hielt sie ihn noch immer. Wenn er dabei mit ihr redete, spürte sie in jeder Silbe die lauernde Kraft des Jägers. Bob war ein Raubtier. Ab und zu bemerkte sie an seinem Körper die Kratzer und Bisswunden seiner heimlichen Eroberungen, und man wusste von seinen Beziehungen zu den Huren in New Orleans.

Sie war froh gewesen, den Süden zu verlassen, zurückzukehren in diese perfekten Connecticut-Hügel, zu dem Apartment in der Stadt, dem schwarzen Packard und der enormen Macht des Reichtums seiner Eltern. Öl, sagten sie, Bob hat Öl gefunden und uns alle dem Leben zurückgegeben. Sie dachte an sie, nach dem Börsencrash waren sie wie Untote im Sarg gewesen, während Bob in den Alligatorsümpfen schuftete, in Stiefeln und Reithose, und die Männer anwies, dort zu bohren und dort. Und dieser rappelnde Ford, den sie damals hatten, ratternd und klappernd, mit dieser bockigen Federung …

Männer und Frauen sterben nicht, sie werden geerntet. Sie werden von den Schatten geerntet, die im Mysterium leben. Anders als das Vieh sind Männer und Frauen, wenn man sie lässt, in der Lage, ihre missliche Situation zu begreifen. Was geht in einem Schwein vor, wenn der freundliche Bauer, der ihm immer das Ohr krault, es später schlachtet, um Speck zu ernten? Begreift es die verwirrte Logik, die fähig ist, Tierliebe und plötzliches Schlachten miteinander zu verbinden? Wie kann dies für das Schwein je einen Sinn ergeben: erst freundliches Tätscheln und dann das Beil?

Die Motten waren jetzt entsetzlich. Sie schwirrten im Licht, setzten sich auf ihre Schultern, ihre Arme, krabbelten kalt an ihrem Nacken herunter. Sie konnte nicht schreien, wagte nicht, den Mund zu öffnen, konnte nicht weinen, hatte keine Tränen mehr. Nur Bob, sie wollte, dass Bob kam und mit ihr wieder jung war.

Ich habe dich all die Jahre wirklich geliebt. Ich habe dich geliebt, du verdammter Kerl mit deinen Huren und deinen Eroberungen und dem Geruch nach Zigarren und Leder, und dem erlegten Moorhuhn, das in der Küche hing. Du, du – was gaben dir die Huren, das ich dir nicht geben konnte? Ich habe dir mich gegeben, und du gingst und kamst mit schorfigen Wunden von schorfigen Huren zurück. Ich war eine Lilie, oh, Mann.

Ich dachte, ich wäre nett. Vielleicht war mein Gesicht ein bisschen zu alltäglich, ja, und vielleicht hast du mich aus gesellschaftlichen Gründen geheiratet, weil es angemessen war – und deshalb bliebst du so ruhig in jener Nacht in Grand Coteau, während ich einen wahren Höhenflug der Lust erlebte. Nachdem du mich auf absolut achtbare Weise befriedigt hattest, sprachen wir in der mondigen Dunkelheit über Wendell Willkie und, oh, ich war so traurig.

Die Vierziger … die Fünfziger … die Sechziger … Wir hielten all diese Jahre für großartig; wir ahnten so wenig von der Höhle, die wir betraten. Die Höhle und der aufsteigende träge Rauch jener Tage, perfekte geisterhafte Rauchfahnen in der Luft – in aller Luft, überall auf der Welt.

Ich habe Angst. Was ist das für ein Schatten?

Die beiden Polizisten liefen zusammen durch dichtes Schneetreiben, passierten den hellen Lichtkegel einer Straßenlaterne, gingen dann tiefer in die Nacht hinein.

»Schau mal, der Schneehaufen da drüben«, sagte der ältere Polizist. Sein unerfahrener Kollege starrte dorthin. »Was sollte ich denn da sehen?«

»Es ist ein Körper, Söhnchen.«

»Jesus. Ich wusste gar nicht, dass die Obdachlosen bis hier in die Oberstadt kommen.«

»Die alten Ladies mit den Einkaufstüten sind überall. Die da ist hinüber. Im Schnee erfroren.«

»THE WHITE MOTHS«, ZUERST IN *LORD JOHN TEN*, HRSG. VON DENNIS ETCHISON, LORD JOHN PRESS, NORTHRIDGE, CALIFORNIA. COPYRIGHT © 1988 BY WHITLEY STRIEBER.

DANKSAGUNG

Wir danken Belle Fuller, William und Clare Henry, Trish und Rob MacGregor, Leigh McCloskey und Alex Rotaru dafür, dass wir in unseren Berichten über die Geschehnisse, dessen Zeugen sie wurden, ihre Namen verwenden dürfen. Dr. Patricia Turrisi danken wir für ihren Rat und ihre Einsichten, die für uns von unschätzbarem Wert waren. Und allen anderen frühen Leserinnen und Lesern danken wir dafür, dass sie so freundlich waren, uns während der Arbeit an diesem Buch auf unserer Reise zu begleiten. Ein besonderer Dank gilt Dr. Gary Schwartz für sein Vorwort.

Anne und Whitley Strieber

Louis Whitley Strieber

wurde am 13. Juni 1945 in San Antonio, Texas, geboren, wo er bis zu ihrem Tod mit seiner Frau Anne lebte, und zählt zu den ungewöhnlichsten Autoren unserer Zeit. Er schrieb mehr als vierzig Bücher. Schon sein erstes Buch »Wolfsbrut« (*The Wolfen*) wurde 1981 als »Wolfen« verfilmt, mit einem Cameo-Auftritt des Sängers Tom Waits. Bekannt wurde er jedoch zwei Jahre später durch die Verfilmung seines Romans »Der Kuss des Todes« (*The Hunger*) unter dem Titel »Begierde« mit David Bowie und Catherine Deneuve in den Hauptrollen, auf dessen zwei Roman-Fortsetzungen in den 2000ern TV-Optionen genommen wurden. Anfang der 1980er entstanden gemeinsam mit James Kunetka die *New York Times*-Bestsellerromane »Warday« und »Nature's End«. In den 1990ern machte er durch seine Behauptung, er sei von außerirdischen Wesen entführt worden, auf sich aufmerksam. Diese Erfahrungen verarbeitete er in dem autobiografischen Sachbuch »Communion«, das als Vorlage zu dem Film »Die Besucher« mit Christopher Walken diente, und dem noch mehrere Dokumentarbücher über Aliens folgten. Sein gemeinsam mit Art Bell entstandener Roman »Sturmwarnung« diente Roland Emmerich als Inspiration für den Kino-Blockbuster »The Day After Tomorrow« (2004) mit Dennis Quaid in der Hauptrolle. 2016 entstanden nach einer eigenen Graphic-Novel-Miniserie die TV-Serie »The Nye Incidents«, in dem eine Wissenschaftlerin das Opfer einer Alien-Entführung sucht, sowie nach seiner »Alien Hunters«-Buchtrilogie dreizehn Episoden der TV-Serie »Hunters«. Er verfolgt sehr erfolgreich eine Doppelkarriere als Romanautor und als Verfechter esoterischer und spiritueller Konzepte wie der Existenz jenseitiger Welten und außerirdischen Lebens, denen er durch seine Website und seinen Podcast Dreamland breiten Raum gibt. Seine Frau Anne, mit der er seit 1970 verheiratet war, galt als Lehrerin und Expertin für Kontakterfahrungen mit außerirdischen und geistigen Wesen, das Leben nach dem Tod und die Verbindung zwischen beidem. Viele, die sie kannten, hielten sie wegen ihrer kraftvollen, einfachen spirituellen Lehren und ihrer persönlichen Reinheit für eine »verborgene Meisterin«. Das vorliegende Buch setzt ihren jahrzehntelangen gemeinsamen Erfahrungen und Überzeugungen ein liebevolles Denkmal.

www.unknowncountry.com

gebundene Bücher
mit Leseband

www.AmraVerlag.de

Gregg Braden	*Mensch : Gemacht*	352 S., 24,99 €
Patricia Cori	*Lichtbotschaften vom Sirius*	224 S., 19,99 €
Henry Ford	*Mein Leben und Werk*	256 S., 19,95 €
Steven M. Greer	*Unacknowledged: Offiziell geleugnet!*	400 S., 26,99 €
Griffith & Lisa K.	*Spirit Business – ehrliche Unternehmen*	320 S., 22,95 €
Susanne Hirsch	*Die Kraft deiner lebendigen Emotionen*	240 S., 19,99 €
Ren Hurst	*Die heilende Kraft der Pferde*	224 S., 19,99 €
Jaffe & Davidson	*Wegbereiter Indigo-Erwachsene*	208 S., 19,90 €
Frank Joseph	*Lemurien – Aufstieg und Fall*	488 S., 24,99 €
Len Kasten	*Geheime Weltherrschaft der Reptiloiden*	400 S., 24,95 €
Kenyon & Sion	*Lichtboten vom Arcturus*	224 S., 19,95 €
Pavlina Klemm	*Lichtbotschaften von den Plejaden*	224 S., 19,99 €
Dean Koontz	*Trixie – mein Golden Retriever*	272 S., 24,99 €
Horst Krohne	*Die 12 Programme des Bewusstseins*	208 S., 19,99 €
Cindy Lora-Renard	*Ein Kurs in Gesundheit & Wohlbefinden*	176 S., 19,99 €
Eva Marquez	*Heilungscode der Plejader*	256 S., 22,99 €
Tanja Matthöfer	*Maria Magdalena: Leben mit Jeshua*	256 S., 22,99 €
Melchizedek & Mitel	*Lebe im Licht deines Herzens*	224 S., 19,99 €
Hunbatz Men	*Die heilige Kultur der Maya*	192 S., 19,95 €
Ernst Muldashev	*Drittes Auge & Ursprung der Menschheit*	432 S., 24,95 €
Sam Osmanagich	*Licht auf die Vergangenheit*	240 S., 22,99 €
Marcel Polte	*Greys und ihr weltweites Wirken*	256 S., 22,99 €
Quitt & Mitchell	*Verbotenes Wissen*	320 S., 22,99 €
Gary R. Renard	*Als Jesus und Buddha sich kannten*	320 S., 24,99 €
Michael E. Salla	*Antarktis – die verbotene Wahrheit*	432 S., 26,99 €
Jan Erik Sigdell	*Die Herrschaft der Anunnaki*	192 S., 19,95 €
Kerstin Simoné	*Thoth: Der Transformationsschlüssel*	240 S., 22,99 €
Zecharia Sitchin	*Die Anunnaki-Chroniken*	392 S., 24,99 €
William Stillman	*Die Seele des Autismus*	240 S., 19,95 €
Christine Woydt	*Saint Germain: Aufstieg in Meisterschaft*	416 S., 24,99 €
Maka'ala Yates	*Hawaiianischer Weg der Gesundheit*	336 S., 22,95 €